九天图书

总经理采购规范化管理

◎王德敏 编著

图书在版编目(CIP)数据

总经理采购规范化管理/王德敏编著.—成都:西南财经大学出版社,2016.3
ISBN 978-7-5504-2262-9

Ⅰ.①总… Ⅱ.①王… Ⅲ.①采购管理 Ⅳ.①F253.2

中国版本图书馆 CIP 数据核字(2015)第 304903 号

总经理采购规范化管理

Zongjingli Caigou Guifanhua Guanli

王德敏 编著

图书监制:周亚林
图书策划:孙宗虎 张廷伟
责任编辑:高小田
封面设计:肖东立
责任印制:封俊川

出版发行	西南财经大学出版社(四川省成都市光华村街 55 号)
网　　址	http://www.bookcj.com
电子邮件	bookcj@foxmail.com
邮政编码	610074
电　　话	028-87353785 87352368
印　　刷	北京建泰印刷有限公司
成品尺寸	165mm×235mm
印　　张	16.25
字　　数	225 千字
版　　次	2016 年 4 月第 1 版
印　　次	2016 年 4 月第 1 次印刷
书　　号	ISBN 978-7-5504-2262-9
定　　价	42.00 元

前　言

“企业规范化管理”系列丛书，以企业规范化管理为中心，立足于企业各职能部门的管理实践，针对各职能部门的管理问题，系统地提供了各职能部门规范化运作的管理工具，实现了“**业务+流程+标准+制度**”的四位一体的解决方案。

只有层层实施规范化管理，明确工作导图、工作职责、绩效标准、工作标准，做到人人有事做、事事有规范、办事有流程，才有可能提高企业的整体管理水平，从根本上提高企业的执行力，增强企业的竞争力。

本系列图书包括《总经理人力资源规范化管理》《总经理市场营销规范化管理》《总经理行政规范化管理》《总经理财务规范化管理》《总经理生产规范化管理》《总经理采购规范化管理》六本。

《总经理采购规范化管理》以采购管理业务为依据，将采购管理事项的执行工作落实在具体的业务模型、管理流程、管理标准、管理制度中，帮助企业采购管理人员顺利实现从“知道做”到“如何做”，再到“如何做好”的科学转变。

本书以采购部的“**业务模型+管理流程+管理标准+管理制度**”为核心，按照采购管理事项，给出每一工作事项的业务模型、编制相关工作事项的管理制度、提供相关工作事项的管理流程、描述具体工作事项的管理标准，使业务、流程、标准、制度在工作中相互促进，为读者提供体系化、模板化、规范化的管理体系。本书主要有以下四大特点：

1. 层次清晰的业务模型

为了便于读者阅读和使用，本书针对采购计划管理、供应商管理、采购过程管理、采购进度管理、采购质量管理、采购成本管理、采购结算管理、采购信息管理、采购人员管理九大采购管理职能事项，按照组织设计和工作分析的思路，将业务模型划分为业务导图和工作职责两项，分别提供了设计方案，进行了详细介绍，并给出了模型范例。

2. 拿来即用的流程体系

本书在梳理采购管理工作内容的基础上，提出了各项采购事务流程的设计思路，并向读者提供了**39个采购管理流程范例**，细化了人力资源管理的具体工作事项，构建了"拿来即用"的人力资源流程体系，为企业实现人力资源管理工作的规范化、流程化、标准化提供很好的指导。

3. 科学合理的管理标准

本书根据目标管理的原则，科学、合理地制定了绩效结果的评价项目、评估指标及评估标准。同时，为达到相关的绩效目标，本书在工作分析与测算的基础上，科学地设定相应的行为规范和作业标准，并给出应达成的结果目标，为读者展现采购管理工作应该达到的工作标准，并提供相应的标准范例。

4. 规范具体的制度设计

本书系统性地介绍了制度的设计方法、设计思路、编制要求及制度能够解决的问题，然后针对采购日常管理工作中容易出现的问题，详细地设计了**36个采购管理制度范例**，使得方法和范例相辅相成，为读者自行设计管理制度提供了操作指南和参照范本。

本书适用于企业经营管理人员、采购管理人员、管理咨询人士及高等院校相关专业的师生阅读、使用。

在本书编写的过程中，孙立宏、孙宗坤、刘伟、程富建负责资料的收集、整理，罗章秀、贾月负责图表编排，姚小风参与编写了本书的第1章，刘瑞江参与编写了本书的第2章，金成哲、于增元参与编写了本书的第3章，付伟参与编写了本书的第4章，高玉卓参与编写了本书的第5章，么秀杰参与编写了本书的第6章，刘华参与编写了本书的第7章，宋君丽参与编写了本书的第8章，李瑞峰参与编写了本书的第9章，董金豹参与编写了本书的第10章，全书由王德敏统撰定稿。

目 录

第1章　采购规范化管理体系

1.1 采购管理知识体系导图

采购管理是采购需求调查确定、采购计划下达、采购订单生成、采购订单执行、到货接收、检验入库、采购发票收集到采购结算的一系列的采购活动的集合。对采购过程中物的运动环节及状态、资金的运动环节进行严密的跟踪、监督，实现对企业采购活动执行过程的科学管理。采购管理知识体系导图如图1-1所示。

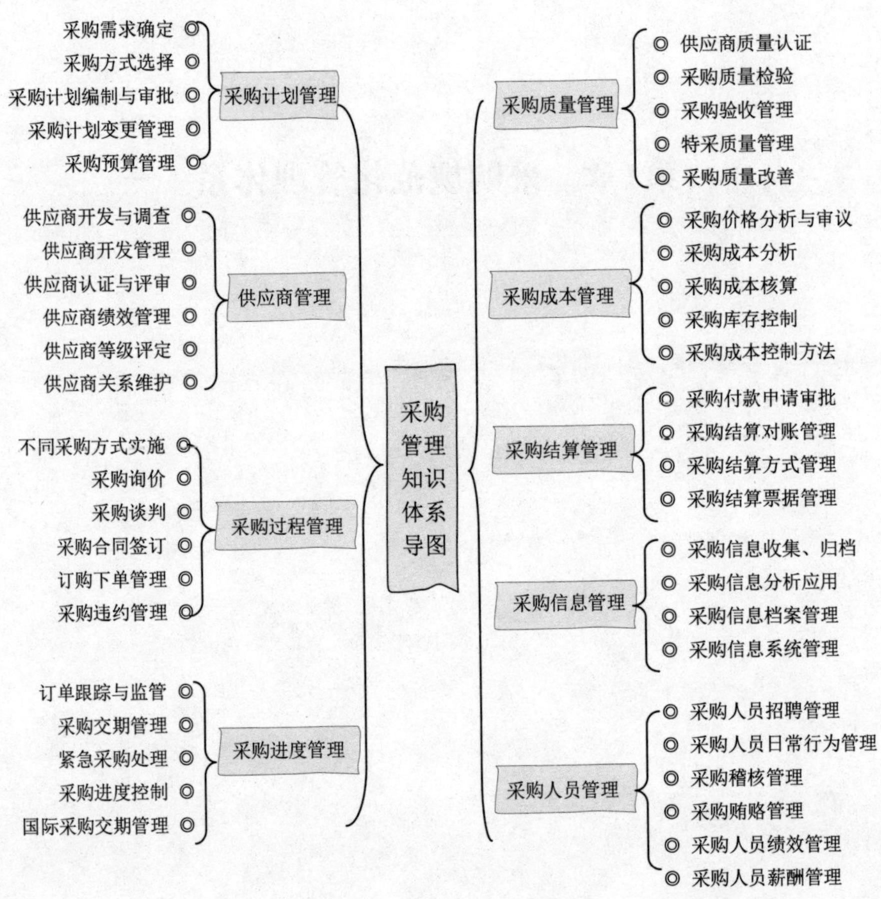

图1-1 采购管理知识体系导图

1.2 采购规范化管理体系设计模板

1.2.1 业务模型模板设计

业务模型主要用来描述企业管理所涉及的业务内容、业务表现及业务之间的关系，主要从业务工作导图和主要工作职责两个方面进行设计。其具体模板设计如下：

1.业务工作导图模板设计

业务工作导图是对业务内容进行分类描述，并对分类内容进行具体说明的模板。企业可以以表1-1所示的业务工作导图示例模板为参考，设计出适用的部门业务工作导图。

表1-1 业务工作导图模板范例

工作内容	内容具体说明
	1. 2. 3.
	1. 2. 3.

2.主要工作职责模板设计

针对每一项业务或每一项工作，要做到事事有人干。这是企业各个部门在进行本部门所设岗位的职责设计时所遵循的首要原则。同时，人力资源部还应做好企业战略分析、工作任务分析以及业务流程梳理工作，在此基础上设计部门及每个岗位的主要职责。

企业主要工作职责的设计，可参照模板的思路开展工作，具体如表1-2所示：

表1-2 主要工作职责模板

工作职责	职责具体说明
	1. 2. 3.
	1. 2. 3.

1.2.2 管理流程模板设计

流程是企业为向特定的顾客或市场提供特定的产品或服务所精心设计的一系列连续、有规律的活动，这些活动以确定的方式进行，并带来特定的结果。

流程作为企业规范化管理体系中的一个维度，主要采用流程图的方式进行设计。流程图通过适当的符号记录全部工作事项，用于描述工作活动的流向顺序。流程图由一个开始节点、一个结束节点及若干中间环节组成，中间环节的每个分支也要有明确的判断条件。

常见的流程形式有矩阵式流程和泳道式流程。本书采用的泳道式流程为企业常见流程形式，其编写模板示例如图1-2所示。

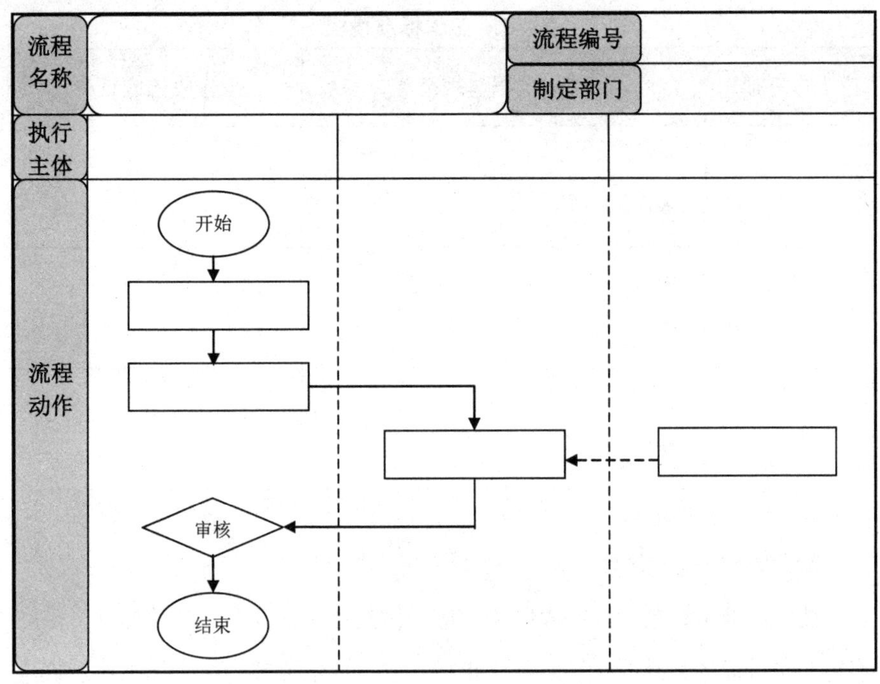

图1-2　流程编写模板示意图

1.2.3 管理标准模板设计

管理标准是企业对日常管理工作中需要协调统一的管理事项所制定的标准。企业制定管理标准，可为相关工作的开展提供依据，有利于管理经验的总结、提高，有利于建立协调高效的管理秩序。企业管理标准包括工作标准和绩效标准两项。

1.工作标准模板设计

工作标准，是指一个训练有素的人员在履行职责中完成工作内容所应遵循的流程和制度。具备胜任资格的在岗人员，在按照工作标准履行职责的过程中，必须遵循设定的工作依据与规范，并达成工作成果或目标。

企业具体工作标准设计，可参照相关模板，具体如表1–3所示。

表1-3　工作标准模板

工作事项	工作依据与规范	工作成果或目标
1.	◆ ◆	（1） （2）
2.	◆ ◆	（1） （2）
3.	◆ ◆	（1） （2）

2.绩效标准模板设计

绩效标准是结果标准，着眼于“应该做到什么程度”。绩效标准，是在确定工作目标的基础上，设定评估指标、制定评估标准，与实际工作表现进行对照、分析，以衡量、评估工作目标的达成程度，它注重工作的最终产出和贡献。

根据绩效标准的要项，绩效标准模板设计可参照模板的思路开展工作，具体如表1-4所示：

表1-4　绩效标准模板

工作事项	评估指标	评估标准
		1. 2.
		1. 2.
		1. 2.

1.2.4 管理制度模板设计

管理制度的内容结构常采用“总则+具体制度+附则”的模式，一个完整的管理制度通常应包括制度名称、总则、正文、附则、附件五部分内容。

需要说明的是，对于针对性强、内容较单一、业务操作性较强的制度，正文中可不用分章，直接分条列出即可，总则和附则中有关条目不可省略。

根据制度的内容结构，制度编写人员可参考相关文本模板编写具体制度，如表1–5所示：

表1–5　管理制度模板

<table>
<tr><td>制度名称</td><td colspan="3">××制度</td><td>编号</td><td></td></tr>
<tr><td>执行部门</td><td></td><td>监督部门</td><td></td><td>编修部门</td><td></td></tr>
<tr><td colspan="6">第1章　总则
第1条　目的
第2条　适用范围
第2章
第　条
第　条
第　章　附则
第　条
第　条</td></tr>
<tr><td>编制日期</td><td></td><td>审核日期</td><td></td><td>批准日期</td><td></td></tr>
<tr><td>修改标记</td><td></td><td>修改处数</td><td></td><td>修改日期</td><td></td></tr>
</table>

1.3 业务模型设计要项

1.3.1 基于什么设计业务模型

业务模型应符合业务实际，符合企业管理需要。企业在设计业务模型前，应明确模型内容、模型形式，对企业高层进行调研，结合业务理论知识对企业业务事项进行分析、分解与设计，从而确定业务工作导图和主要工作职责，完成业务模型设计工作。

通常，企业应基于六项内容设计业务模型，具体如图1–3所示：

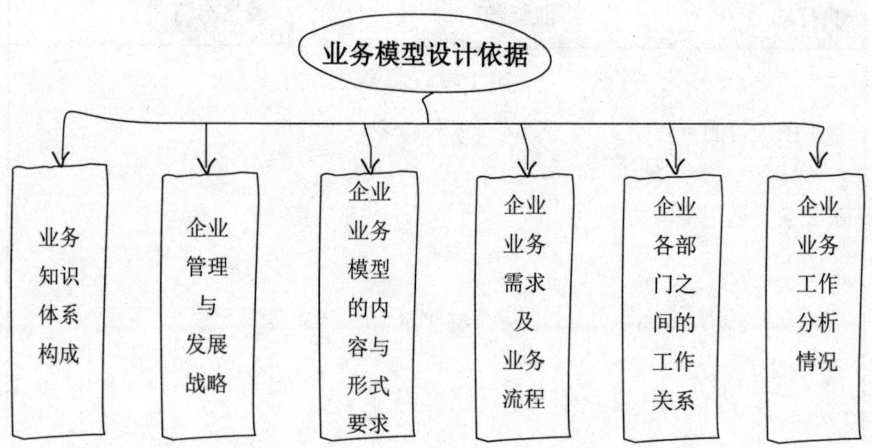

图1–3　业务模型设计依据

1.3.2 业务模型如何有效导出

明确业务模型设计依据后，企业应导出业务模型，以发挥业务模型的指导、规范作用。业务模型的具体导出步骤主要包括四步，如图1–4所示。

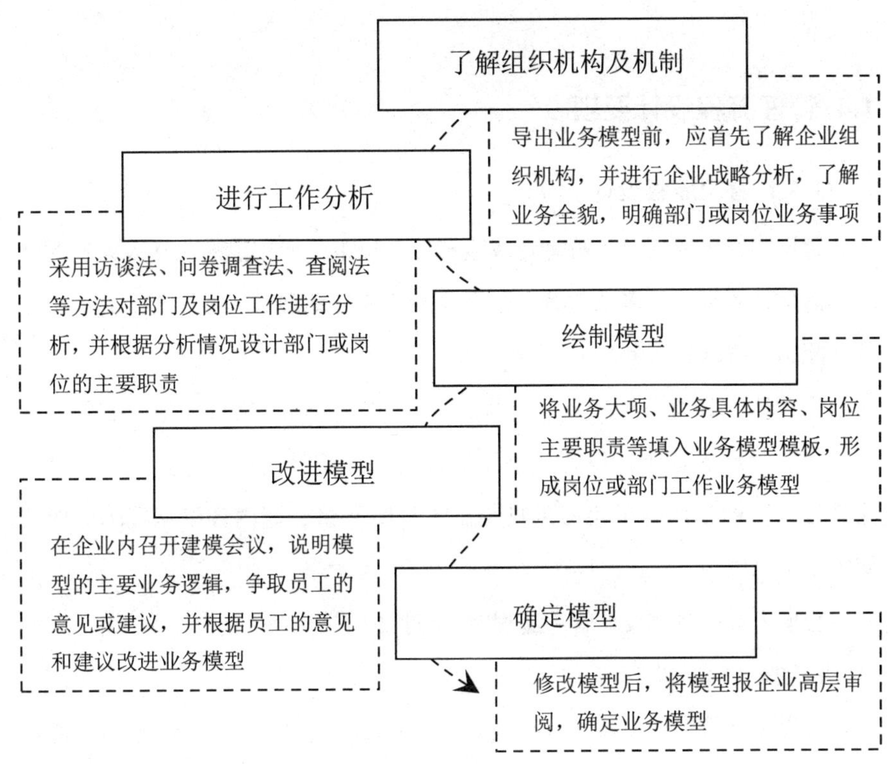

图1-4　业务模型导出步骤

1.3.3 业务模型设计注意事项

为提高业务模型的准确性、实用性，企业在设计业务模型时，应注意以下六点注意事项：

（1）设计业务模型前，应确定业务愿景，并明确业务范围；

（2）设计业务模型前，应明确业务流程；

（3）单项业务的主要职责以3～10项为宜；

（4）业务模型内容应在企业或部门内部达成共识；

（5）业务模型包括业务工作导图与主要工作职责两项，应分别设计，不可混淆；

（6）业务模型的内容应具体、简练，易于理解，应与日常工作息息相关。

1.4 管理流程设计要项

1.4.1 管理流程设计

管理流程主要用于支持企业战略和经营决策，应用范畴包括人力资源管理、信息系统管理等多个领域，是企业通过流程管理对业务开展情况进行监督、控制、协调和服务。

管理流程具有分配任务、分配人员、启动工作、执行任务、监督任务等功能。管理流程包括设计模块、运行模块、监督模块三部分内容。管理流程设计，即运用各种绘图工具绘制流程图，将管理内容以流程图的形式固定下来。

管理人员在具体设计管理流程时，可按以下三步进行：

1.选择流程形式

流程图有很多种类型，流程设计人员应根据流程内容，选择合适的流程图形式。企业常见流程图有矩阵式流程和泳道式流程两种。

（1）矩阵式流程。矩阵式流程有纵、横两个方向，纵向表示工作的先后顺序，横向表示承担该工作的部门或职位。矩阵式流程通过纵、横两个方向的坐标，既解决了先做什么、后做什么的问题，又解决了各项工作由谁负责的问题。

对于矩阵式流程图，美国国家标准学会对其标准符号做出了规定，常用的流程图标准符号如图1–5所示。

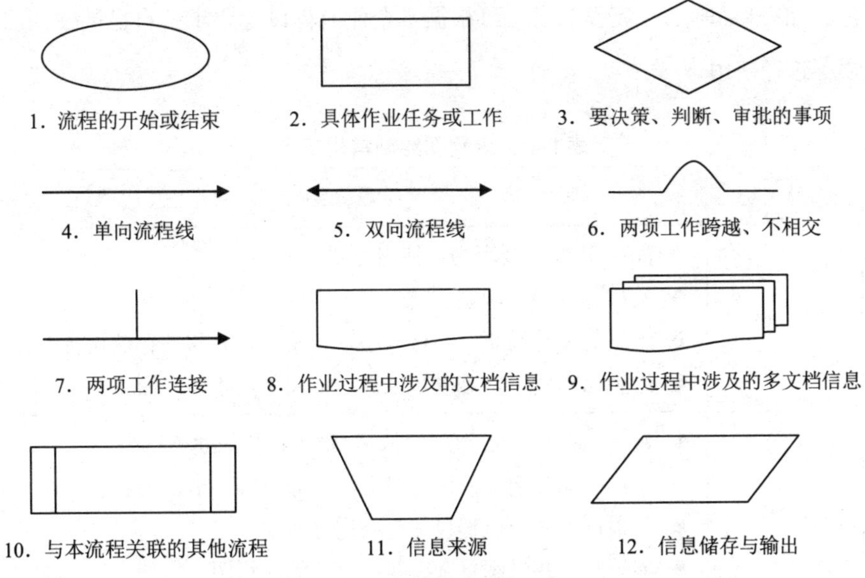

图1–5　流程图标准符号

实际上，流程图标准符号远不止图1–5所示的这些，但是，考虑到流程图绘制越简单明了，操作起来越方便，建议一般情况下使用图1–5所示的前四种标准符号。

（2）泳道式流程。泳道式流程也是流程图的一种，它能够反映各岗位之间、各部门之间、部门与岗位之间的关系。泳道式流程与其他形式的流程图相比，具有能够理清流程管理中各自的工作范围、明确主体之间的交接动作等优点。

泳道式流程也有纵、横两个方向，纵向表示执行步骤，横向表示执行主体，绘制泳道式流程所用的标准符号如图1–5所示。

泳道式流程图用线将不同区域分开，每一个区域表示各执行主体的职责，并将执行步骤按照职责组织起来。泳道式流程图可以方便地描述企业的各种管理流程，直观地描述执行步骤和执行主体之间的逻辑关系。

2.选择流程绘制工具

绘制流程图的常用软件有Word、Visio，二者在绘制流程图方面各有特色，如表1-6所示。流程图设计可根据本企业流程设计要求、自己的使用习惯等选择使用。

表1-6 流程图绘制常用工具

工具名称	工具介绍
Word	◆ Word 软件普及率高，使用方便 ◆ 发排、打印、印刷方便 ◆ 绘制的图片清晰、文件较小，容易复制到移动存储设备上 ◆ 绘制比较费时，难度较大；功能简单，不够全面
Visio	◆ Visio 是专业的绘图软件，附带了相关的建模符号 ◆ 通过拖动预定义的图形符号，能够很容易地组合图表 ◆ 可根据本企业流程设计需要进行自定义 ◆ 能绘制一些组织复杂、业务繁杂的流程图

3.绘制流程图

管理流程图绘制步骤主要包括六步，具体如图1-6所示：

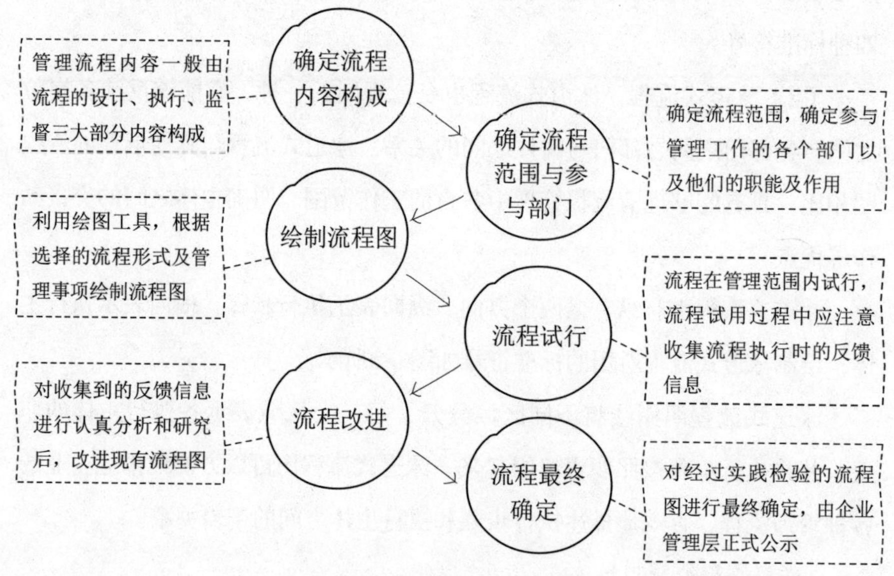

图1-6 管理流程图绘制步骤

1.4.2 业务流程设计

业务流程主要指企业实现其日常功能的流程，它将工作分配给不同岗位的人员，按照执行的先后顺序以及明确的业务内容、方式和职责，在不同岗位人员之间进行交接。不同的职能事项模块，业务流程的分类也有所不同。例如，财务规范化管理体系中，常见的业务流程包括财务预测工作流程、投资项目实施流程、会计账簿管理流程、固定资产盘点流程等。

业务流程对企业的业务运营能起到一定的指导作用，业务流程具有层次性、人性化和效益性的特点。为规范企业各项业务的执行程序，明确各项业务的责任范围等，企业需绘制业务流程图，将流程设计成果予以书面化呈现。具体流程图绘制程序如图1–7所示：

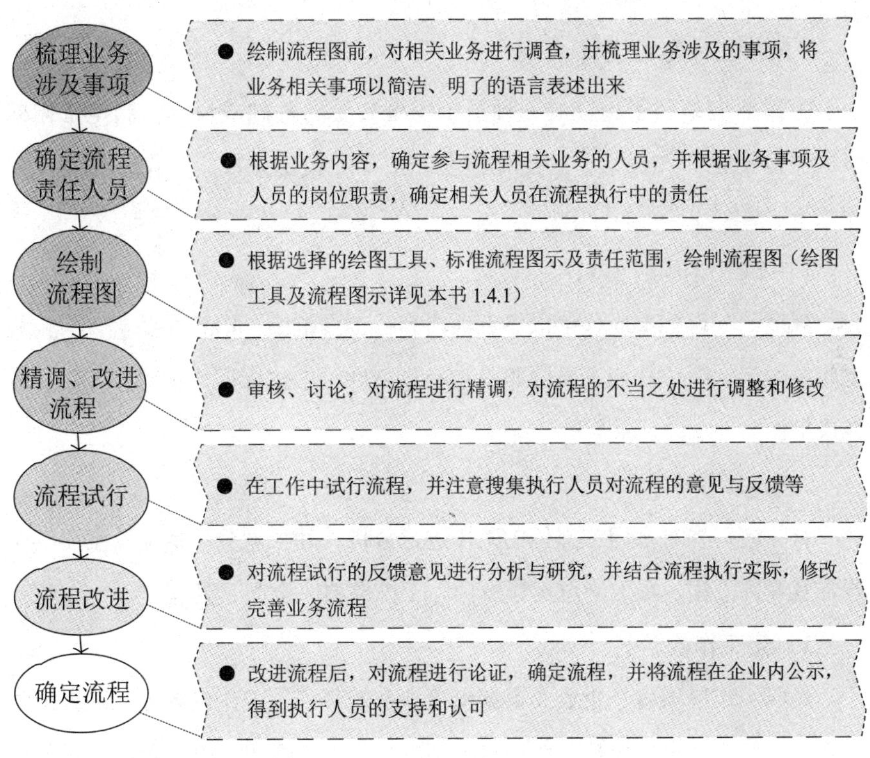

图1–7　业务流程设计程序

1.4.3 流程设计注意问题

企业在具体设计管理或业务流程时，应注意以下四点，以确保流程内容规范、执行责任明确等：

（1）设计流程的目标要与企业经营目标、信息技术水平相符合；

（2）流程图的绘制应根据工作的发展，简明地叙述流程中的每一件事；

（3）流程图的绘制应简洁、明了，这样不但操作起来方便，推行和执行人员也容易接受和落实；

（4）各工作事项均应明确责任与实施主体。

1.5 管理标准设计要项

1.5.1 工作标准设计

工作标准是用于比较的一种员工均可接受的基础或尺度。制定工作标准的关键是定义“正常”的工作速度、正常的技能发挥。工作标准设计程序如下：

1.明确工作标准的内容

规范的工作标准应包括以下五项内容：工作范围、内容和要求，与相关工作的关系，岗位任职人员的职权与必备条件，工作依据与规范，工作目标或成果。

2.提取工作事项

企业应首先对部门或岗位的工作进行分析，并根据分析情况及主要工作职责及业务流程，提取岗位工作事项。工作事项应全面、具体。

3.确定工作依据

提取工作事项后，企业要根据事项涉及的部门及工作内容等，确定工作依据，工作依据一般包括工作相关的制度、流程、表单、方案及其他相关资料等。

4.确定工作目标

（1）正常工作效率测算。正常工作效率是指在一定的时间内，无须额外劳动或提高工作强度所得出的劳动成果。正常工作效率测算程序如图1–8所示：

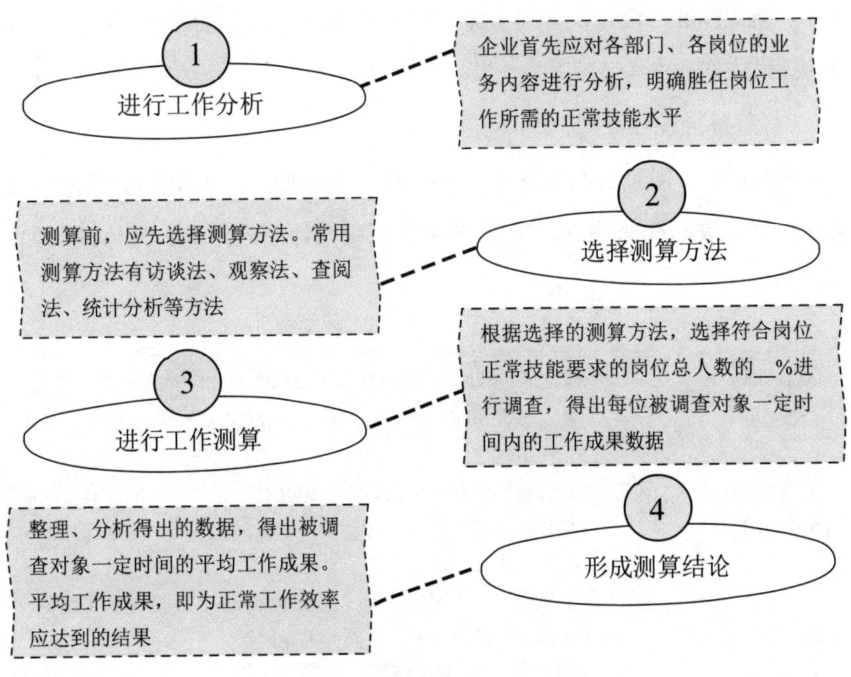

图1–8　正常工作效率测算程序

（2）设定工作目标。工作目标应以战略目标及正常工作效率测算数据为依据制定。一般来说，工作目标应略高于正常工作效率测算得出的数据，工作目标应详细、清晰、具体地描述，应是正常工作时间内，正常工作效率和工作技能可以达到或实现的。

5.形成工作标准

企业应将分析或测算得出的工作事项、工作依据、工作成果或目标等信息整理汇总，填入工作标准模板，形成企业工作标准体系。

1.5.2 绩效标准设计

绩效标准是部门或岗位相应的每项任务应达到的绩效要求。绩效标准明确了员工的工作目标与考核标准，使员工明确工作该如何做或做到什么样的程度。绩效标准的设计，有助于保证绩效考核的公正性，同时可为工作标准设计提供依据和参考。

1.绩效标准设计原则

绩效标准一般具有明确具体、可度量、可实现、有时间限制等特点，企业可根据绩效标准的特点，根据SMART原则设计绩效标准，具体说明如图1–9所示：

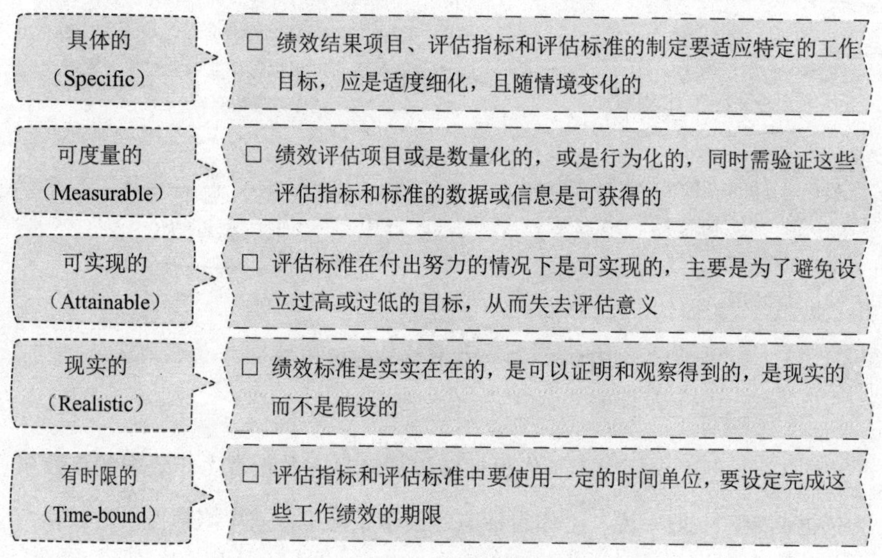

图1–9 绩效标准设计原则

2.绩效标准设计程序

绩效标准设计程序主要包括四步，具体如下：

（1）确定工作目标。工作目标通常由公司的战略目标分解得到，工作目标确定了，才能进行评估指标的分解设置。

（2）提取评估指标。评估指标应与工作目标相关，与岗位工作相关。

企业需熟悉岗位工作流程，了解被考核对象在流程中所扮演的角色、肩负的责任以及同上下游之间的关系，根据关键工作事项、典型工作行为等提取评估指标。评估指标可以是定量的也可以是定性的。

（3）设计评估标准。评估标准应根据评估指标编制，企业可采取等级描述法，对工作成果或工作履行情况进行分级描述，并对各级别用数据或事实进行具体和清晰的界定，使被考核对象明确指标各级别达成要求，明确指标达成状态。

（4）形成绩效标准体系。将工作目标、评估指标、评估标准等填入绩效标准模板，形成完整的绩效标准体系。

1.5.3 标准设计注意问题

为提高工作标准的合规合理性，提高员工对工作标准的认同度等，企业在具体设计管理标准时应着重注意以下五点事项：

1.标准高低应适当

当管理标准与工资挂钩时，员工会因标准过高而反对，而管理人员认为标准过低也会反对，事实上标准过高或过低均不好，它会给制订计划、人员安排等工作带来很多困难，从而给企业带来损失。

不同的人站在不同立场上会有不同的看法，因此，工作标准的“高”与“低”是一个相对尺度。企业在具体设计标准时应从管理者和员工两方面考虑，确保标准高低适当。

2.制定标准要以人为本

反对标准的人员认为，标准缺乏对人的尊重，把人当作机器来制定机械的标准。因此，在“以人为本”思想的指导下，企业可采用“全员参与”等方法制定标准，以获得员工的理解和支持。

3.制定标准要进行成本效益评估

制定标准本身要耗费相当的时间、人力和费用，因此，需要预估制定成本与标准所能带来的收益，评估成本是否低于编制标准带来的好处。

4.工作标准要适时修订

工作标准要适时修订，避免员工因担心企业将工作标准提高，即使创造了更好的新工作方法也保密，而难以提高生产率。同时，适时修订工作标准也可及时对提升工作标准、创造高业绩的人员进行正向激励。

5.标准内容要全面

工作标准的内容不仅要包括员工的基本工作职责，而且还要包括同其他部门的协作关系、为其他部门服务的要求等，不仅要包括定性的要求，还要有定量的要求。

1.6 管理制度设计要项

1.6.1 章条款项目的有效设计

管理制度一般按章、条、款、项、目结构表述，内容简单的可以不分章，直接以条的方式表述。章、条、款、项、目的编写要点如下：

1. “章”的编写

“章”要概括出制度所要描述的主要内容，然后通过完全并列、部分并列和总分结合的方式确定各章的标题，根据章标题确定每章的具体内容。

2. “条”的编写

制度“条”的内容应按图1–10所示的要求进行编制：

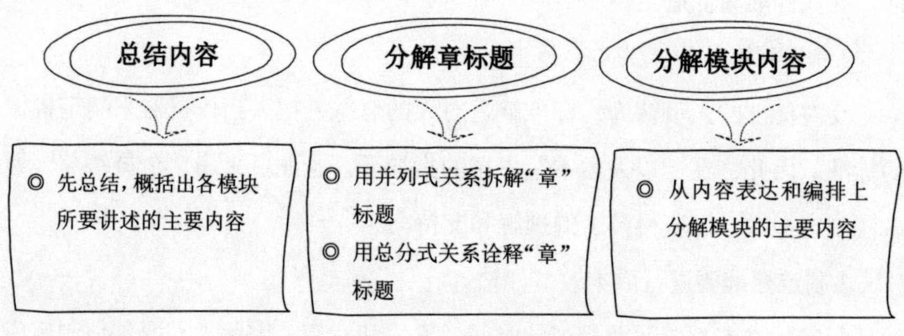

图1–10 “条”的编写要求

3.“款”的编写

“款”是条的组成部分，“款”的表现形式为“条”中的自然段，每个自然段为一款，每一款都是一个独立的内容或是对前款内容的补充描述。

4.“项”的编写

“项”的编制可以采用三种方法，即梳理肢解“条”的逻辑关系、直接提取“条”的关键词、设计一套表达“条”的体系。“项”的编写一定要具体化，通过具体化可以实现以下四个目的：

（1）给出“目”的编写范围；

（2）控制编写思路；

（3）明示编写人员；

（4）控制编写篇幅。

1.6.2 管理制度设计注意问题

在设计管理制度时，制度设计及编写人员应注意六点事项，以使设计的制度符合法律法规要求、格式规范、用词标准、职责明确等，具体如图1–11所示：

管理制度设计注意问题

- 制度设计前应了解国家相关法律法规
- 制度的依据、内容需合规合法
- 制定统一的文本格式和书写要求，需要统一的部分包括结构、内容、编号、图标、流程、字体、字号等
- 制度条文不能包含口头语言，应使用书面语；制度条款的内容应明确、翔实，便于理解
- 凡涉及两个部门或多个部门共同管理、操作的业务，在编写制度内容时要注意分清职责界限，完善跨部门之间的衔接
- 制度是告诉人们在做某件事时应遵循的规范和准则。因此，在设计制度时无须将制度条款涉及的知识点罗列出来或进行知识点介绍

图1–11　管理制度设计注意事项

第2章　采购计划管理业务·流程·标准·制度

2.1 采购计划管理业务模型

2.1.1 采购计划管理业务工作导图

采购计划管理是指企业管理人员在了解市场供求情况的基础上，确定采购需求、编制采购计划、分解采购计划、下达采购计划的过程。其具体业务内容如图2–1所示。

图2–1 采购计划管理业务工作导图

2.1.2 采购计划管理主要工作职责

采购计划的各项业务主要由采购部组织执行。明确采购计划管理的职责分工有助于规范采购计划的编制、审批、执行、变更等工作，确保采购计划及预算顺利推行。表2-1为采购部相关人员在采购计划管理方面的主要职责分工说明表。

表2-1 采购计划管理主要工作职责说明表

工作职责	职责具体说明
采购计划编制	1．采购部组织需求部门提交采购需求计划，并与仓储部核对库存量，进而汇总、分析实际的采购需求 2．采购部负责汇总采购需求计划，根据汇总结果编制采购计划草案，明确采购物资类别、数量、采购金额、采购方式和采购时间等内容 3．及时与财务部沟通，进行采购计划草案的试算平衡，编制正式的采购计划 4．审核各部门呈报的采购计划，统筹策划和确定采购内容，编制主辅料采购清单
采购计划审批	1．采购部各级管理人员须明确自身采购审批权限，在权限范围内进行审批 2．采购部各级管理人员严格按照企业相关规定开展采购计划编制的审批、采购执行与调整的审批、采购计划考核的审批等工作
采购计划执行与变更	1．采购部管理人员负责采购计划分解工作，将采购计划落实到个人，并做好采购信息记录工作 2．采购人员组织、落实日常采购工作，及时供应生产经营所需的各类物资，定期检查仓库的验收、入库、发放等工作 3．采购部须及时审核请购部门提出的采购计划增补申请，并严格审核申请是否符合企业规定，对符合企业规定的增补申请，编制采购计划增补方案，以便据此组织开展采购作业 4．采购部经理或稽查人员须对采购计划的执行情况进行总结、评价，并提出改进意见

表 2-1（续）

采购预算管理	1. 采购部在财务部的协助和指导下，采用科学的采购预算编制方法，编制采购预算草案，并将草案报财务部进行综合的试算平衡，形成正式的采购预算方案 2. 采购部按照采购预算方案执行各项采购工作，实施采购的预防控制和过程控制，有效降低采购成本 3. 在财务的指导和协助下，采购部对采购预算的执行情况进行总结，并制定改进方案 4. 采购部明确采购预算调整与变更的情形，并严格按照企业规定进行采购预算调整与变更的审核、审批工作

2.2 采购计划管理流程

2.2.1 主要流程设计导图

采购计划管理流程按照并列式结构，可分为以下四个主要流程，主要流程又可进一步细化，具体内容如图2-2所示。

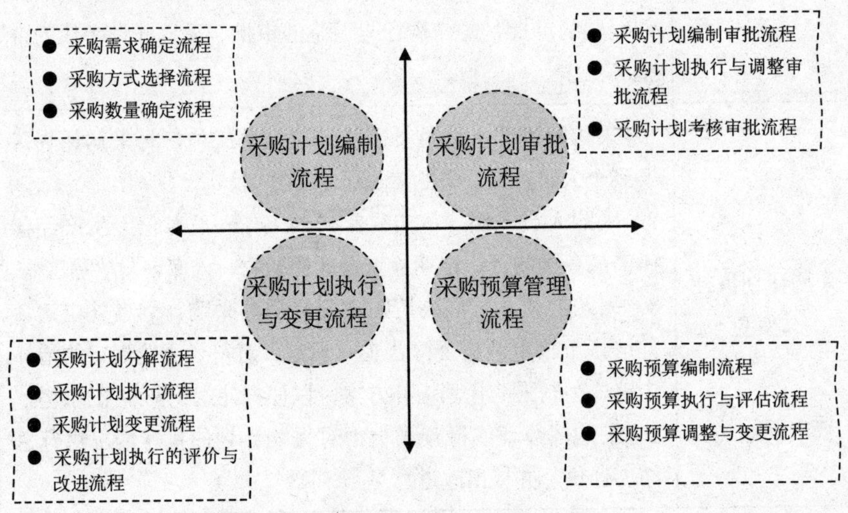

图2-2　采购计划管理主要流程设计导图

2.2.2 采购需求确定流程

采购需求确定流程如图2-3所示：

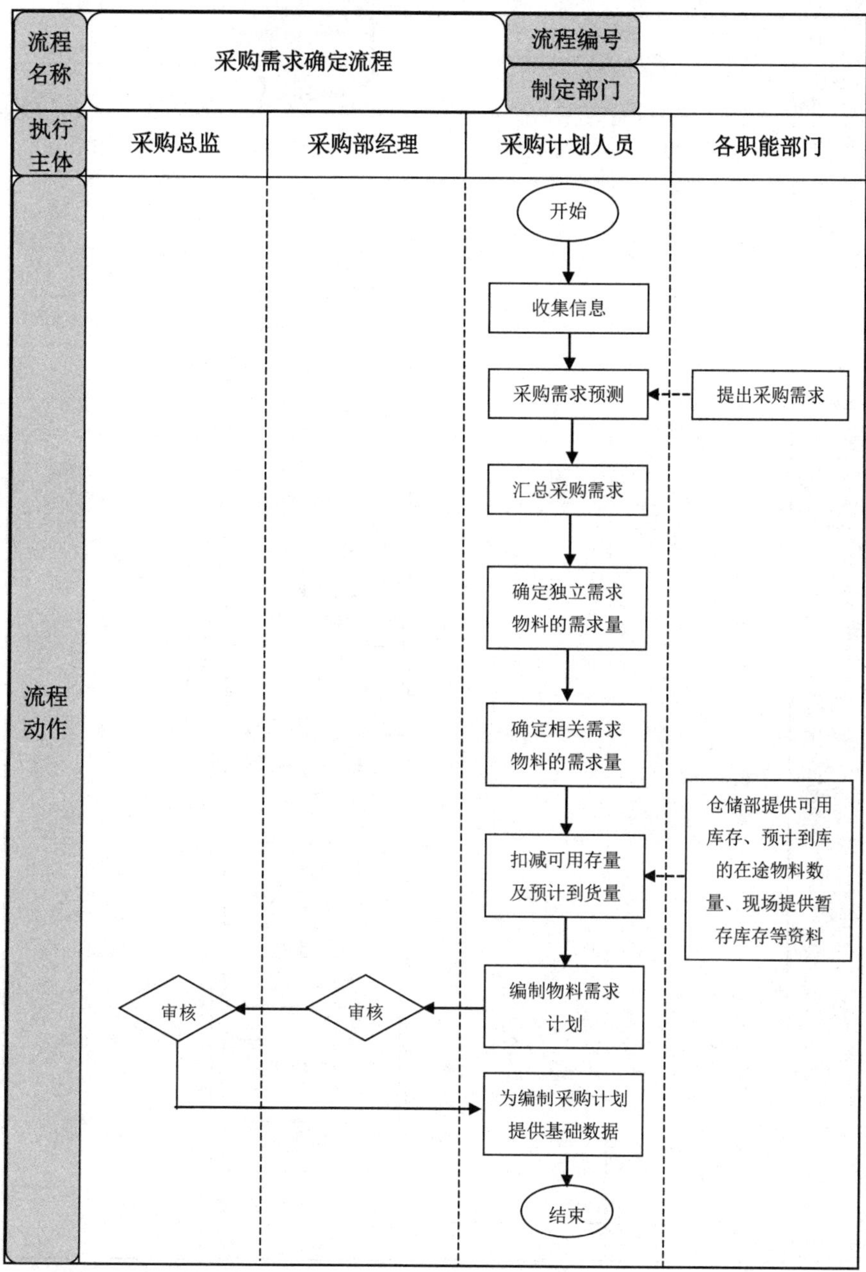

图2-3　采购需求确定流程

2.2.3 采购方式选择流程

采购方式选择流程如图2-4所示：

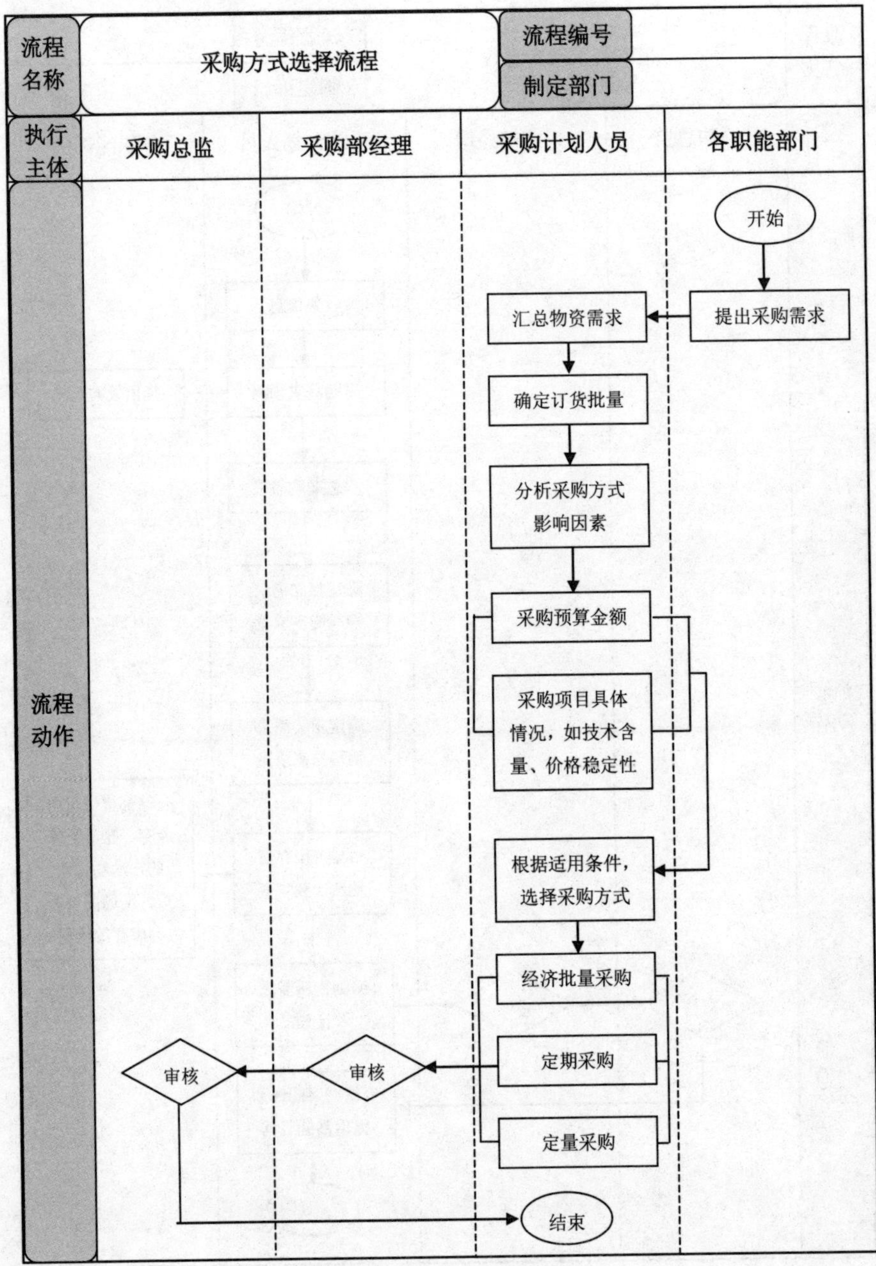

图2-4　采购方式选择流程

2.2.4 采购计划编制流程

采购计划编制流程如图2–5所示：

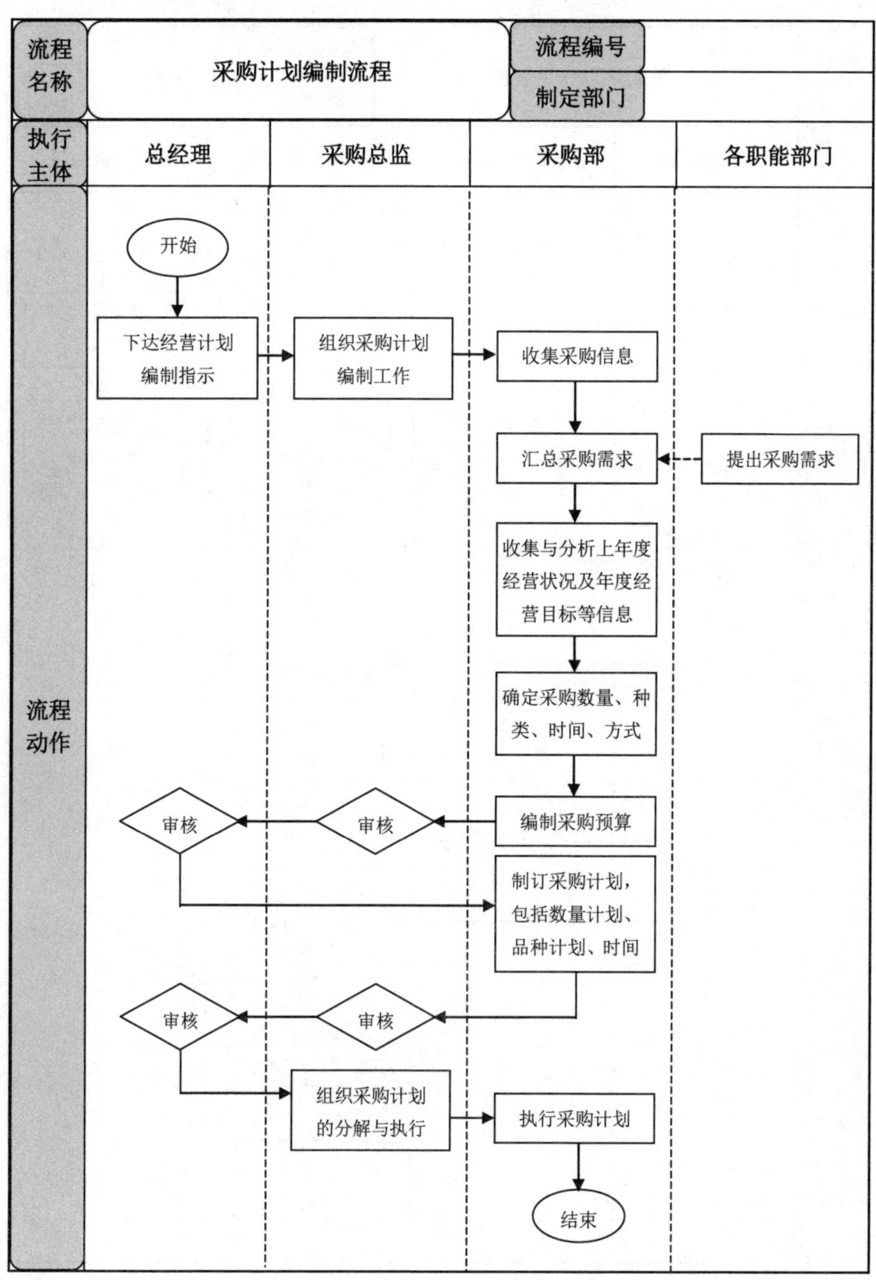

图2–5　采购计划编制流程

2.2.5 采购计划变更流程

采购计划变更流程如图2-6所示：

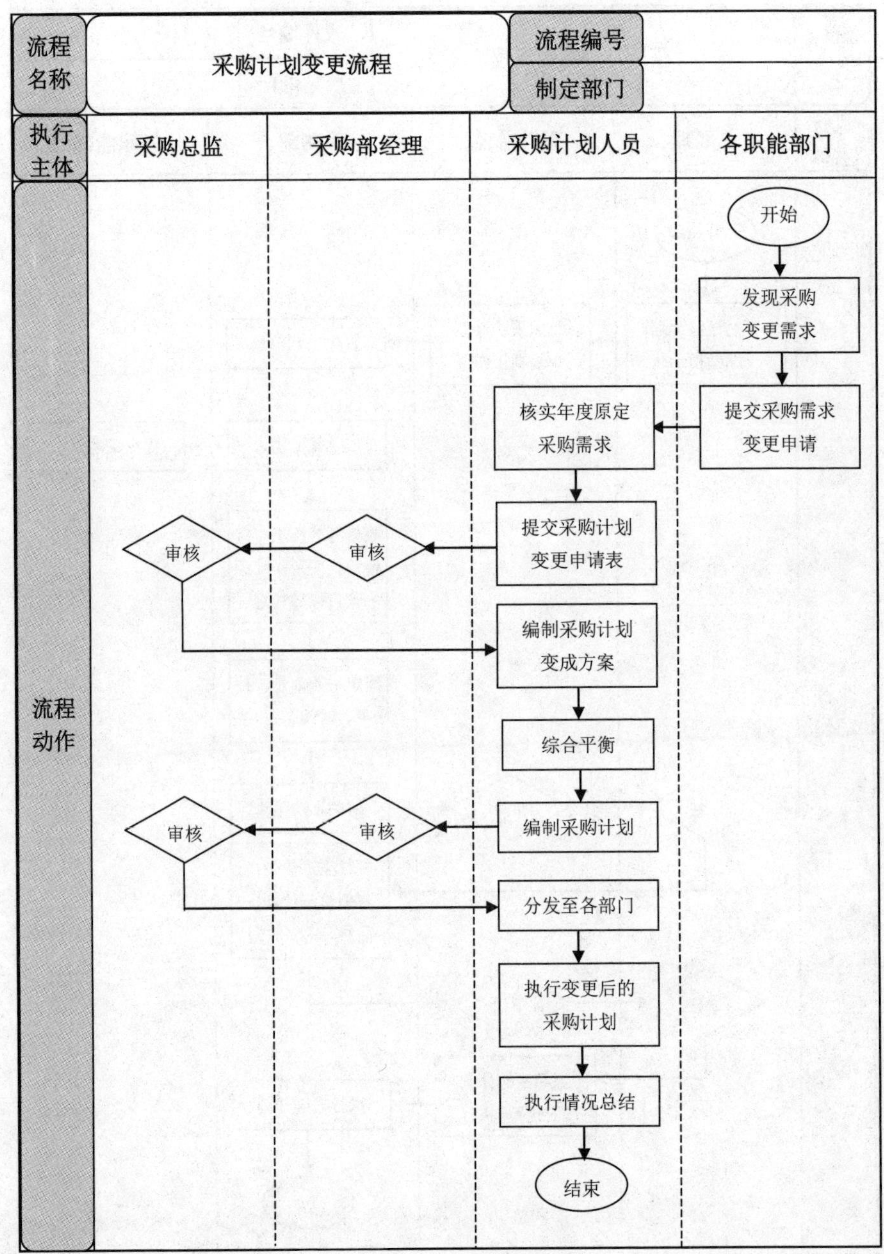

图2-6　采购计划变更流程

2.3 采购计划管理标准

2.3.1 采购计划管理业务工作标准

在执行以下采购计划管理工作事项时，为保证达成各工作事项的预期成果，采购部经理应在人力资源部的协调、指导下，依如表2–2所示的工作标准，组织下属人员做好自身工作。

表2–2 采购计划管理业务工作标准

工作事项	工作依据与规范	工作成果或目标
采购计划编制	◆ 采购计划编制规范 ◆ 采购需求汇总须知	(1) 采购需求预测准确率达到100% (2) 采购计划编制准确率达到100% (3) 选择适宜的采购方式，最大限度上控制采购成本
采购计划审批	◆ 采购计划审批流程 ◆ 采购计划审批制度	(1) 严格按照审批权限执行采购计划审批工作 (2) 对采购计划调整的审批及时率达到100%
采购计划执行与变更	◆ 采购计划执行制度 ◆ 采购计划变更流程	(1) 采购计划分解准确率达到100% (2) 采购目标达成率为100% (3) 明确采购计划变更条件及变更审批流程
采购预算管理	◆ 采购预算管理制度 ◆ 采购预算编制方法说明	(1) 采购预算方案编制及时率达到100% (2) 严格按照企业各项制度执行采购预算 (3) 选择合适的采购预算编制方法 (4) 采购预算调整及时率达到100%

2.3.2 采购计划管理业务绩效标准

在组织采购计划管理工作的过程中，采购部经理应根据以下评估指标，对相关工作设定业绩评估标准，以便正确地引导下属成员高效、保质、保量地完成采购计划相关工作。具体内容如表2-3所示。

表2-3　采购计划管理业务绩效标准

工作事项	评估指标	评估标准
采购计划编制	采购计划编制及时率	1．采购计划编制及时率 = $\frac{\text{在规定时间内完成的采购计划编制工作}}{\text{应完成的采购计划编制工作}}\times 100\%$ 2．采购计划编制及时率应达到____%，每降低____%，则扣除责任人____分，及时率低于____%，本项不得分
采购计划审批	采购计划审批出差错的情况	1．在考核期内出现1次（含）以上采购计划越权审批或其他违规事项，为企业造成严重损失的，本项不得分 2．在考核期内出现1次采购计划越权审批或其他违规事项，但未对企业造成损失的，本项得____分 3．在考核期内未出现采购计划越权审批等其他违规事项，本项得____分
采购计划执行与变更	采购计划完成率	1．采购计划完成率 = $\frac{\text{考核期内采购总金额（数量）}}{\text{计划采购金额（数量）}}\times 100\%$ 2．采购计划完成率应达到____%，每降低____%，则扣除责任人____分，及时率低于____%，本项不得分
	采购及时率	1．采购及时率 = $\frac{\text{在规定时间内完成的采购订单数}}{\text{应完成采购订单总数}}\times 100\%$ 2．采购及时率应达到____%，每降低____%，扣____分，及时率低于____%，本项不得分
	采购成本降低率	1．采购成本降低率 = $\frac{\text{上期采购成本}-\text{本期采购成本}}{\text{上期采购成本}}\times 100\%$ 2．采购成本降低率应达到____%，每降低____%，扣____分，采购成本降低率低于____%，本项不得分

表 2-3（续）

采购预算管理	采购预算超支率	1．采购预算超支率 = $\frac{\text{采购预算金额}-\text{实际采购支出金额}}{\text{采购预算金额}}\times100\%$ 2．采购预算超支率应小于____%，每提高____%，则扣除责任人____分，及时率低于____%，本项不得分

2.4 采购计划管理制度

2.4.1 制度解决问题导图

采购计划管理制度的编制，主要在于规范采购计划的编制与执行等日常工作，有助于解决在工作中较常出现的问题。具体问题主要体现在以下4个方面，如图2–7所示。

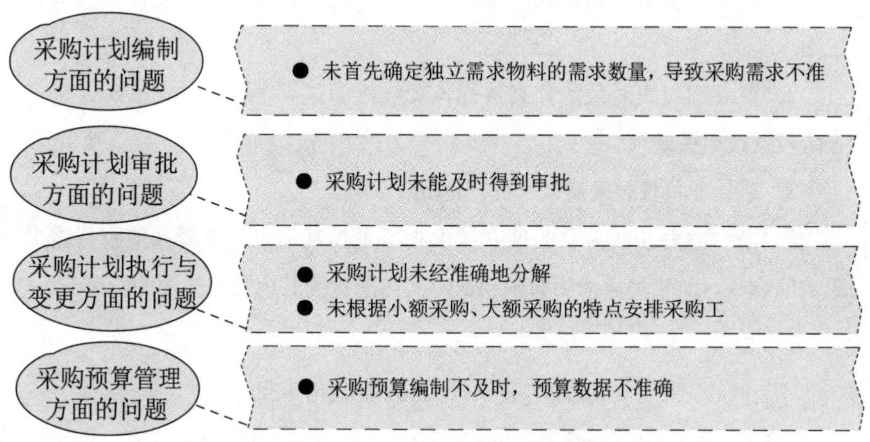

图2–7　采购计划管理制度解决问题导图

2.4.2 采购计划管理办法

采购计划管理办法如表2-4所示：

表2-4　采购计划管理办法

制度名称	采购计划管理办法			编　　号	
执行部门		监督部门		编修部门	

第一章　总则

第1条　为加强本公司对采购计划的管理，保证公司各项生产经营活动的顺利进行，特制定本办法。

第2条　本办法适用于公司所有物资的采购计划编制、审批、执行与变更的管理工作。

第3条　公司相关部门及人员在采购计划管理方面的职责分工如下：

1．采购部负责采购计划的编制、审核、执行、变更调整及评价改进等工作。

2．财务部负责对采购计划进行预算金额的试算平衡，并在采购计划执行阶段划拨相关款项。

3．总经理负责对采购计划进行审批。

第4条　本办法所涉及的独立需求物料是指其需求量不受其他物料需求影响的物料，而相关需求物料则相反，其需求量受其他物料需求的影响。

第二章　采购计划的编制与审批

第5条　采购部汇总各部门的物资需求，编制物资需求汇总表，结合公司上期生产销售情况和本年度经营目标，确定本期采购需求，汇总、编制采购需求计划。

第6条　本期采购需求的确定步骤说明如下所示：

1．采购部根据各部门提交的物资需求表，配合需求预测确定独立需求物料的需求数量，采用定量订货模型或定期订货模型确定订购批量和订购点。

2．确定独立需求物料的需求数量后，应进一步确定相关需求物料的需求数量，相关需求物料数量可采用订货点法，也可以按照相关产品的需求量进行分解。

3．确定上述两类物资需求数量后，应根据库存状况及在途物资状况，确定采购需求数量。

第7条　采购部根据采购需求计划编制采购计划草案，草案中包括采购物资类别、数量、采购金额、拟采用的采购方式以及采购实施的具体时间安排等内容。

第8条　本公司常用的采购方式及其适用条件如下表所示：

采购方式说明表

采购方式	说明	适用条件
谈判采购	通过谈判，采购双方就采购物资质量、数量、价格水平、运输条件、结算方式达成一致，签订采购合同	适用于生产过程中不可或缺的、价格稳定的物资
询价采购	向三家以上的供应商发出询价单，选择供应商	适用于小金额、标准物资的采购
招标采购	以公开招标的方式进行供应商选择，并签订采购合同	适用于金额较大的、成套设备或工程的采购
直接采购	直接向指定供应商发送订单进行采购	适用于配套续购或具有特殊条件的关键部件的采购

第9条　采购数量的影响因素主要包括生产需求量、采购批量大小与价格的关系、库存状况、采购支出承受能力、采购物资的特性、市场动态等。本公司常用的采购数量确定方法如下表所示：

采购数量确定方法表

方法名称	说明
经验估计法	● 根据公司生产技术工作的实际经验，参考有关技术文件、生产计划条件变化等因素确定物资消耗定额的方法，计算公式为： $物资消耗定额=\frac{最小消耗量+4\times一般消耗量+最多消耗量}{6}$ ● 经验估计法适用于小批量、单件的物资采购，也可在技术资料、统计资料不全的情况下使用

表 2-4（续）

物资需求计划法	● 利用主要生产计划、物资清单、已订购但未交货量、库存量、采购提前期等资料计算采购物资数量，计算公式为， 物资需求量 = 物资毛需求量 + 已分配物资量 物资净需求量 = 物资毛需求量 + 已分配物资量 - 现有库存物资量 - 计划采购物资量 物资可用存货量 = 现有库存物资量 + 预计到货的物资量
经济订购批量法	● 通过平衡采购进货成本费用和保管仓储成本费用，实现总库存成本最低的最佳订货量，计算公式为：采购数量 = $\sqrt{\frac{2\times\text{每次订购费用}\times\text{年需求量}}{\text{单位物资成本}\times\text{库存成本}}}$

第10条　采购部编制好的采购计划草案，需提交给财务部进行预算金额的试算平衡，并将试算平衡后的采购计划草案上交采购总监审核，总经理审批。

第11条　采购计划在编制的过程中，应注意以下4点事项：

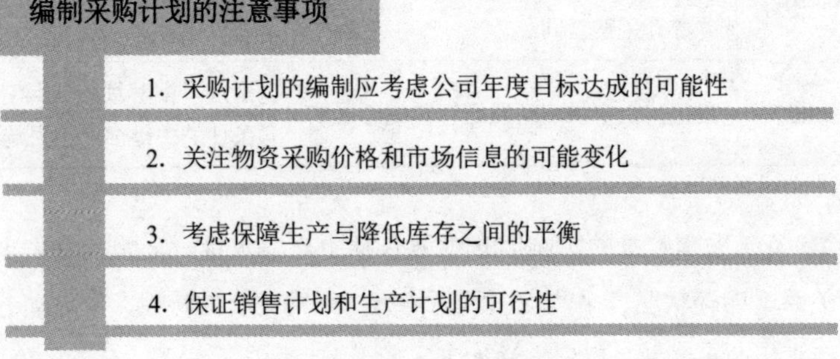

编制采购计划的注意事项

第三章　采购计划的执行与变更

第12条　采购计划主管将采购计划按照时间和职位进行分解，将采购任务分配到各岗位，向采购人员说明采购品种、数量、价格、期限和供应商等信息，采购部做好采购过程中的信息记录工作，采购计划主管对采购计划的执行情况进行监督。

表 2-4（续）

第13条　采购部应判断采购作业是否属于大额采购，对两种采购作业采取不同的执行方法。

1．大额采购：由采购经理签发采购控制书，报经总经理审批后执行计划。

2．小额采购：由采购经理直接安排采购。

第14条　在采购计划执行过程中，应遵循以下三方面要求：

执行要求

采购期限要求：按照请购部门的需求日期及需求数量，联系供应商及时供应

价格质量要求：以合理的价格购取较高质量的商品

采购对象要求：采购前应对供应商的产品质量、性能、报价、交货期限、售后服务等做出评价

采购计划执行要求

第15条　若在执行过程中出现异常情况，采购计划责任人应及时调整采购预算与计划，并上报采购总监审核，总经理审批。

第16条　对于预算内的采购计划，采购经理给予审核后，交财务部进行审核，并由财务部划拨相应款项，由采购部实施采购；对于预算外的采购计划，采购经理应将其提交总经理进行审批，送财务部进行核准并实施。

第17条　各请购部门在发现采购物资不能满足业务需求时，应编制“物资增补计划申请表”，经部门经理签字后提交采购部。

第18条　如出现以下情形之一的，相关部门人员可提出采购增补要求。

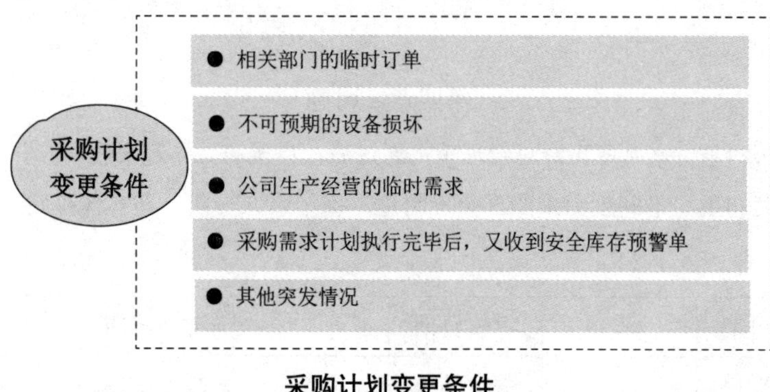

采购计划变更条件

第19条　采购部对各部门提交的“物资增补计划申请表”进行审核，确认该申请表是否符合公司规定，如不符合规定，采购部有权驳回物资增补申请。

第20条　如缺货情况属实，采购部应及时编制说明文件，说明增补物资需求的原因及已采购物资的使用情况，上报采购总监、财务部审核，总经理审批。

第21条　如审核通过，采购计划责任人编制“采购计划增补方案”，采购计划增补方案中应明确增补物资的数量、规格、金额、采购时间等内容。同时，采购计划责任人应分析计划增补对现有计划及业务的影响，编制增补采购计划可行性分析报告。如审批未通过，采购部有权驳回部门申请。

第22条　增补采购计划制订完成后，采购部将其发送至请购部门，作为实施采购增补的依据。

第23条　采购计划执行完毕后，采购经理负责对执行情况进行评价，提出改进意见，操作步骤如下。

第1步　采购部对采购计划执行工作进行总结，在规定时间内完成“采购计划工作报告”的编制，上报采购经理审核

第2步　采购经理对采购计划工作总结进行分析研究，结合对采购过程的监督、检查，参考总经理和其他相关部门的意见，对采购计划的执行情况做出评价

第3步　采购部其他员工根据采购经理反馈的评价结果制定相应的采购执行改进方案，提交采购经理、总经理审批，审批通过后执行改进

采购计划执行的评价与改进

第四章　附则

第24条　本制度报经总经理审批通过后，自颁布之日起实施。

第25条　本制度由采购部负责制定，每年修订一次，其解释权归采购部所有。

编制日期		审核日期		批准日期	
修改标记		修改处数		修改日期	

2.4.3 采购计划审批制度

采购计划审批制度如表2–5所示：

表2–5　采购计划审批制度

<table>
<tr><td>制度名称</td><td colspan="3">采购计划审批制度</td><td>编　　号</td><td></td></tr>
<tr><td>执行部门</td><td></td><td>监督部门</td><td></td><td>编修部门</td><td></td></tr>
<tr><td colspan="6">
第一章　总则
第1条　为规范采购计划在编制、执行、调整等工作过程中的审批事宜，特制定本制度。
第2条　本制度适用于对采购计划编制、执行与调整及考核等工作中，以及过程文档的审批工作。
第3条　采购总监、总经理负责采购计划的审批，采购部及各申购部门为采购计划的执行机构。
第二章　对初编采购计划的审批
第4条　总经理负责对采购部提交的年度采购计划进行审批，采购总监、采购经理负责季度、月度采购计划的审批。
第5条　对编制完成的采购计划，其审核内容主要包括以下四项：
1．采购计划与公司生产经营计划的吻合度。
2．采购目标是否合理，采购工作是否遵循成本最优原则。
3．物资消耗定额、物资采购批量是否准确，库存储备量是否适当。
4．采购计划表中的内容是否符合规定要求。
第三章　对采购计划执行与调整的审批
第6条　在采购计划执行过程中，涉及的审批事项如下：
1．采购计划责任人分解年度采购计划，请购部门经理对请购需求进行签字批准。
2．采购计划责任人审核请购需求是否在年度采购计划内，不在计划内
</td></tr>
</table>

表2-5（续）

<table>
<tr><td colspan="6">的采购申请应立即上报采购经理审批。
第7条　在采购计划调整过程中，涉及的审批事项如下：
1．对已经审批的采购物资，请购部门如需变更物资规格、数量或撤销采购申请，应及时上报采购部审批，以便采购部更改采购计划。
2．在增补采购需求计划时，各请购部门应编制“增补需求计划申请表”，经部门经理审批签字后，上报采购部审核，审核通过后编制“采购计划增补方案”。
3．“采购计划增补方案”经采购经理、财务部、总经理审批通过后，采购部须将其返给请购部门，以示相应物资即将进入采购执行环节。

第四章　对采购计划考核结果的审批
第8条　采购部定期编制“采购计划执行情况报告”，上交采购经理、采购总监审核，总经理审批，并由采购总监对报告进行分析，编制“采购计划执行情况分析”。
第9条　采购总监根据分析结果编制奖惩方案，交由总经理审批，对相关人员进行奖惩。

第五章　附则
第10条　如本公司现有制度与本制度冲突，应以本制度为准。
第11条　本制度由采购部负责制定与解释工作，经总经理审批通过后实施。</td></tr>
<tr><td>编制日期</td><td></td><td>审核日期</td><td></td><td>批准日期</td><td></td></tr>
<tr><td>修改标记</td><td></td><td>修改处数</td><td></td><td>修改日期</td><td></td></tr>
</table>

2.4.4 采购预算管理制度

采购预算管理制度如表2-6所示：

表2-6　采购预算管理制度

制度名称	采购预算管理制度			编　号	
执行部门		监督部门		编修部门	

第一章　总则

第1条　为加强本公司对采购预算的管理，提高资金利用率，降低采购成本，特制定本制度。

第2条　本制度适用于采购预算的编制、执行与评估、变更与调整等工作。

第3条　公司各部门在采购预算管理方面的权责分工如下：

1．采购部负责组织编制采购预算，并监督、控制采购预算的执行。

2．财务部负责协助采购部制定采购预算，对公司整体预算进行整合。

3．总经理办公室负责下达相关工作计划，并对采购预算进行审批。

第二章　采购预算编制

第4条　公司各部门根据公司经营计划和部门实际情况提出物资采购需求。

第5条　采购部及时汇总各部门提出的采购需求，编制“采购需求汇总表”。

第6条　采购部对比分析物资库存情况与各部门的采购需求，结合公司上年度生产状况、销售状况及本年度经营目标，确定年度采购需求，并根据采购需求状况、库存状况，制订采购计划。

第7条　采购计划人员在财务部的协助下，选择适宜的采购预算方法、提出准确预算数字、确定采购数量，制定采购预算草案，上报公司财务部审核。

第8条　采购部应采用目标数据和历史数据相结合的方式确定预算数字，对预算留有适当的余量，以应对可能出现的紧急情况。

表2-6（续）

第9条　采购预算编制方法具体如下所示：

采购预算编制方法

编制方法	说明
固定预算	● 以预算期内正常的、可实现的某一业务量水平为基础进行预算编制 ● 适用于固定费用或数额比较稳定的预算项目
零基预算	● 不考虑以往情况，根据未来一定时期的采购需求，确定采购预算是否有支出的必要及支出数量的大小
概率预算	● 估计预算发生变化的概率，判断和估算各种因素的变化趋势、范围、结果，进行调整，计算期望值的大小
滚动预算	● 在编制采购预算时，将采购预算期与会计期间脱离，随着采购预算的执行不断补充预算，逐期向后滚动，使采购预算期间始终保持在一个固定的长度，一般为12个月

第10条　财务部在充分考虑公司现实资金状况、市场状况、整体预算的基础上，对采购预算草案进行综合平衡。

第11条　采购部编制正式的采购预算方案，上呈采购总监审核，总经理审批，并根据上级领导的意见对预算方案进行修改。

第12条　采购部按照以下三个步骤对采购预算草案进行完善：

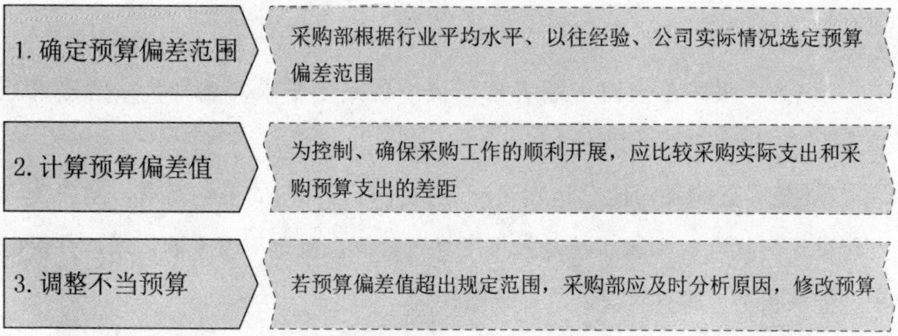

1.确定预算偏差范围：采购部根据行业平均水平、以往经验、公司实际情况选定预算偏差范围

2.计算预算偏差值：为控制、确保采购工作的顺利开展，应比较采购实际支出和采购预算支出的差距

3.调整不当预算：若预算偏差值超出规定范围，采购部应及时分析原因，修改预算

采购预算完善步骤

第13条　采购预算专员于每月1～5日根据以下资料，结合采购预算结果、月底物资库存量、安全库存量、采购提前期等因素，编制月度采购预算。

第14条　采购预算专员根据历史交易价格、供应商到货信息，在“月度

表 2-6（续）

采购预算表”中填写价格信息和预计到货日期后，提交正式月度采购预算，经采购经理审核后，上报总经理审批。

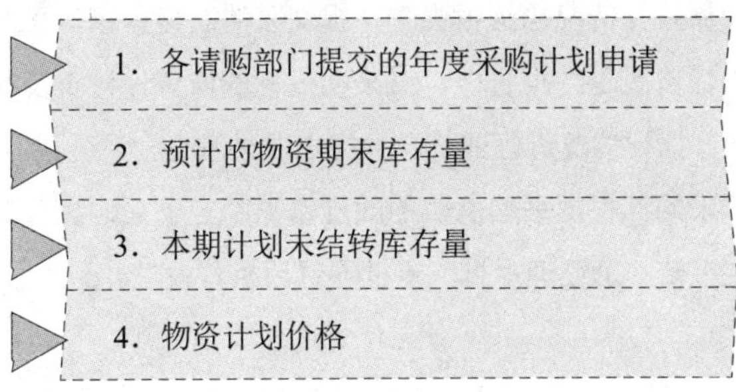

采购预算编制依据

第15条　采购部实施采购预算计划内外的采购应注意以下两点：

1. 采购部应将采购预算提交采购经理审核、总经理审批。

2. 采购部将审批通过的采购预算送至财务部进行核准，由财务部划拨款项。

第三章　采购预算执行与评估

第16条　采购部应严格按照审批通过的采购预算执行采购工作，并根据采购物资的使用情况、需求情况、采购频率、价格稳定性等因素，选择最优的采购方式。

第17条　为在保证采购质量的同时控制采购支出，采购部在执行采购预算的过程中，应遵循以下要求：

1. 采购人员应对供应商的产品质量、性能报价、交货期限、售后服务等进行综合评价，择优选择供应商。

2. 采购时应以合理价格取得质量较好的物资。

3. 采购人员应根据请购部门的需求数量、需求日期及时与供应商联系，降低公司缺货成本。

第18条　经核定的分期采购预算，如当期未动，不得保留，若确有需要，下期补办相关手续。

第19条　对于未列入预算的紧急采购，请购部门应及时追加补办相关

表 2-6（续）

手续。

第20条　采购经理在采购预算执行后对采购预算执行工作进行总结，编制“采购预算执行情况总结报告”，提交采购总监审核。采购总监应根据“采购预算执行情况总结报告”，对采购过程的监督、检查及其他部门的意见，对采购预算执行情况进行评价，并提出改进意见。

第21条　采购部根据采购总监的改进意见制定“采购执行改进方案”，提交采购总监审核、总经理审批，审批通过后执行改进。

第四章　采购预算调整与变更

第22条　采购预算一经公司总经理审批，须严格遵守执行，一般不允许调整与变更。如发生下列五种情形之一的，预算执行部门方可执行采购预算调整申请工作。

1 公司经营方向发生改变

2 市场经济形势发生重大变化，导致采购预算需调整

3 发生重大政治、经济事件、宏观政策调整

4 受重大自然灾害影响

5 公司内部重大政策调整

采购预算允许调整与变更的五种情况

第23条　采购预算调整、变更审批程序与采购预算编制的审批程序一致，不得私自更改。

第24条　采购部对各部门提交的“采购预算变更申请表”进行审核，分析采购预算变更原因，当满足以下四项条件时，方能批准采购预算的变更：

1．采购预算的变更有助于保障公司采购战略计划的执行，有利于实现公司经营目标。

2．采购预算的变更有助于协调公司各部门间的合作。

3．采购预算的变更有助于合理、高效地进行资源分配。

4．采购预算的变更有助于加强对公司物流成本的监督和控制。

表2-6（续）

第25条　各部门提交“采购预算变更申请表”时，应将下列明细事项填写完整：请购部门名称、部门联系人电话、请购日期、原请购单编号、请购物资名称、规格、变更数量、物资采购变更原因、部门经理签名与盖章。

第26条　采购部在整体掌控采购预算的前提下，将审批通过的“采购预算变更申请表”提交至采购总监或总经理审批。

1．200万元以下的采购预算变更，由采购总监负责审批。

2．200万元（含）以上的采购预算变更，由总经理负责审批。

第27条　采购部根据变更后的预算开展采购工作。

第五章　附则

第28条　本制度每年度由采购部负责根据公司实际经营情况进行修订。

第29条　本制度报总经理、采购总监审核通过后，自____年____月____日起生效。

编制日期		审核日期		批准日期	
修改标记		修改处数		修改日期	

第3章　供应商管理业务·流程·标准·制度

3.1 供应商管理业务模型

3.1.1 供应商管理业务工作导图

供应商是指直接向买方企业提供原料、商品及相应服务的企业及其分支机构、个体工商户等，供应商管理是买方企业对供应商进行选择、认证、评估、支持与激励等一系列工作的总称。

企业采购工作若按下列导图中列示的关键工作事项执行供应商管理工作，有助于优化企业采购过程，保障企业物资供应，具体内容如图3-1所示。

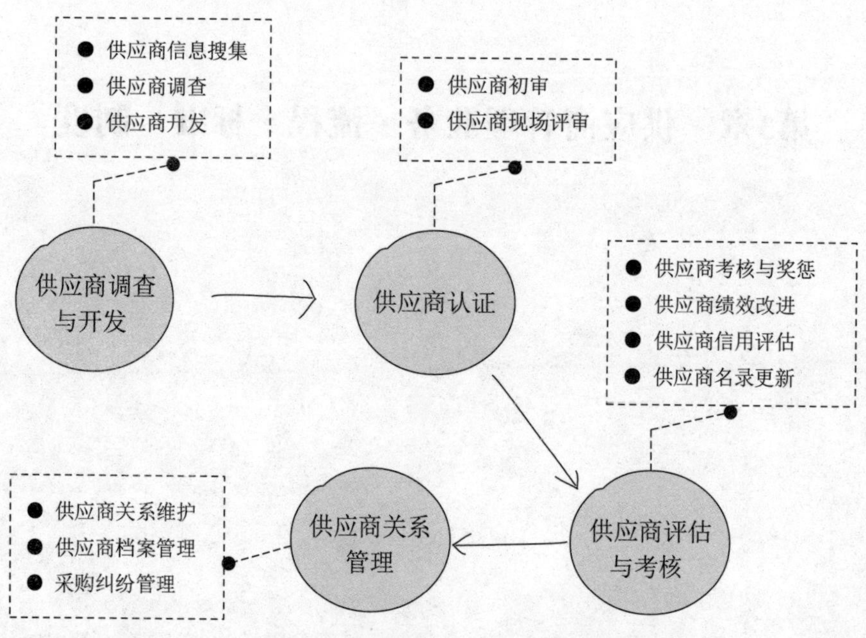

图3-1 供应商管理业务工作导图

3.1.2 供应商管理主要工作职责

供应商管理的各项业务主要由采购部组织、领导，而生产部、技术部、质量部、市场部及法务部等相关的各职能部门须配合采购部，做好供应商的选择、认证等初期筛选以及供应商绩效评估工作。

明确供应商管理工作职责有助于规范企业供应商管理流程，保障企业所采购物资的质量水平，降低采购风险，提高企业经济效益。表3-1为企业采购部及相关职能部门在执行供应商管理过程中的主要职责分工。

表3-1　供应商管理主要工作职责说明表

工作职责	职责具体说明
供应商调查与开发	1. 采购人员分析市场行情，了解市场竞争情况，搜集、汇总供应商信息 2. 采购人员制订、实施供应商调查与开发计划，由采购部各级领导负责对计划的执行情况进行监督
供应商认证	1. 采购人员须根据企业事先设定的供应商初审标准，对供应商进行初步筛选，拟定候选供应商名单 2. 采购部组织质量部、技术部等相关部门对通过初审的供应商实施现场评审，验证供应商样品，并根据现场评审结果和验证结果编制“供应商调查报告”，确认通过初审的供应商是否严格符合企业供应商标准 3. 供应商管理人员负责供应商资料的存档工作
供应商评估与考核	1. 采购人员负责建立供应商绩效评估体系，制订考核计划 2. 采购人员负责供应商考核的实施，并根据考核结果拟定、实施奖惩方案 3. 采购人员负责对供应商的日常监督工作，跟踪供应商绩效整改情况，根据考核结果更新供应商名录
供应商关系管理	1. 供应商管理人员及档案管理人员负责建立、保管供应商档案，并及时收录、更新供应商档案 2. 供应商管理人员负责掌握最新的市场发展动向，定期拜访供应商，与其保持良好合作关系 3. 法律部协助采购部处理与供应商的采购纠纷

3.2 供应商管理流程

3.2.1 主要流程设计导图

供应商管理流程按照并列式结构，可分为供应商调查与开发流程、供应商认证流程、供应商评估与考核流程、供应商管理流程四个主要流程，具体内容如图3-2所示。

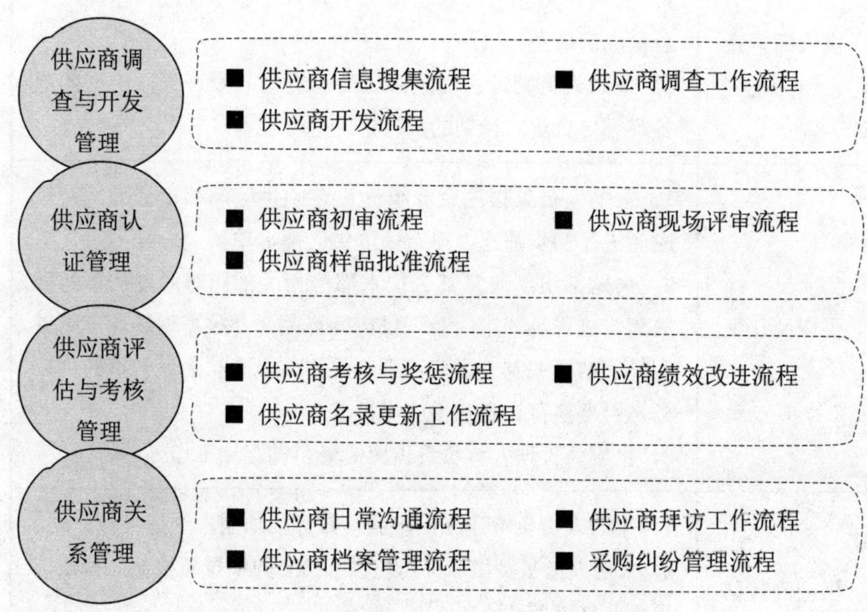

图3-2　供应商管理主要流程设计导图

3.2.2 供应商调查工作流程

供应商调查工作流程如图3-3所示：

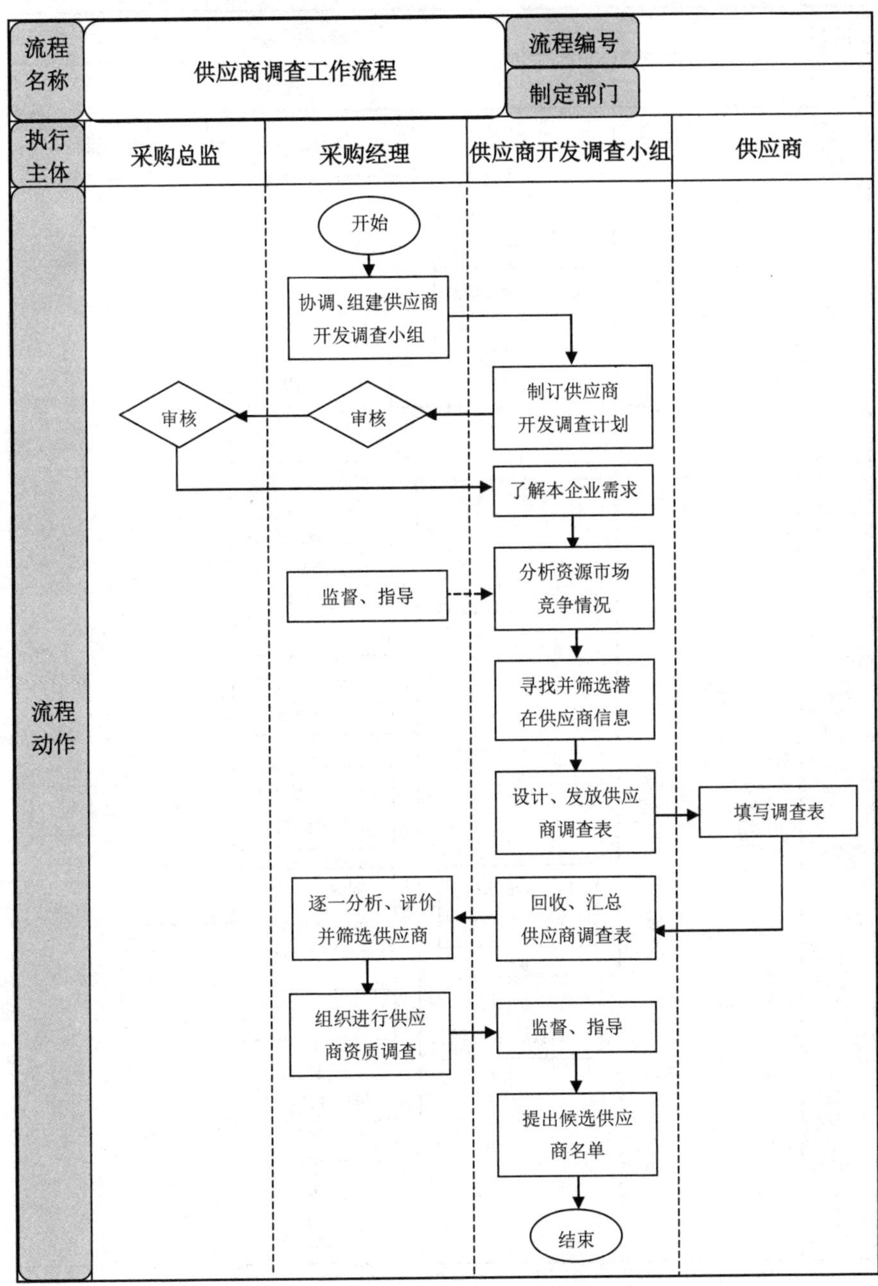

图3-3　供应商调查工作流程

3.2.3 供应商评审实施流程

供应商评审实施流程如图3-4所示：

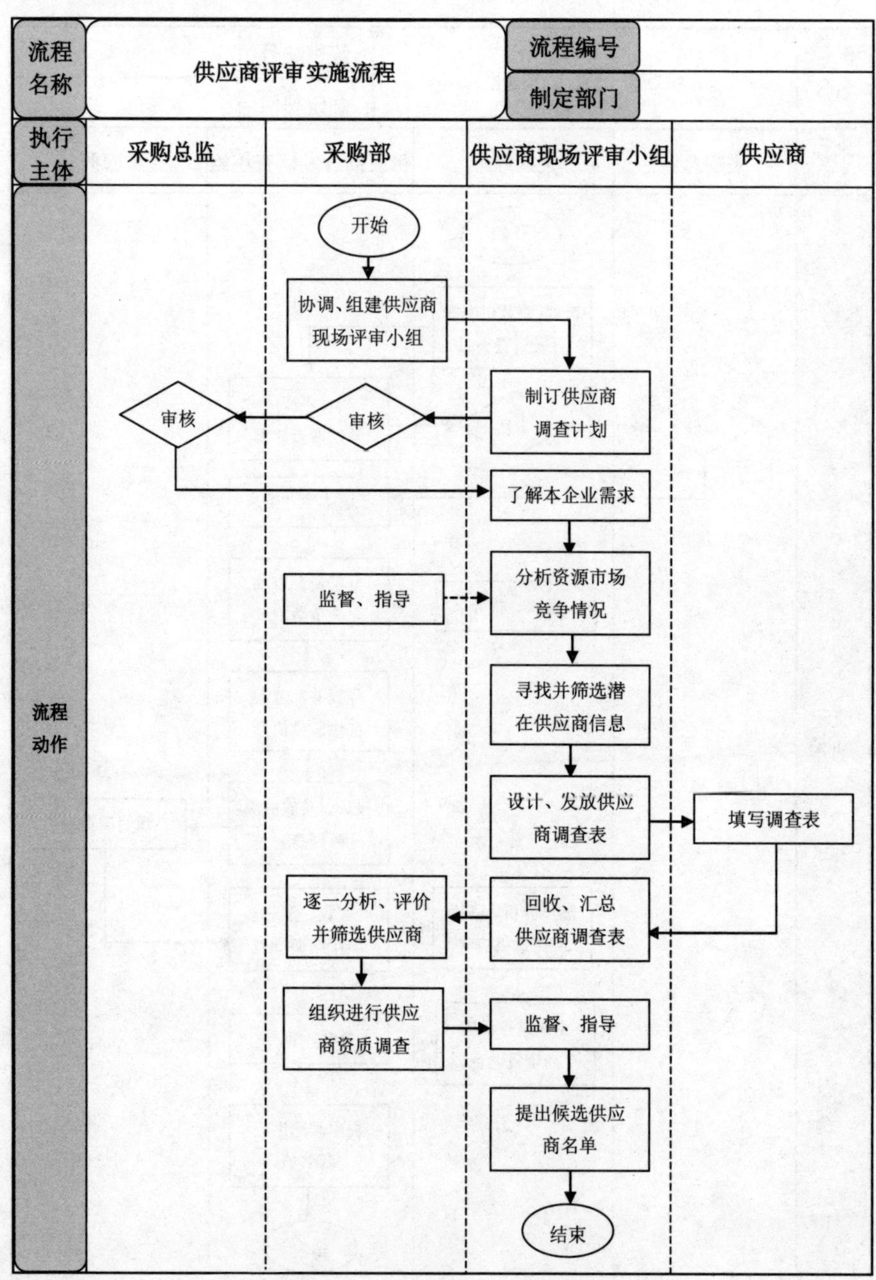

图3-4　供应商评审实施流程

3.2.4 供应商绩效改进流程

供应商绩效改进流程如图3-5所示：

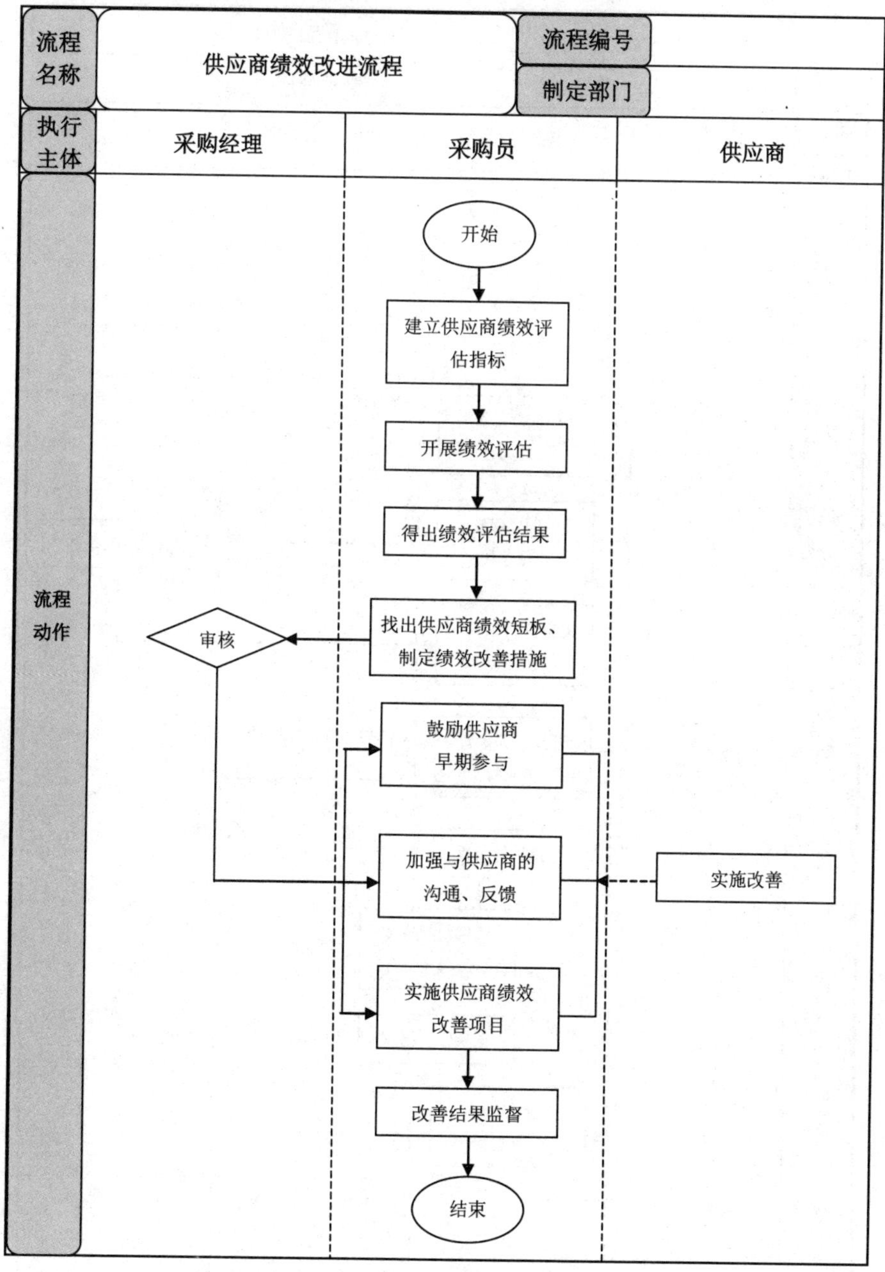

图3-5　供应商绩效改进流程

3.2.5 供应商名录更新流程

供应商名录更新流程如图3-6所示：

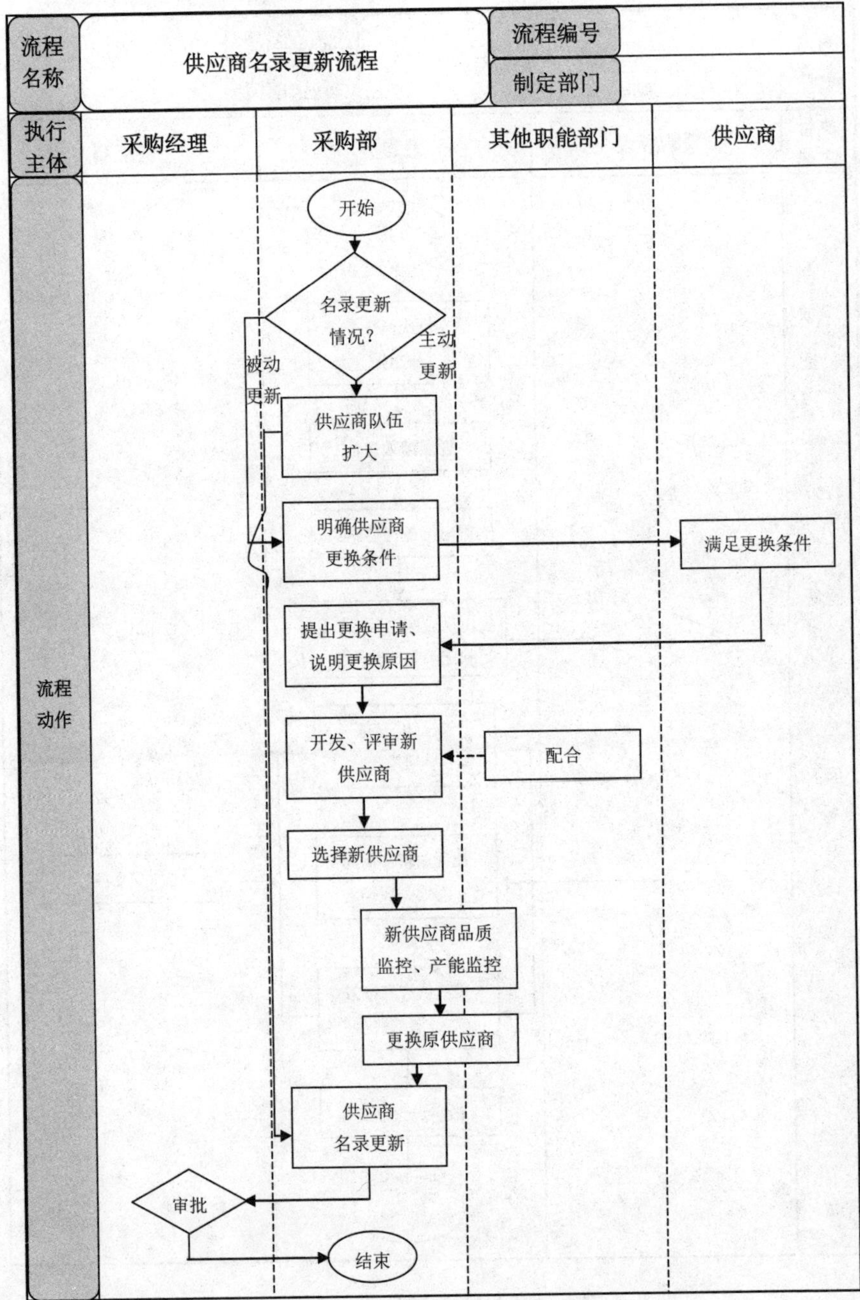

图3-6　供应商名录更新流程

3.2.6 拜访供应商工作流程

拜访供应商工作流程如图3–7所示：

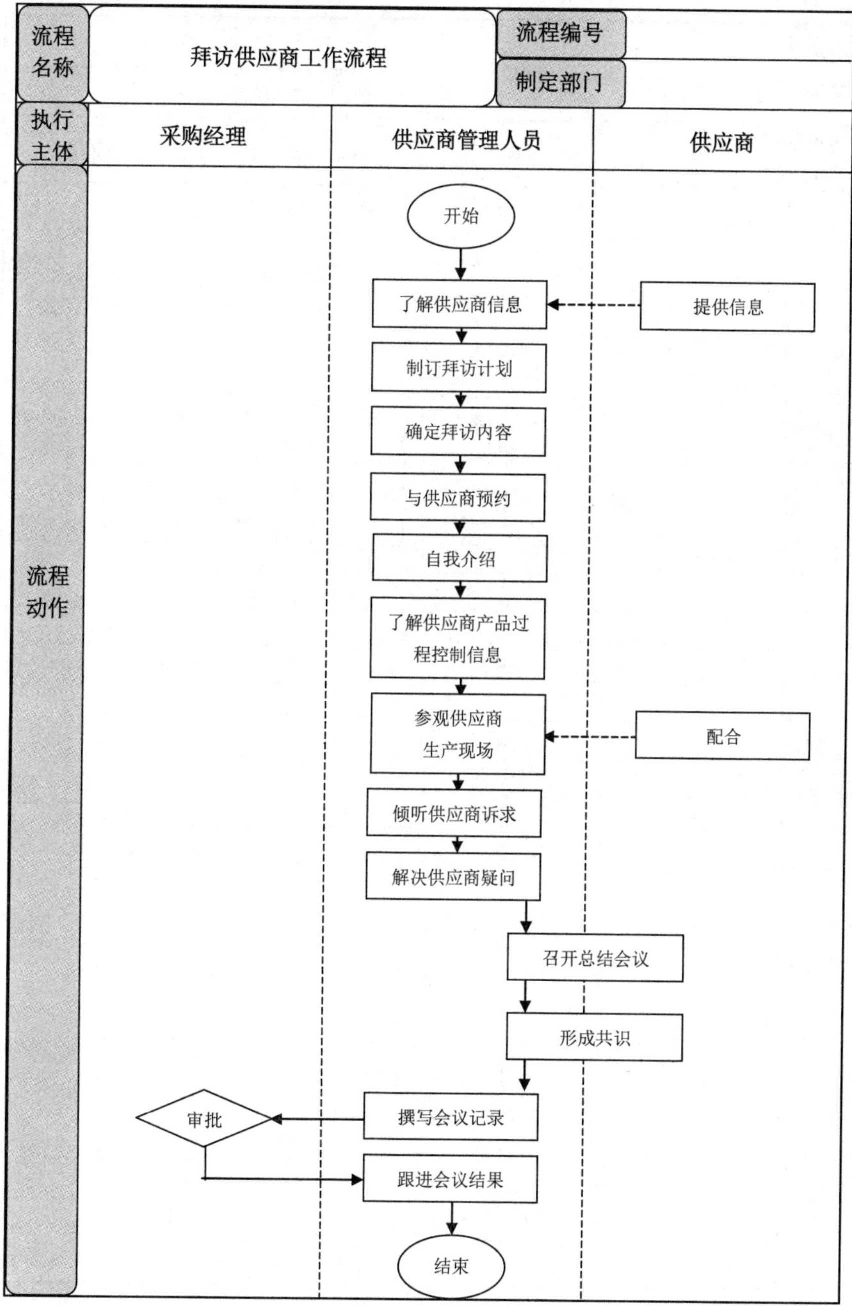

图3–7　拜访供应商工作流程

3.2.7 供应商等级评定流程

供应商等级评定流程如图3-8所示：

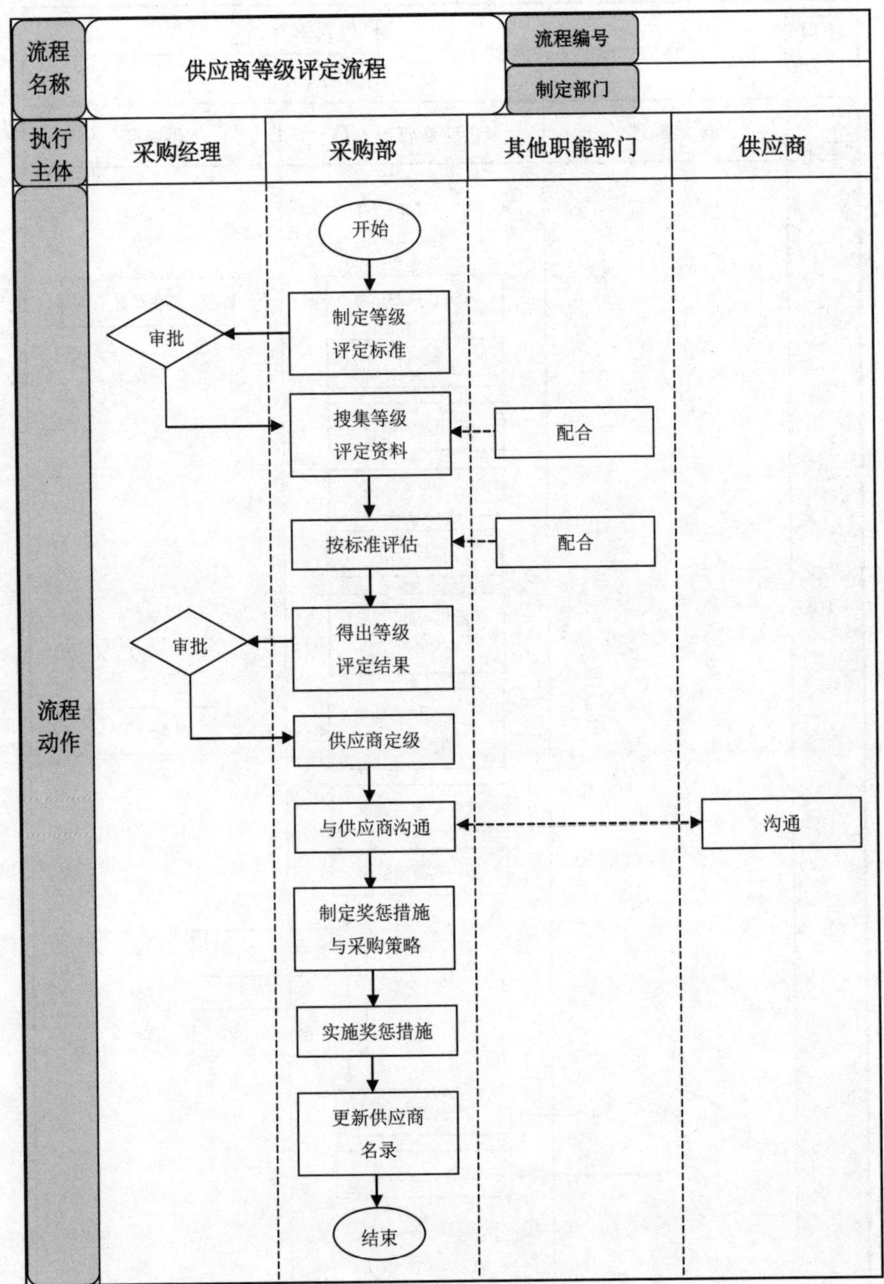

图3-8 供应商等级评定流程

3.3 供应商管理标准

3.3.1 供应商管理业务工作标准

在执行供应商管理工作事项时，采购部及企业其他职能部门应按照相关规范，努力达成下列工作成果，具体内容如表3-2所示。

表3-2　供应商管理业务工作标准

工作事项	工作依据与规范	工作成果或目标
供应商调查与开发	◆ 供应商调查与开发制度 ◆ 供应商开发方法	(1) 随时掌握最新的资源市场发展动向 (2) 供应商开发计划制订及时率达到100% (3) 供应商数据库更新及时率达到100% (4) 提交____个以上需进行认证的供应商名单 (5) 开发____个以上新供应商
供应商认证	◆ 供应商初选制度 ◆ 供应商现场评审制度 ◆ 供应商样品检验管理办法	(1) 供应商初步筛选准备工作充分、完善 (2) 供应商现场评审过程规范，无徇私舞弊现象 (3) 供应商样品验证及时率达到100%
供应商评估与考核	◆ 供应商考核管理制度 ◆ 供应商等级评定制度 ◆ 供应商奖惩实施办法	(1) 供应商绩效评估体系全面、完善，能客观、全面地评价供应商的绩效 (2) 供应商考核计划及时完成率达到100%
供应商关系管理	◆ 供应商档案管理规定 ◆ 供应商关系维护制度	(1) 与供应商维持良好合作关系 (2) 供应商对合作的满意度达到100% (3) 供应商激励方案内容全面，执行度较高

3.3.2 供应商管理业务绩效标准

企业可依据以下评估指标，对供应商管理工作设定相应的业务绩效标准，以便引导采购人员对供应商的管理效能。具体内容如表3-3所示。

表3-3　供应商管理业务绩效标准

工作事项	评估指标	评估标准
供应商调查与开发	市场分析报告提交及时率	1．市场分析报告提交及时率 = $\frac{\text{在规定时间内提交的市场分析报告}}{\text{应提交的市场分析报告}} \times 100\%$ 2．市场分析报告提交及时率应达到____%，每降低____%，则扣除责任人当月奖金的____%
	供应商信息完整性	企业采购信息管理库内供应商信息完整、无缺失，信息不完整的供应商数量控制在____家以内，每多一家，扣____分
	供应商开发数量	在考核期内，供应商开发数量应达到____家，每少1家，扣除责任人____分，低于____家，本项不得分
供应商认证	供应商认证规范性	1．仅对供应商进行初步筛选或现场审核，即确定合格供应商，本项不得分 2．对供应商进行初步筛选和现场审核，但审核内容不全面，未验证供应商样品，得____分 3．经供应商初步筛选、供应商现场审核等过程，对供应商全面认证，得____分
	供应商全面评审率	1．全面评审率 = $\frac{\text{经过严格评审选定的供应商数量}}{\text{企业合作的全部供应商数量}} \times 100\%$ 2．合格供应商必须通过严格的评审，全面评审率须达到____%；每降低一个百分点，扣____分
供应商评估与考核	供应商履约率	1．供应商履约率 = $\frac{\text{履约的合同数}}{\text{订立的合同数}} \times 100\%$ 2．供应商履约率应达到____%，每降低____%，则扣除责任人当月奖金的____%

表3-3（续）

	供应商考核指标选取准确性	供应商考核指标应包括经济、质量、服务、供应四方面指标 1．仅选取1方面的指标，本项不得分 2．选择2～3方面的指标，得____分 3．全面选取4方面的指标，得____分
	供应商考核报告完成及时率	1．供应商考核报告完成及时率＝ $\frac{\text{在规定时间内完成的供应商考核报告}}{\text{应完成的供应商考核报告数}}\times 100\%$ 2．供应商考核报告完成及时率应达到____%，每降低____%，扣____分，及时率低于____%，本项不得分
	供应商奖惩方案审核一次性通过率	1．供应商奖惩方案审核一次性通过率＝ $\frac{\text{一次性审核通过的奖惩方案数}}{\text{奖惩方案总数}}\times 100\%$ 2．供应商奖惩方案审核一次性通过率应达到____%，每降低一个百分点，扣____分，及时率低于____%，本项不得分
供应商关系管理	供应商档案完备率	1．供应商档案完备率＝$\frac{\text{完整的供应商档案数}}{\text{供应商总数}}\times 100\%$ 2．供应商档案完备率应达到____%，每降低____%，扣____分
	核心供应商流失率	1．核心供应商流失率＝ $\frac{\text{考核期内核心供应商流失数量}}{\text{期初核心供应商数量}+\text{本期增加核心供应商数量}}\times 100\%$ 2．及时实施供应商关系维护工作，核心供应商保有率达____%；每降低一个百分点，扣____分

3.4 供应商管理制度

3.4.1 制度解决问题导图

采购部编制供应商管理制度，有助于规范供应商开发、认证、考核、维护等工作，有助于规避日常工作中较常出现的以下四方面问题，具体如图3-9

所示：

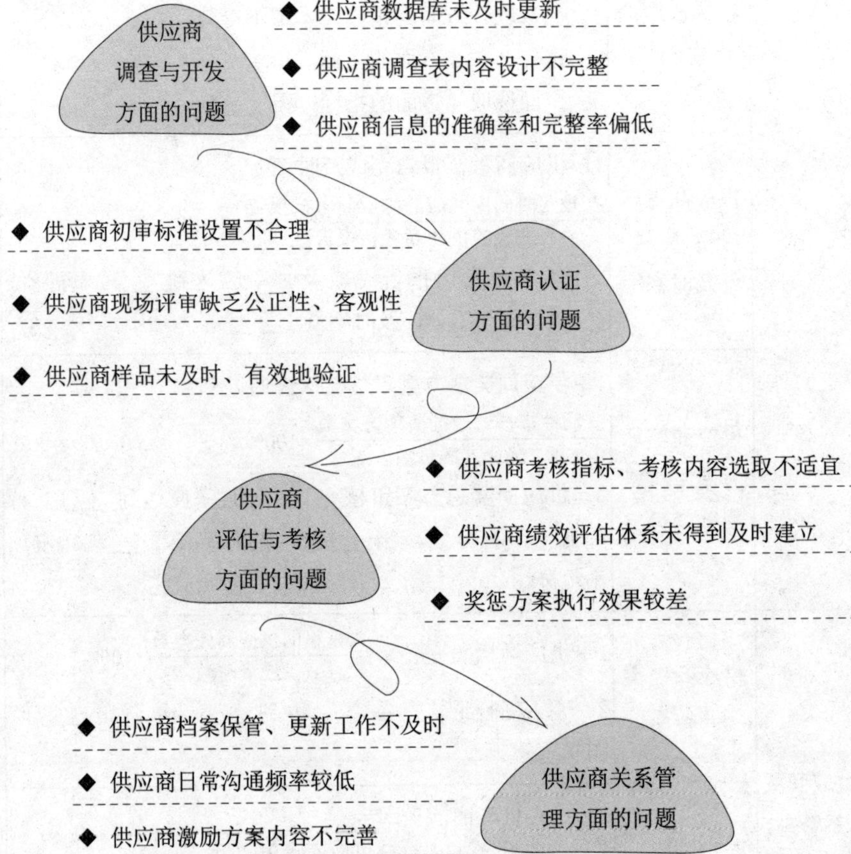

图3–9 供应商管理制度解决问题导图

3.4.2 供应商开发管理制度

供应商开发管理制度如表3-4所示：

表3-4 供应商开发管理制度

<table>
<tr><td>制度名称</td><td colspan="3">供应商开发管理制度</td><td>编　号</td><td></td></tr>
<tr><td>执行部门</td><td></td><td>监督部门</td><td></td><td>编修部门</td><td></td></tr>
<tr><td colspan="6">第1条　目的。
为规范本公司供应商开发工作，了解供应商信息，搜寻潜在供应商，满足公司生产经营的需求，特制定本制度。
第2条　适用范围。
本制度适用于供应商开发小组根据市场竞争情况和公司需求，建立供应商数据库，通过多种渠道寻找供应商信息等工作。
第3条　组建供应商开发小组。
采购部供应商管理人员组建供应商开发小组，小组成员来自采购部、生产部、财务部、技术部、市场部。该小组的主要职责说明如下：
1．供应商开发小组制订并实施供应商调查与开发计划。
2．供应商开发小组根据公司采购需求、市场竞争情况搜集潜在供应商信息。
3．采购经理对供应商调查与开发的执行情况进行监督。
第4条　制订供应商开发计划。
供应商开发小组制订“供应商开发计划”，包括供应商开发目标、开发渠道、开发数量、开发成功时间等内容，报经采购经理审核、总经理审批通过后实施。
第5条　了解公司采购需求。
供应商开发小组根据公司以下四项需求，制定供应商开发目标：
1．公司所需供应商的品质水平、产能情况。
2．供应商开发成功的截止日期。
3．公司所需原材料或零部件的种类。
4．供应商与公司的距离及是否便于运输。</td></tr>
</table>

第6条　分析市场竞争情况。

1．供应商开发小组应了解市场发展趋势、标杆公司、各大供应商的定位、潜在供应商等情况。

2．供应商开发小组应了解竞争市场的性质、容量和规模。

3．供应商开发小组应分析供应商调查资料，明确竞争市场自身的基本情况，包括：竞争市场的生产能力、技术水平、价格水平、管理水平、需求情况等。

第7条　明确供应商开发渠道。

在明确市场竞争情况和公司需求后，应通过以下渠道开发供应商：

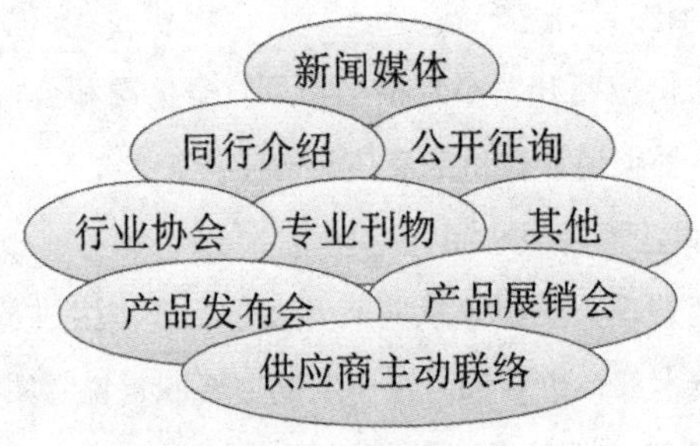

供应商开发渠道

第8条　寻找潜在供应商信息。

1．供应商开发小组根据供应商选择标准、公司需要的格式设计并发放“供应商调查表”，“供应商调查表”多为问卷的形式。

2．“供应商调查表”应满足“易于填写”和“便于整理”的要求，主要内容包括：供应商概况、供应商规模、主营产品、生产设备、检测设备、生产工艺流程、质量验收与管制、采购合同、付款方式、售后服务、建议事项等内容。

3．供应商开发小组在规定时间内回收“供应商调查表”，对“供应商调查表”的真实性进行核实，剔除填写虚假信息的供应商。

4．供应商开发小组做好信息汇总工作，保证供应商认证工作的顺利开展。

第9条　更新供应商数据库。

表 3-4（续）

1．供应商管理人员将寻找到的潜在供应商信息汇总、录入到“供应商数据库”中。 2．录入数据库内容包括，新搜集到的供应商基本情况及其市场定位。 第10条　本制度自颁布之日起实施，自实施之日起，原有相关制度即行废止。					
编制日期		审核日期		批准日期	
修改标记		修改处数		修改日期	

3.4.3 供应商认证管理制度

供应商认证管理制度如表3-5所示：

表3-5　供应商认证管理制度

制度名称	供应商认证管理制度			编　　号	
执行部门		监督部门		编修部门	
第一章　总则 第1条　目的。 为实现以下目的，特制定本制度。 1．通过初步筛选和现场评审，寻找最佳供应商。 2．保证供应商产品质量稳定且价格合理，具有良好的履约能力，降低公司采购成本，提高采购效率。 第2条　适用范围。 本制度适用于供应商初审、现场评审、供应商确认等工作。 第3条　职责分工。 1．采购部相关采购专员负责供应商资料的收集、认证的组织、执行等工作；采购经理负责对认证工作的执行情况进行监督，审核经确认合格的供应商；采购总监负责整体把控供应商认证管理工作，并审批确认合格的供应商。 2．质量部负责对供应商样品的质量进行检验。 3．由采购部组建，技术部、生产部、质量部等部门参与的供应商现场					

评审小组负责对供应商进行现场评审。

第二章　供应商初审

第4条　收集供应商资料。

1．采购专员根据公司需要，收集、整理目标供应商的详细信息，便于初审工作的开展。

2．采购专员收集的供应商资料主要包括：供应商基本情况、供应商未来发展预测、供应商信用状况、供应商价格敏感度、供货及时性、准确性、供应商服务水平、供应商产品质量体系、生产组织及管理体系等内容。

第5条　设置供应商初审标准。

采购专员根据“供应商调查表”所反映的情况，结合本公司实际要求，在下表供应商初审标准中选择6～7项。

供应商初审标准

初审标准	细化
产品质量水平	质量保证体系、来料优良品率、样品质量、对质量问题的处理
交货能力	交货及时性、供货弹性、提交样品及时性
价格水平	价格优惠程度、消化涨价的能力、成本下降空间
技术能力	工艺技术先进性、后续研发能力、产品设计能力、技术问题反应能力
后援服务	零星订货保证、售后服务能力、运输距离
人员配置	团队质量、员工素质
现有合作状况	合同履约率、合作年限、双方合作满意度

第6条　初步筛选供应商。

1．采购专员根据搜集的供应商资料、供应商提交的“供应商调查表”，填写“供应商筛选评分表”。

2．采购专员对候选供应商进行资质审查，资质审查的内容主要包括：持续经营能力、产品质量控制能力、服务能力、合同执行能力等。

3．采购专员根据“供应商筛选评分表”的得分情况和资质审查情况，确定候选供应商名单。

表 3-5（续）

第7条　审核候选名单。

采购专员拟定的候选供应商名单应上报采购经理审核，审核通过的供应商进入现场评审阶段。

第三章　供应商现场评审与样品验证

第9条　实施现场评审。

1．现场评审小组对供应商实施现场评审的频率可根据采购活动的需求灵活调整。

2．现场评审小组深入了解供应商的生产线、生产设备、生产工艺、质量检验部门和管理部门运作情况，对供应商的质量管理体系经营能力、产品研发能力、财务状况、交货服务能力、工艺保证能力等进行现场评审。

3．现场评审小组判断供应商提供的产品或服务能否满足本公司要求。

第10条　验证供应商样品。

1．如有需要，现场评审小组通知供应商送交样品，并对样品提出详细的技术、质量要求。

2．供应商提交的样品应具有代表性，数量多于两件。

3．现场评审小组对样品质量、外观、尺寸、性能、材质等方面进行详细检验，在样品上贴标签，标识检验状态、检验结果。

4．合格的样品至少两件。一件返还供应商，作为供应商生产的依据；一件保存在质量部，作为今后检验的依据。

第11条　编制供应商调查报告。

在现场评审工作结束后，现场评审小组对现场评审工作进行总结，编制“供应商调查报告”，提交采购经理审批，作为确定最终供应商的重要依据。

第四章　确认合格供应商及存档

第12条　确认合格供应商。

1．对于通过现场评审且样品检验合格的供应商，采购专员须将他们列入合格供应商名录，交由采购经理审核、采购总监审批。

表3-5（续）

2．一般情况下，一种物资应建立两家或两家以上的合格供应商渠道，以便采购时选择。 3．列入合格供应商名录的供应商，原则上需要每年复评一次，复评的流程与认证流程一致。采购专员根据复评结果更新供应商名录。 第13条　供应商资料存档。 对于新增的供应商，采购专员负责建立、完善其档案资料，并将档案交由公司档案室保管。 **第五章　附则** 第14条　本制度由采购部制定，经采购总监审批通过后实施。 第15条　本制度自执行之日起，原“供应商认证制度”即行作废。					
编制日期		审核日期		批准日期	
修改标记		修改处数		修改日期	

3.4.4 供应商考核管理制度

供应商考核管理制度如表3-6所示：

表3-6　供应商考核管理制度

制度名称	供应商考核管理制度			编　　号	
执行部门		监督部门		编修部门	
第一章　总则 第1条　目的。 为建立完善的供应商考核体系，激励供应商提供优质的产品和服务，保证公司采购工作的顺利开展，特制定本制度。 第2条　适用范围。 本制度适用于建立供应商考核体系、实施供应商考核及考核结果处理等工作。 第3条　权责划分。					

采购部及其他职能部门在本制度中的职责如下所示：

1. 采购部采购人员负责供应商的日常监督、通知供应商考核结果、拟定供应商奖惩方案，考核相关资料的存档工作。

2. 采购部各级领导负责组建供应商考核小组，审批、审核供应商考核相关的文档、资料，并对供应商实施奖惩，及时跟进供应商整改情况。

3. 在人力资源部的指导和协助下，采购部负责组建供应商考核小组，小组成员应来自质检部、财务部、仓储部、生产部等。该小组主要负责建立供应商绩效评估体系，执行绩效考核工作，给出供应商绩效考核结果。

第二章　建立供应商绩效评估体系

第4条　制订考核计划。

1. 在考核实施前，供应商考核小组应先编制“供应商考核计划”，考核计划中应包括考核目的、方式、对象、时间、方法等。

2. 采购经理审核月度考核计划、季度考核计划，采购总监审核年度采购计划。

第5条　考核方法。

为避免评价依据不清晰、评价结果主观性较强等问题，本公司的供应商考核多采用客观法。该方法主要根据事先制定的标准或依据对供应商情况进行量化考核，具体包括调查表法、现场打分法、供应商表现考评、供应商综合审核等。

第6条　考核内容。

供应商考核小组应从以下考核内容中选取若干项，作为供应商考核的内容。

供应商考核内容

考核维度	具体内容
履约考核	● 考核供应商对采购合同的执行情况
价格考核	● 考核供应商的供货价格是否与采购合同的规定一致 ● 考核供应商价格调整的及时性 ● 考核供应商价格是否有下降的空间

表 3-6（续）

交货考核	● 考核供应商是否在规定日期按时交货 ● 考核供应商是否采取采购合同规定的交付方式
质量考核	● 考核供应商提供的物资是否符合采购合同规定的标准 ● 考核供应商提供的物资在包装、工艺、材料等方面是否存在缺陷 ● 考核供应商的生产工艺是否能满足公司对物资的质量需求
服务考核	● 考核供应商的售前服务是否全面、周到 ● 考核供应商的售后服务是否良好、及时
其他	● 供应商考核小组根据实际需求选取考核具体内容，包括供应商的管理水平、人员操作、生产技术等

第7条　考核时间。

1．关键、重要物资的供应商每月考核一次，普通物资的供货商每季度考核一次。

2．所有供应商每年进行一次考核。

第8条　构建考核指标体系。

1．供应商考核小组应根据公司的实际情况对供应商进行分类，选择适宜的考核指标，设置相应权重，建立指标的评分等级，最终形成考核指标体系。

2．考核指标体系应包括经济指标、质量指标、服务指标、供应指标，具体内容如下表所示。

供应商考核指标体系

指标体系	指标细化	指标计算方法
经济指标	平均价格比率	1．平均价格比率 $=\frac{\text{供货价格}}{\text{市场平均价格}}\times 100\%$ 2．平均价格比率应≤____%，每提高____%，扣____分，高于____% 不得分
质量指标	质量合格率	1．质量合格率 $=\frac{\text{合格产品数量}}{\text{抽样总量}}\times 100\%$ 2．平均价格比率应≥____%，每降低____%，扣____分，低于____% 不得分
	退货率	1．退货率 $=\frac{\text{退货数}}{\text{交货数}}\times 100\%$ 2．退货率应≤____%，每提高____%，扣____分，高于____% 不得分

表3-6（续）

服务指标	准时交货率	1．准时交货率 = $\frac{\text{准时交货次数}}{\text{交货总次数}}\times 100\%$ 2．准时交货率应≥____%，每降低____%，扣____分，低于____%不得分
	合同履约率	1．合同履约率 = $\frac{\text{履约合同数量}}{\text{双方签订的合同总量}}\times 100\%$ 2．合同履约率应≥____%，每降低____%，扣____分，低于____%不得分
供应指标	配合度	在合同履约过程中一旦出现问题，能及时制定有效应对措施，解决问题
	失信率	1．失信率 = $\frac{\text{合作期内失信次数}}{\text{合作总次数}}\times 100\%$ 2．失信率应≤____%，每提高____%，扣____分，高于____%不得分

3．供应商考核小组根据考核指标体系，制作“供应商考核评分表”，以便实施考核。

第三章　实施供应商考核

第9条　培训供应商考核小组。

供应商考核小组组长对组员进行培训，使组员了解考核指标所涉及的每个项目、掌握供应商绩效评估方法的操作要领、规避各种绩效评估误差的产生。

第10条　考核评价实施。

1．在考核过程中，供应商考核小组按照“供应商考核评分表”对供应商的各项绩效表现进行打分。

2．供应商考核小组对各项考核结果进行加总，根据加总结果拟定供应商级别、实施奖惩。

第11条　考核结果存档。

1．采购部采购人员拟定“供应商考核报告”，上报采购总监审核、总经理审批。

2．采购部采购人员将考核结果和“供应商考核报告”及时收入供应商档案中，作为调整供应商策略的依据，并将考核结果以书面形式通知供应商。

第12条　供应商日常监督。

为进一步落实考核结果，提高考核的有效性，采购部采购人员应做好供应商的日常监督与记录工作。

1．采购人员应对供应商的履约情况进行监督。

2．要求供应商定期报告生产条件情况，并提供工序管制的检验记录。

3．要求供应商在对生产工艺和设备等进行变更前，征得公司许可。

4．加强成品检验和进货检验，做好检验记录。

5．责令质量不合格的供应商查明原因，提高产品质量，如供应商不能在限期内提高质量，应及时上报采购经理，终止双方合作。

第四章　对供应商实施奖惩

第13条　拟订奖惩方案。

供应商考核小组根据考核结果，划分供应商级别、拟订奖惩方案，上报采购经理审核、总经理审批。

第14条　实施奖惩。

采购部采购人员根据审批通过的奖惩方式，实施奖惩，具体奖惩情况如下所示：

供应商级别划分及奖惩情况一览表

考核得分	级别划分	奖惩情况
≥90分	A级供应商	酌情增加采购、优先采购、货款优先支付、酌情办理免检
80～89分	B级供应商	责令其对不足之处进行整改，采购策略维持不变
70～79分	C级供应商	酌情减少采购量，责令其对不足之处进行整改，采购部对整改结果进行确认后，决定是否继续采购
≤69分	D级供应商	终止与其的采购关系

第15条　相关资料存档。

表 3-6（续）

<table>
<tr><td colspan="6">供应商管理人员以书面形式向供应商发放考核处理结果，并做好资料的存档工作。

第五章　附则
第16条　本制度经总经理审批通过后，自____年____月____日起实施。
第17条　本制度由采购部制定，修改权、解释权归采购部所有。</td></tr>
<tr><td>编制日期</td><td></td><td>审核日期</td><td></td><td>批准日期</td><td></td></tr>
<tr><td>修改标记</td><td></td><td>修改处数</td><td></td><td>修改日期</td><td></td></tr>
</table>

3.4.5 供应商关系维护制度

供应商关系维护制度如表3-7所示：

表3-7　供应商关系维护制度

<table>
<tr><td>制度名称</td><td colspan="3">供应商关系维护制度</td><td>编　　号</td><td></td></tr>
<tr><td>执行部门</td><td></td><td>监督部门</td><td></td><td>编修部门</td><td></td></tr>
<tr><td colspan="6">第一章　总则
第1条　目的。
为促进公司供应商关系维护工作的开展，建立供需双方稳固、互惠的合作关系，保障公司各项物资的及时供应，特制定本制度。
第2条　适用范围。
本制度适用于供应商日常沟通管理、供应商激励工作。
第3条　权责划分。
1．采购部采购人员负责供应商日常沟通管理工作，并制定、实施“供应商激励方案”。
2．采购部各级管理人员负责制订、实施供应商援助计划。</td></tr>
</table>

表3-7（续）

第二章　供应商日常沟通管理

第4条　供应商沟通计划。

1. 采购部采购人员根据供应商等级制订沟通计划，计划内容包括沟通时间、沟通地点、沟通内容等。计划完成后及时上报采购经理审批。

2. A级供应商的沟通频次为____次/月，B级供应商的沟通频次为____次/月，C级供应商的沟通频次为____次/月。

第5条　供应商沟通方式。

采购部采购人员可选择的沟通方式包括以下六种，采购人员可根据沟通事宜的重要程度、复杂程度、公司的日常工作安排选择相应的沟通方式。

商务会晤	电话沟通
网络即时通信	电子邮件沟通
上门拜访	书信沟通

与供应商沟通的常见方式

第6条　供应商沟通内容。

采购部采购人员与供应商沟通的内容可根据需要灵活变通，主要内容包括以下四类：

1. 采购产品的质量要求、数量要求、规格要求，及对要求的核实或变更。

2. 采购产品的运输、安装、维修等售后服务事项。

3. 供应商相关人员的培训。

4. 供应商服务改善方案。

第7条　供应商沟通的规范和要求。

采购部采购人员在与供应商沟通时，应遵循以下规范和要求：

1. 遵循商务礼仪，注意自身的礼仪规范。

2. 供应商询问的问题如涉及公司商业机密，应向其解释无法告知。

3. 与供应商沟通的问题应准确、清晰。

第三章　供应商激励

第8条　编制“供应商激励方案”。

1．采购人员编制“供应商激励方案”，上报采购经理审核、总经理审批。

2．“供应商激励方案”中应包括激励条件、激励对象、激励内容、激励时机等内容。

第9条　激励内容。

“供应商激励方案”中的激励内容主要包括精神激励和物质激励两个部分。

1．精神激励。采购部定期举办供应商大会，为优秀供应商颁发奖杯，开辟专门的展览室，展示优秀供应商。

2．物质激励。采购部通过以下措施对优秀供应商进行物质激励。

（1）采购部组织制订“供应商扶持计划”，对供应商的生产过程、生产工艺、经营管理、产品研发等工作给予扶持。同时，公司对有发展潜力、符合公司投资方针的供应商，可进行投资入股，与其建立产权关系。

（2）采购部提高采购份额。

（3）采购部给予供应商适度的价格折扣，并与其签订长期采购合同。

（4）采购部将供应商纳入培训与改善计划，采取参观学习、委派培训人员、聘请第三方培训机构等方式对供应商进行培训。

第10条　激励时机。

采购部应在以下时机对供应商实施激励，激发供应商提高服务水平和服务质量的积极性与主动性，节约采购成本，确保公司采购工作的顺利实施。

1．供应商考核结果在90分以上。

2．公司变更质量管理体系、验收标准。

3．采购部与供应商协调生产数量、采购价格时。

第11条　防止供应商垄断。

当某项产品或技术仅有一家供应商或供应商享有专利保护时，采购部应将以下激励措施作为防止供应商垄断的方式。

1．提高采购份额或采用联合采购的方式，加强供应商对公司的依赖性。

表3-7（续）

2．如独家供应商的产出不高、效率较低，公司可根据实际需求制定“供应商扶持计划”，要求供应商让渡部分利益。 **第五章　附则** 第12条　本制度原则上每年更新一次，具体工作由采购部执行。 第13条　本制度经总经理审批通过后实施。					
编制日期		审核日期		批准日期	
修改标记		修改处数		修改日期	

第4章　采购过程管理业务·流程·标准·制度

4.1 采购过程管理业务模型

4.1.1 采购过程管理业务工作导图

企业在进行采购管理的过程中最主要的工作就是做好采购过程管理，不同的企业有不同的采购形式，因此也就存在不同形式的采购过程。采购过程管理的具体业务如图4–1所示。

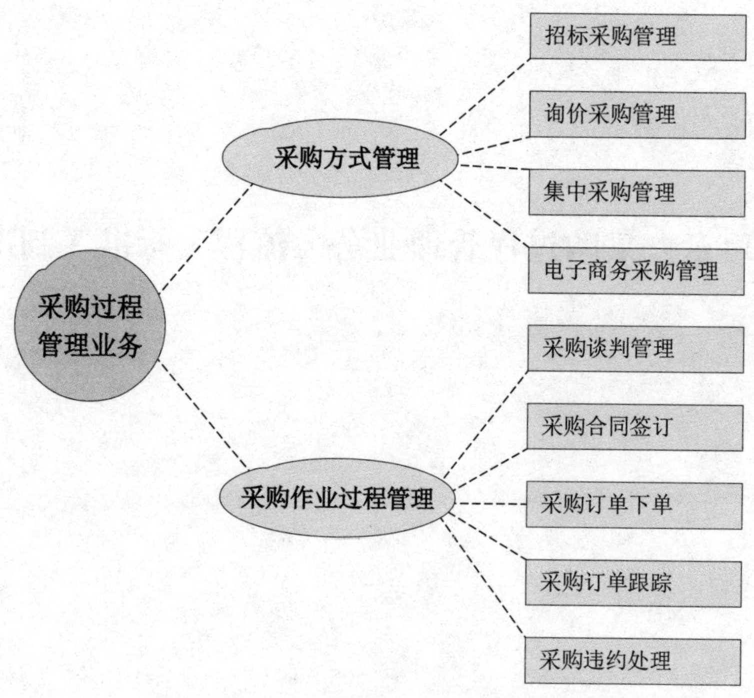

图4–1 采购过程管理业务工作导图

4.1.2 采购过程管理主要工作职责

采购过程管理的职责是主要围绕四大采购形式的采购业务，对各个业务所需履行的职责，需要明确、详细地进行规定，其主要工作职责如表4–1所示。

表4-1　采购过程管理主要工作职责

工作职责	职责具体说明
招标采购管理	● 招标立项报批、招标文件编制、收集投标单位信息、组织资格预审、组织考察、投标入围单位报审 ● 发放标书、组织现场踏勘、组织回标及开标、组织评标、发放中标及未中标通知、组织合同谈判及签订等
询价采购管理	● 通过查阅供应商信息库和市场调查等方式掌握供应市场动态 ● 根据市场调查与分析结果，选择符合条件的询价供应商名单 ● 编制询价文件，并向供应商发出询价通知，收集所有供应商报价 ● 通过对供应商报价进行对比分析，确定合格的供应商进行采购
集中采购管理	● 通过公开招标、邀请招标、竞争性谈判、询价或集中采购领导小组认定的其他采购方式进行集中采购
电子商务采购管理	● 电子商务采购模式的选择和电子商务采购网站的构建 ● 通过电子商务采购系统或电子商务采购网站进行采购和结算

4.2 采购过程管理流程

4.2.1 主要流程设计导图

采购过程管理流程按照总分关系进行设计，主要包括如图4-2所示的若干项子流程。

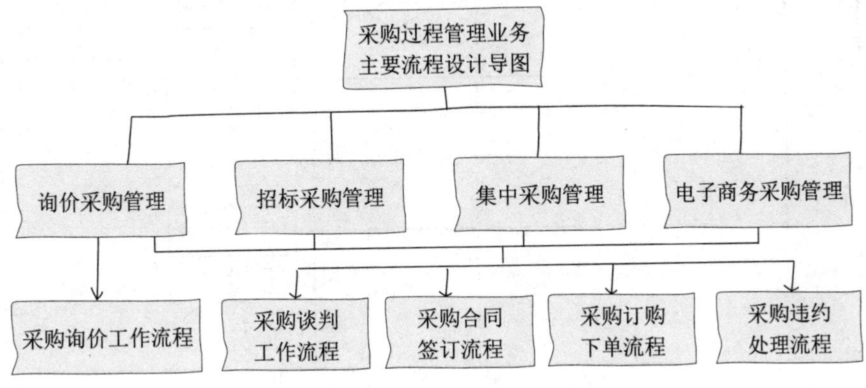

图4-2　采购过程管理流程设计导图

4.2.2 采购询价工作流程

采购询价工作流程如图4-3所示：

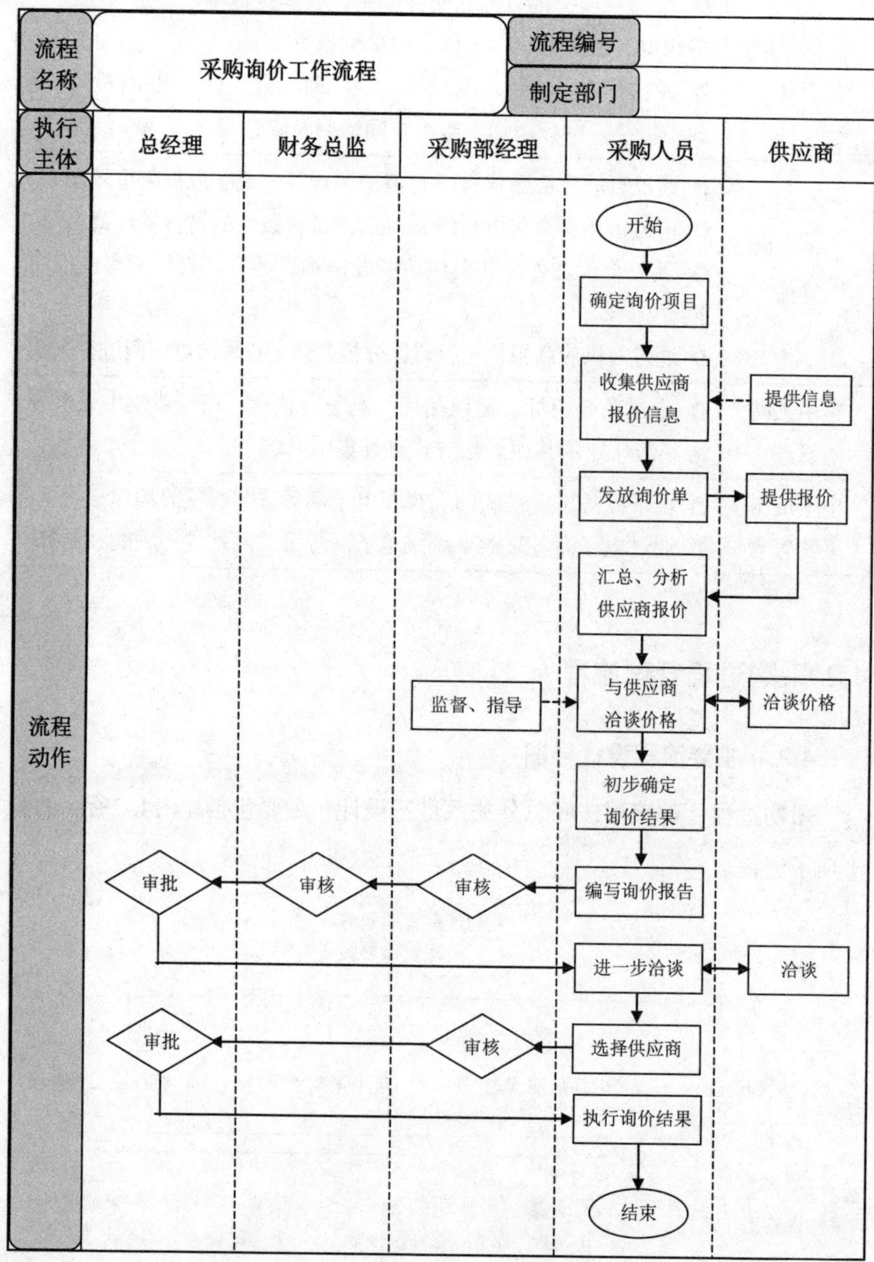

图4-3　采购询价工作流程

4.2.3 采购谈判工作流程

采购谈判工作流程如图4–4所示：

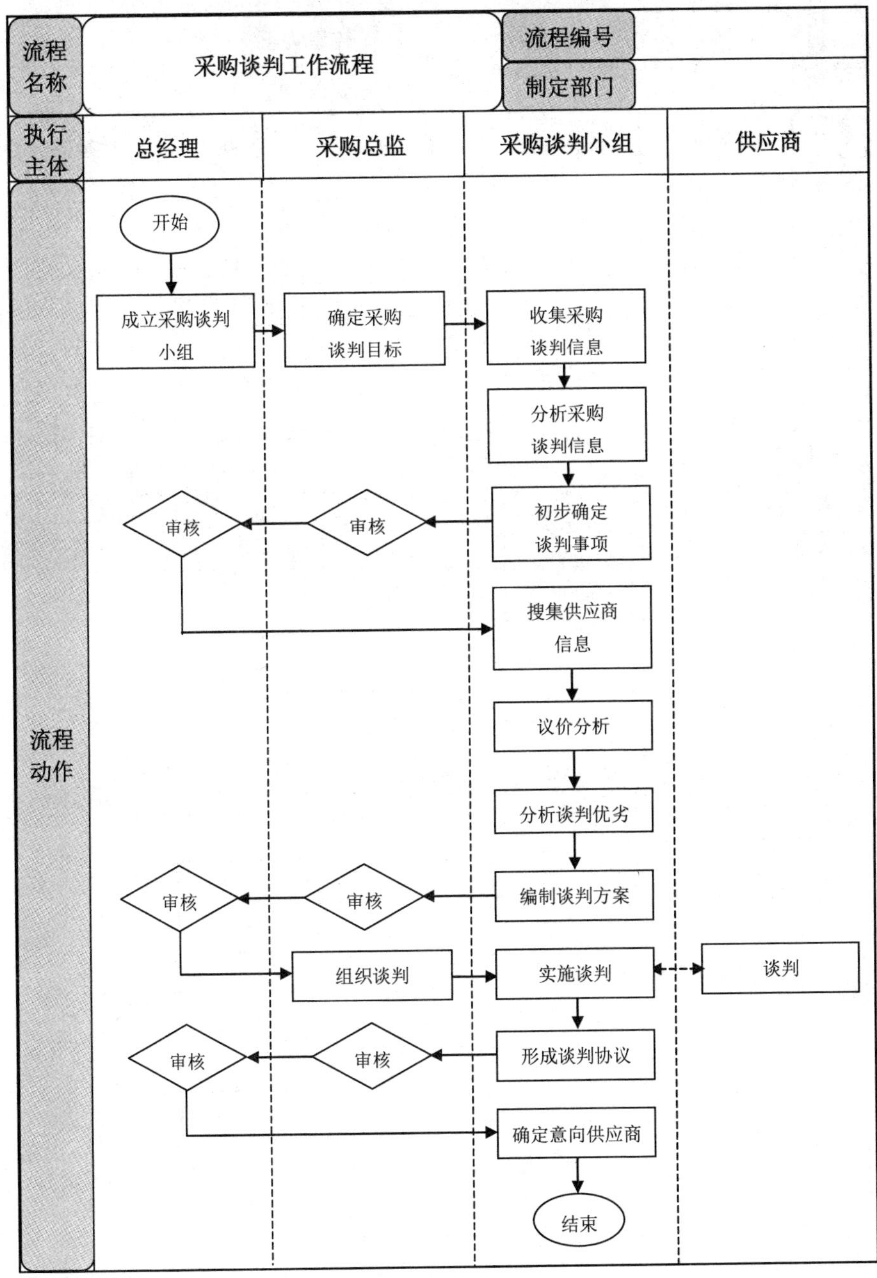

图4–4　采购谈判工作流程

4.2.4 采购合同签订流程

采购合同签订流程如图4-5所示：

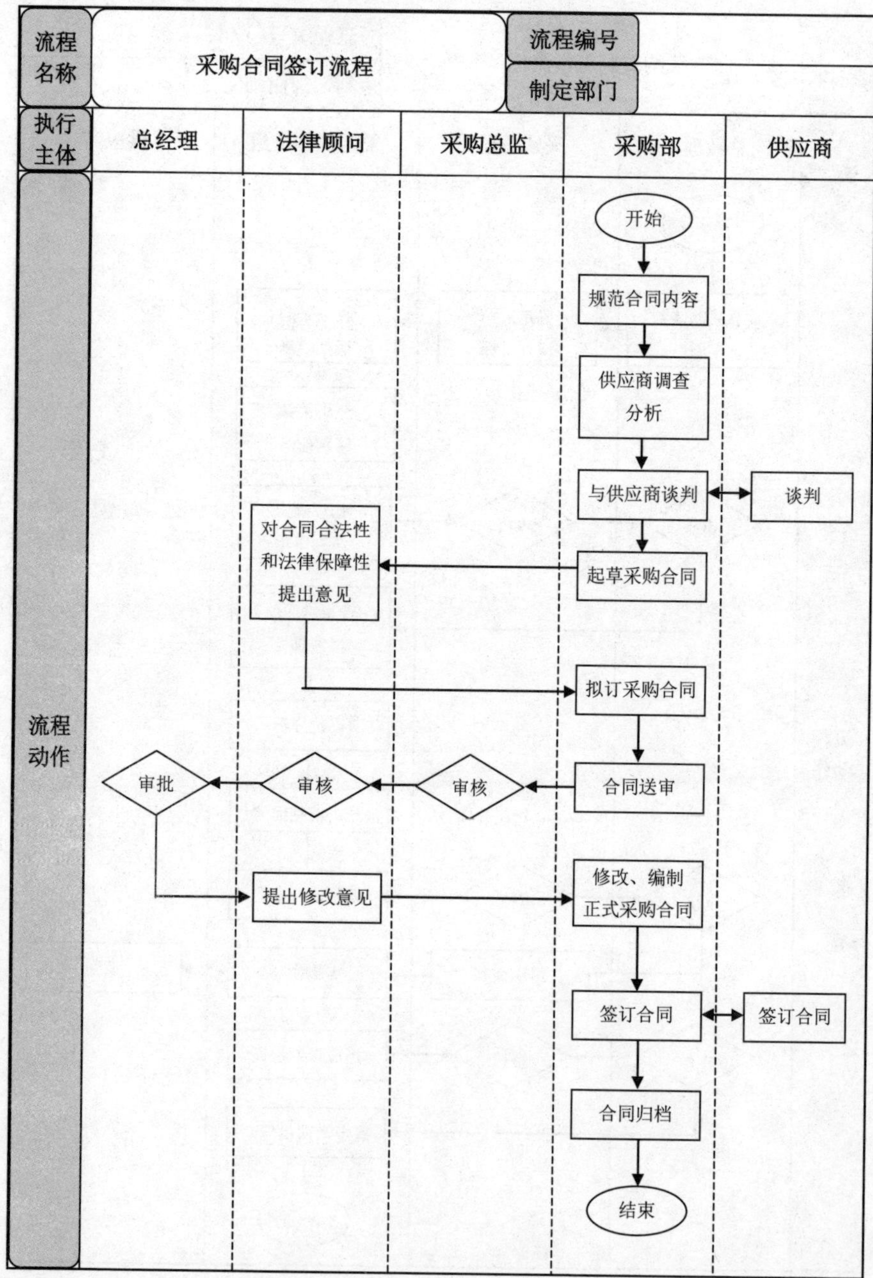

图4-5　采购合同签订流程

4.2.5 采购订购下单流程

采购订购下单流程如图4–6所示：

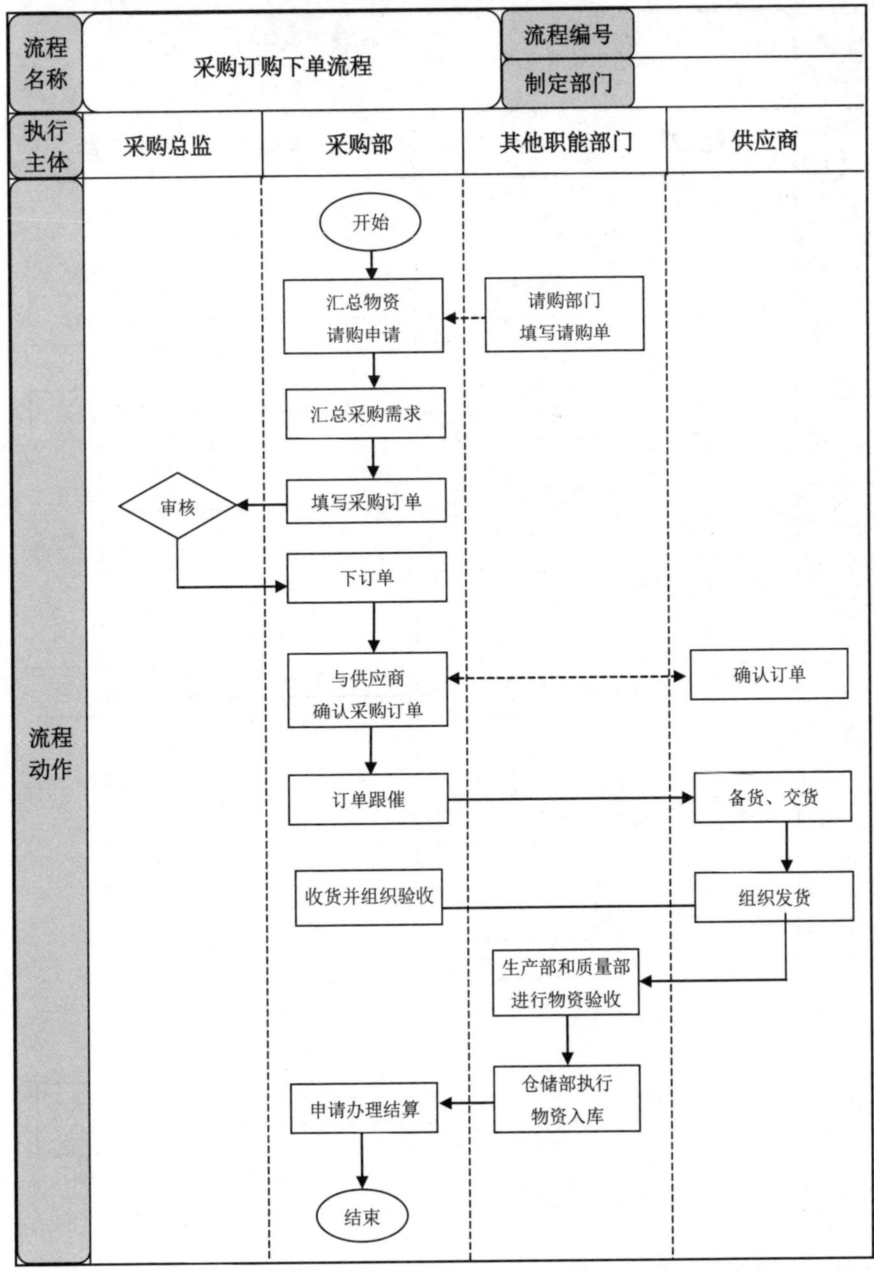

图4–6　采购订购下单流程

4.2.6 采购违约处理流程

采购违约处理流程如图4-7所示：

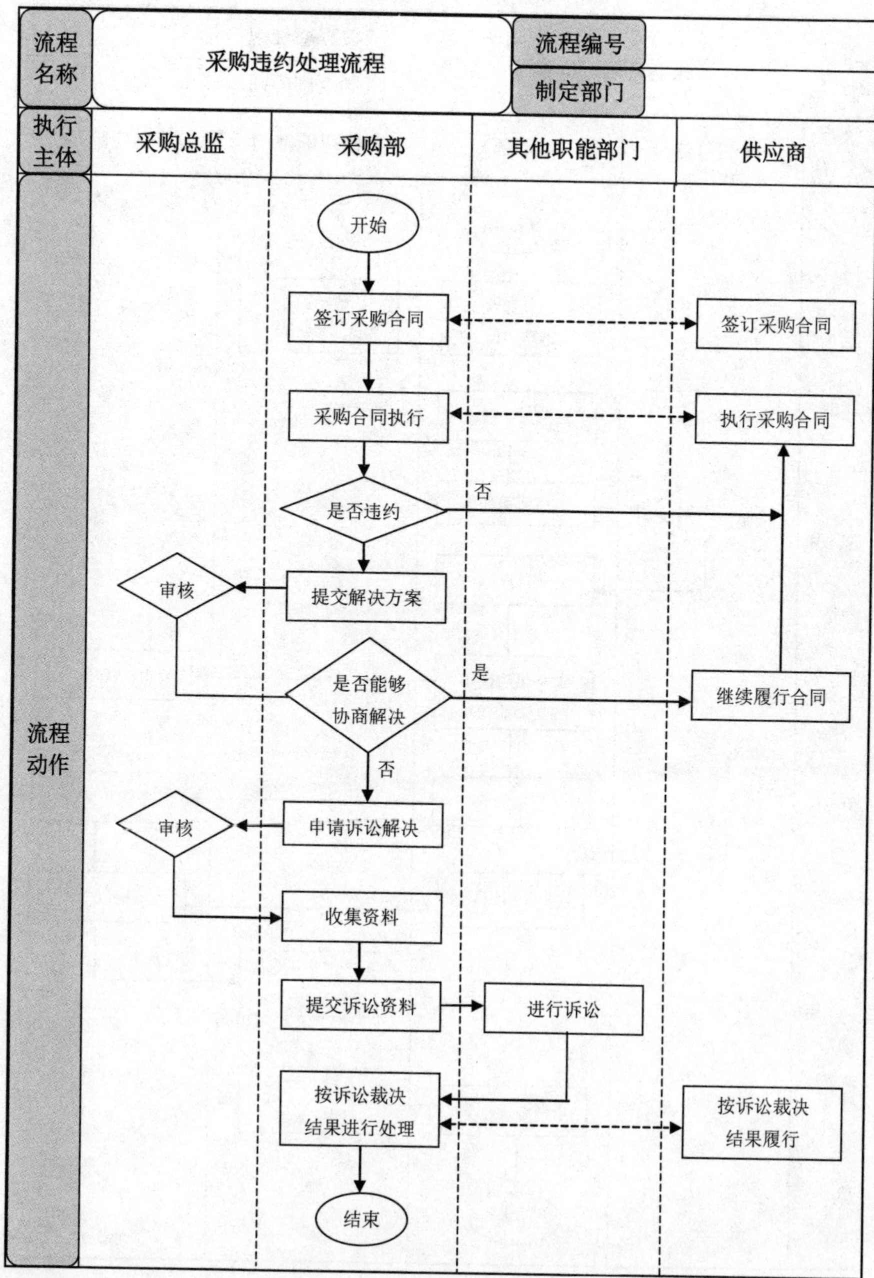

图4-7 采购违约处理流程

4.3 采购过程管理标准

4.3.1 采购过程管理业务工作标准

企业采购部在执行以下工作事项时，主要根据以下工作规范，最终达成如表4-2所示的工作成果。

表4-2 采购过程管理业务工作标准

工作事项	工作依据与规范	工作成果或目标
招标采购管理	◆ 招标采购管理制度 ◆ 招标文件、招标评标定标记录、定标结果	（1）招标流标比率低于____% （2）招标违规次数为0次
询价采购管理	◆ 询价采购管理制度、询价工作流程 ◆ 询价采购文件、报价文件、询价比价单	（1）询价采购及时率达____% （2）采购价格合理
集中采购管理	◆ 物资集中采购管理制度 ◆ 集中采购审批单、集中采购物资采购价格	（1）采购成本降低达____% （2）集中采购操作规范、合理
电子商务采购管理	◆ 电子商务采购管理制度 ◆ 电子商务采购订单汇总表、电子商务采购货品验收单、电子商务采购货品到货通知单	（1）电子商务采购订单按时完成率达____% （2）电子商务采购货品质量合格率达____% （3）电子商务采购货品到货及时率达____%

4.3.2 采购过程管理业务绩效标准

采购过程管理业务在执行的过程中，应按照以下评估指标和评估标准对绩效结果项目进行考核，具体内容如表4-3所示。

表4-3　采购过程管理业务绩效标准

工作事项	评估指标	评估标准
询价采购	询价采购及时率	1. 询价采购及时率 = 规定时间内采购的订单数 / 下发的采购订单的总数 ×100% 2. 询价采购及时率应达到____%；每降低____%，扣____分；低于____%，本项不得分
	采购价格合理性	1. 通过将询价采购物资价格与市场价格进行比较，确定其是否偏高 2. 每发现一类采购物资的采购价格高于市场价格，扣____分
招标采购	招标流标比率	1. 招标流标比率 = 招标流标数量 / 总招标数量 ×100% 2. 招标流标比率应低于____%；每增加____%，扣____分；高于____%，本项不得分
	招标违规次数	1. 在招标采购期间违规进行操作的次数 2. 每出现一次扣____分，累计到 3 次后，得 0 分
集中采购	采购成本降低率	1. 采购成本降低率 = $\frac{\text{前期采购成本-本期采购成本}}{\text{本期采购成本}}\times100\%$ 2. 采购成本降低率应低于____%；每增加____%，扣____分；高于____%，本项不得分
	集中采购规范性	1. 集中采购严格按照集中采购管理制度的规定进行，不得出现违规操作的行为 2. 每发现一次违规操作行为，扣____分，____分封顶。
电子商务采购	电子商务采购订单按时完成率	1. 电子商务采购订单按时完成率 = $\frac{\text{按时完成订单量}}{\text{本期电子商务采购订单总量}}\times100\%$ 2. 电子商务采购订单按时完成率应达到____%；每降低____%，扣____分；低于____%，本项不得分
	电子商务采购货品质量合格率	1. 电子商务采购货品质量合格率 = $(1-\frac{\text{质量不合格品数量}}{\text{本期电子商务采购总量}})\times100\%$ 2. 电子商务采购货品质量合格率应达到____%；每降低____%，扣____分；低于____%，本项不得分

表 4-3（续）

	电子商务采购货品到货及时率	1．电子商务采购货品到货及时率 $=\frac{\text{按时到货的采购货品量}}{\text{本期电子商务采购货品总量}}\times 100\%$ 2．电子商务采购货品到货及时率应达到____%；每降低____%，扣____分；低于____%，本项不得分

4.4 采购过程管理制度

4.4.1 制度解决问题导图

采购过程管理制度对招标采购管理、询价采购管理、集中采购管理和电子商务采购管理的采购过程和采购行为进行规范，具体解决了如图4-8所示的问题。

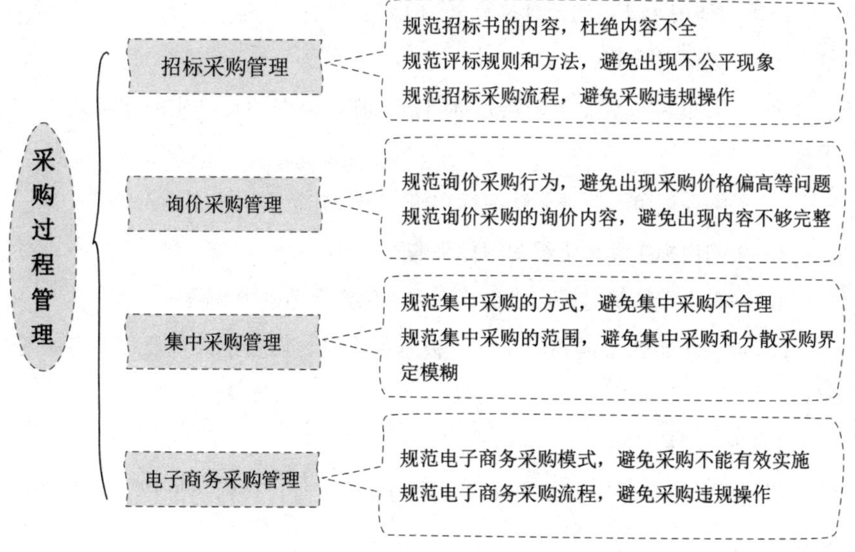

图4-8　采购过程管理制度解决问题

4.4.2 招标采购管理制度

招标采购管理制度如表4-4所示：

表4-4 招标采购管理制度

<table>
<tr><td>制度名称</td><td colspan="3">招标采购管理制度</td><td>编　号</td><td></td></tr>
<tr><td>执行部门</td><td></td><td>监督部门</td><td></td><td>编修部门</td><td></td></tr>
<tr><td colspan="6">

第一章　总则

第1条　目的。

为了规范采购招标行为，确保采购物资价格合理、质量合格，保证采购招标活动按公开、公平、公正原则进行招标，杜绝舞弊行为，特制订本细则。

第2条　适用范围。

本细则适用于公司的公开招标采购工作。

第3条　管理职责。

1．采购总监负责监督采购招标管理工作，并对招标产生的中标人进行审批。

2．采购经理负责监督采购招标实施工作，并负责审核中标人。

3．采购招标主管负责组织招标采购工作。

4．评审小组负责对投标人进行评审，确定合适的中标候选人员

5．评审小组由采购招标主管、技术部人员、质量部人员及相关专家等组成。

第4条　招标原则。

招标活动以公开、公正和诚实信用为原则进行，任何单位和个人不得暗箱操作。

第二章　招标准备阶段

第5条　招标确认。

招标采购主管在接收到相关部门的采购物资明细表时，对其进行审核，确定是否进行招标采购。具体的审批原则如下：

</td></tr>
</table>

表4-4（续）

1．采购金额在10万元以上的物资，原则上必须实行招标采购。

2．不能进行招标采购的情况

（1）采购金额在10万元以下的。

（2）公司确定了长期合作伙伴关系的，采购经理或采购总监审批后，可以不进行招标。

（3）只有一家供应商能够提供采购物资的。

（4）因技术、保密等特殊原因不能进行招标的。

第6条　招标项目审批。

招标采购主管确定其采购物资需进行公开招标时，报采购部经理审核，采购总监审批，审批通过后才能实施招标采购。

第7条　编制招标文件。

招标项目审批通过后，采购招标主管应根据招标项目本身的特点和要求编制招标文件。招标文件的编制要求如下：

1．招标文件不得含有倾向或者排斥潜在投标人的内容。

2．招标文件需包括招标通知、招标人须知、合同条款、投标书编制要求、投标保证金、履约保证金、标价表等内容。

第8条　招标文件的修改。

1．采购招标主管对已经发出的招标文件保留有修改、澄清或者解释的权利。

2．在进行修改、澄清或者解释时，采购招标主管应当在招标文件要求提交投标文件的截止时间前以书面形式通知所有招标文件收受人。

3．招标文件修改、澄清或者解释的内容为招标文件的组成部分。

第三章　招标阶段

第9条　发布招标公告。

1．招标文件编制完成后，在正式招标工作开始之前，采购招标主管通过公共媒体及其他渠道发布招标公告。

2．招标公告的内容包括：招标人的名称和地址、投标人的资质要求、招标采购物资的性质、数量、实施地点和时间及获取招标文件的方式等事项。

第10条　资格审查。

1．采购招标主管可以根据招标物资的要求，在招标公告中，要求潜在投标人提供相关的资质证明文件和业绩情况，并对潜在投标人进行资格审查。

2．资格审查的项目包括投标人的组织机构、中标经验、供货能力、财务状况等，投标人应当具备承担招标项目的能力和良好资信。

第11条　发售招标文件。

1．采购招标主管将招标文件直接发售给通过资格预审的投标人，并要求投标人收到招标文件后立刻通知公司采购部。

2．通过资格审查的供应商可向招标人员购买招标文件，以便进行后续的投标工作。

3．招标人员不得向他人透露已经获取招标文件的潜在投标人的名称、数量以及可能影响公平竞争的有关招标投标的其他情况。

第12条　现场踏勘。

采购招标人员可以根据招标项目的具体情况，组织潜在投标人踏勘现场。

第四章　投标阶段

第13条　投标文件管理。

1．编制投标文件的要求

投标人应当按照招标文件的要求和投标文件的具体要求编制投标文件，投标文件的具体要求如下：

（1）投标文件应当对招标文件提出的实质性要求和条件作出响应。

（2）投标文件应当由投标人的法人代表或者授权代理人签署并加盖公章后密封。

2．按时递交。投标人应当在招标文件要求提交投标文件的截止时间前，将投标文件送达投标地点。

3．签收保存。采购招标主管收到投标文件后，应当签收保存，不得开启。

4．文件拒收。在招标文件要求提交投标文件的截止时间后送达的投标文件，采购招标主管应当拒收。

5．文件修改。投标人在招标文件要求提交投标文件的截止时间前，可以补充、修改或者撤回已经提交的投标文件，并书面通知招标人，该补充、修改的内容为投标文件的组成部分。

第14条　投标保证金、履约保证金及质量保证金的规定。

1．公司招标规则要求投标人交纳投标保证金的，所有的投标人必须在投标时或投标前交纳投标保证金后方可参与投标，投标保证金按照____万元收取。

2．待确定中标人后，未中标的投标人的投标保证金如数退还。

3．中标的投标人待签订正式合同后，投标保证金自动转为履约保证金。

4．中标人不与我公司订立合同的，投标保证金不予退还。

第15条　投标禁止事项。

1．投标人不得相互串通投标报价，不得排挤其他投标人的公平竞争，损害招标或其他投标人的合法权益。

2．禁止投标人以向招标人或招标领导小组行贿的手段谋取中标。

3．禁止投标人以他人名义投标或以其他方式弄虚作假，骗取中标。

第五章　定标阶段

第16条　组建评标委员会。

采购招标主管负责成立评标小组，由其负责对收到的投标书做出作出评审，并用统一的评标标准评选出中标候选人。

第17条　开标条件。

1．开标之前，评标小组及时制定开标方案，确定开标会议议程。

2．开标会议的时间和地点必须和招标公告中规定的一致，并邀请投标人或其委派的代表参加。

第18条　开标、唱标。

1．开标时，应由招标采购主管以公开的方式检查投标文件的密封情况，当众宣读投标人名称、有无撤标情况、提交投标保证金的方式是否符合要求、投标项目的主要内容、投标价格以及其他有价值的内容。

2．唱标时，需当众宣读投标书，对于投标文件中含义不明确的地方，允许投标人作简要解释，但解释范围不能超过投标文件记载的范围或改变投标文件的内容。

第19条　开标记录。

开标时由采购专员做开标记录，其记录的内容主要包括采购物资名称、招标号、刊登招标通告的日期、发售招标文件的日期、购买招标文件单位的名称、投标人的名称及报价、截标后收到标书的处理情况等。

第20条　开标变更。

在特殊情况下，可以暂缓或推迟开标时间，特殊情况包括但不限于以下4种：

1．招标文件发售后对原招标文件做了变更或补充。

2．开标前，发现有足以影响采购公正性的违法或不正当行为。

3．采购单位接到质疑或诉讼。

4．变更或取消采购计划。

第21条　审查投标文件。

在唱标之后，评标小组将对投标文件进行审查，其具体的审查要点如下：

1．评标小组首先对所有投标文件进行审查，对不符合招标文件基本条件的投标确定为无效。

2．对投标文件不明确的地方进行必要的澄清和提问，但不能做实质性修改。

3．按照招标文件中确定的评标标准和方法对投标文件进行评审和比较。

第22条　评标方法。

一般情况下，招标采购评标过程常用的评标方法为最低评标法、综合评标法和性价比法，评标小组应视具体情况选择合适的评标方法，以确保企业的采购利益。

第23条　评标报告。

评标小组及时撰写评标报告，并向采购招标主管推荐1～3个中标候选人。

第24条　确定中标人。

1．采购招标主管需从评标小组推荐的中标候选人中确定中标人，并报

表 4-4（续）

采购经理审核，采购总监审批。

2．一般情况下排位第一的中标候选人愿意签订采购合同，并且没有收到与其相关的举报和其他信息时，便可确定其为中标人。

3．中标人因不可抗力或者其自身原因不能履行采购合同的，招标委员会需确定排在中标人之后的一位中标候选人为中标人。

第25条　中标结果核准。

1．确定中标人后，公司将于5日内持评标报告到招标管理机构核准。

2．中标结果经招标管理机构核准同意后，招标委员会便可向中标单位发放“中标通知书”。

第26条　中标公告发布。

1．采购招标主管对外发布中标公告，公告内容包括招标物资名称、中标人名单、评标小组成员名单、本公司的名称和电话等。

2．发布公告的同时，采购招标主管应向中标人发出中标通知书。

第六章　采购谈判与合同签订

第27条　合同谈判。

1．根据中标通知书的要求的时间、地点和中标内容，采购部与中标人进行合同谈判，并与中标人签订书面合同。

2．合同必须在30日内订立，合同的内容不得对招标文件和中标人的投标文件作实质性修改。

第28条　合同起草与确定。

1．采购合同由采购部负责起草，公司法律顾问予以协助配合。

2．合同草案编制完毕后，应送采购部经理与法律顾问审核，按照审核意见修改后，报经总经理批准后方定为正式合同。

第29条　合同签订注意事项。

1．尽量采用由工商部门监制的合同样本签合同。

2．签订合同时合同条款必须能确保本公司的利益不受损，在可能的情况下，应规定货到验收合格后付款，中标人所提供的物资要求在我方进行转移、在一定期限内无偿提供售后服务等。

表 4-4（续）

3．签订合同时应拟定诚信条款，双方都必须严格遵守，对未能完全履行合同的处理方法需要列明。 第30条　合同执行。 采购过程中的各种事项均应按照合同中相关条款执行，合同未尽事宜，应由采购部和供应商协商确定处理方法。 **第七章　附则** 第31条　本制度由采购部制定，其解释和修改权归采购部所有。 第32条　本制度需报总经理审批通过后，自公布之日起生效。

编制日期		审核日期		批准日期	
修改标记		修改处数		修改日期	

4.4.3 询价采购管理制度

询价采购管理制度如表4-5所示：

表4-5　询价采购管理制度

制度名称	询价采购管理制度			编　　号	
执行部门		监督部门		编修部门	

第1条　目的。 为了规范公司采购活动中的询价工作，了解市场物资的价格情况，有效控制采购价格，使采购工作顺利进行，特制定本规范。 第2条　适用范围。 本规范适用于公司的物资采购工作，且所涉及的物资采购，既包括生产所需的各项原材料、辅助性材料、各类设备以及配件的采购，也包括公司所需的办公物资的采购。 第3条　管理职责。 1．采购总监负责采购询价最终结果的审核。

表 4-5（续）

2．采购部经理负责制定采购询价方案，组织并监督实施询价工作。

3．采购人员负责落实采购的具体询价工作。

4．其他相关部门负责提出提交采购需求申请与相关资料。

第4条　制订询价计划。

相关部门提出采购需求，并经批准后由采购部经理根据公司采购计划和采购物资的急需程度与规模制订采购询价计划。

第5条　成立询价小组。

1．根据公司实际情况成立询价小组，询价小组需有采购人员和相关专家共____人以上的单数组成，其中专家人数不得少于成员总数的三分之二，且以随机的方式确定。

2．询价小组成员名单在成交结果确定前需保密。

第6条　确定采购询价方法。

采购人员进行采购询价的方式主要包括口头询价和书面询价两种方式，具体内容如下表所示。

询价方式及其具体内容

询价方式	具体说明
口头询价	◎ 采购人员以电话、电子邮件或当面向供应商说明采购物资的品名、规格、单位、数量、交货期限、交货地点、付款形式以及报价期限等
书面询价	◎ 鉴于口头询价容易引起的交易纠纷，对于规格复杂且不属于标准化的物资，采购部应采用书面询价的方法进行询价，并由采购人员将询价文件发送给供应商

第7条　确定询价供应商名单。

1．询价小组负责收集供应商相关资料，通过查阅供应商信息库和市场调查报告掌握供应市场动态。

2．采购询价小组根据市场调查与分析结果选择____家符合条件的询价供应商名单；对于非初购的物资，采购人员须在供应商资料库中查询原供应商，并将其直接列入询价供应商名单。

3．采购询价小组需将询价供应商名单交采购部经理审核。

第8条　制作采购询价单。

1．询价供应商名单经采购部经理审核确认后，询价小组编制“采购询价单”。询价单包括但不限于以下14项内容：

采购询价单内容一览表

序号	采购询价单内容项目	序号	采购询价单内容项目
1	采购物资的品名和料号	8	物资包装要求
2	物资需求数量	9	运送方式、交货方式
3	采购物资的规格信息	10	交货地点
4	采购物资的资料要求	11	采购人员姓名及联系方式
5	采购报价基础要求	12	报价截止日期
6	付款条件	13	保密协议内容
7	交期要求	14	售后服务与保证期限要求

2．采购询价过程中，属需附图或规范的物资，询价小组在发送询价单时附送图纸或规范至询价供应商。

3．采购询价过程中，属设备类物资，询价单中应至少注明如下所示的4项内容：

（1）供应商必须提供设备运转____年以上的质量承诺，且保修期内所需的各项备品由供应商无偿提供。

（2）供应商必须列举保修期内及保修期满后，保养所需的备品明细，包括品名、厂牌、规格、单价、更换周期及备品价格的有效年限与调价原则。

（3）供应商需提供设备的装运条件及其重量、体积。

（4）设备的安装和试运行条件。

4．外购物资应直接向国外供应商询价，若供应商通过国内代理商报价，国内代理商需转送国外供应商的原始报价资料。

第9条　制作采购报价单。

表 4-5（续）

询价小组根据公司采购计划，编制报价单。报价单具体内容如下表所示。

报价单

<table>
<tr><td>物资名称</td><td></td><td>规格</td><td></td><td>材质</td><td></td><td>特性</td><td></td></tr>
<tr><td colspan="8">价格信息</td></tr>
<tr><td rowspan="2">币别</td><td rowspan="2">付款方式</td><td rowspan="2" colspan="3">报价有效期限</td><td colspan="3">报价（单价）</td></tr>
<tr><td>出厂价</td><td>批发价</td><td>零售价</td></tr>
<tr><td></td><td></td><td colspan="3">____年____月____日
至____年____月____日</td><td></td><td></td><td></td></tr>
<tr><td colspan="8">供应商信息</td></tr>
<tr><td>名称</td><td></td><td>地址</td><td colspan="2"></td><td>联系方式</td><td colspan="2"></td></tr>
<tr><td colspan="8">单位盖章（签字）：
____年____月____日</td></tr>
</table>

第10条　发出询价通知。

询价小组将询价单和报价单以传真或邮件形式发放给供应商，并要求供应商在规定的期限内进行报价。对于逾期报价情形，询价小组一律不予受理（经采购总监核准者除外）。

第11条　询价整理与结果呈报。

1．询价小组在截止报价后，要整理分析所有报价，编制“采购询价报告”交送采购部经理审核。

2．经采购部经理审核并提出修改意见后，采购总监对“采购询价报告”进行审批，确定供应商。

3．采购人员根据审批结果，执行采购。

第12条　本规范由采购部制定、修订与解释。

第13条　本规范由总经理审批后实施。

编制日期		审核日期		批准日期	
修改标记		修改处数		修改日期	

4.4.4 集中采购管理制度

集中采购管理制度如表4-6所示：

表4-6 集中采购管理制度

制度名称	集中采购管理制度			编　号	
执行部门		监督部门		编修部门	

第一章　总则

第1条　目的。

为了加强公司物资采购管理，规范采购行为，发挥规模优势，降低运营成本，保障有效供给，根据国家有关法律法规和集团公司有关规定，制定本制度。

第2条　适用范围。

本制度适用于较大数量和较大经济价值的物资的集中采购。

第3条　采购原则。

公司集中采购应遵循以下的具体原则：

1．亲属回避原则。

2．货比三家原则。

3．集体决策原则。

4．决策执行分离原则。

第二章　成立集中采购组织

第4条　成立组织机构。

公司可成立集中采购中心，公司集中采购中心领导小组由主管物资的领导及物资管理部、计划部、财务部、审计部、纪检部等部门负责人组成。日常管理工作由公司物资管理部负责实施。

第5条　明确组织机构职责。

1．公司集中采购领导小组职责

（1）对参加招标的供应商进行资质认证及评审。

（2）对供应商物资报价进行比值比价评标。

表 4-6（续）

（3）确定中标供应商，委托公司物资管理部实施采购。

2．物资管理部职责

（1）物资管理部是集中采购实施的归口管理部门。

（2）集中采购物资符合“集中采购物资计划汇总表”中规定的质量、价格、交货期要求的监督工作。

（3）负责大宗集中采购具体工作，收集招标报价及供方资质上报采购中心领导小组进行比价评标。

（4）负责组织物资集中比质比价招标采购的合同签订工作，采购合同及中标供应商联系方式及时传递项目部，建立顺畅的沟通。

（5）负责集中采购物资的结算付款工作。

第三章　集中采购管理

第6条　集中采购物资范围。

集中采购的具体的物资范围如下所示：

1．生产物资（包括原材料、原器件等）。

2．固定资产（包括生产设备、机动设备、办公设备、通讯设备等）。

3．办公用品。

4．工程项目。

第7条　集中采购方式。

公司集中采购方式可采用公开招标、邀请招标、竞争性谈判、询价或集中采购领导小组认定的其他采购方式进行。采购人员需要根据标准选择集中采购的方式。具体的标准如下所示。

1．单笔采购金额在200万元以上，采取公开招标或邀请招标方式出具评审意见，据以定标。

2．单笔采购金额在200万元以下，可以采取询价、竞争性谈判等方式，组织评委评审并根据采购额按照采购审批权限审定。

3．特殊产品可采取邀请招标和竞争性谈判的方式审定。

第8条　采购价格的确定。

采购价格的确定要坚持货物质量比“三家”、价格比“三家”，坚持优

表4-6（续）

质优价的原则。具体原则如下所示：

1．公开或邀请招标采购的按中标价。

2．议标采购的不高于市场价。

第9条　采购供应商的初步确定。

1．物资管理部根据经过评价的合格供方资料填写“物资供应商评价表”，评价表需包括企业资质、资信、价格、服务、安全、环保、联系方式等信息。

2．物资管理部根据供方资料，初步选定合格的供方进行评审，合格供方评审小组由物资管理部与物资需求部门人员组成，合格供方评审的准则如下所示：

（1）有具有国家或行业认可的资质。

（2）应具有营业执照、产品的生产许可证。

（3）应具有产品检验合格证明。

（4）供方的产品应满足环境保护和职业健康安全要求。

第10条　物资审批及采购流程。

1．各单位必须在每月25日前上报次月采购计划，填制物资采购申请表，注明单价、数量、总金额、供货单位等。

2．采购计划由使用单位负责人签字后，报公司物资管理部汇总，由物资管理部在库存中调剂，不能调剂的，上报主管领导审批确定进行集中采购，审批权限如下所示：

（1）总金额在5万元（含5万元）以下的由主管领导审查。

（2）5万元以上的由总经理审核。

3．物资采购计划审核结束后，由物资管理部初步挑选合适的供货商，集中采购领导小组进行询价采购或招标谈判，确定最终供应商后，由集中采购领导小组签订合同，报法务部审核、用印。

4．物资管理部负责物资验收、入库等环节的监督。

第11条　采购监督。

公司纪检部门将不定期组织对物资采购活动进行监督检查，监督检查的重点内容如下所示：

1．集中采购活动是否符合物资集中采购管理制度。 2．采购计划编制是否符合实际，有无盲目采购。 3．采购方式是否符合规定。 4．采购价格是否符合定价原则。 **第四章　总则** 第12条　本制度由采购部制定，其解释和修改权归采购部所有。 第13条　本制度需报总经理审批通过后，自公布之日期生效。

编制日期		审核日期		批准日期	
修改标记		修改处数		修改日期	

4.4.5 电子商务采购管理制度

电子商务采购管理制度如表4-7所示：

表4-7　电子商务采购管理制度

制度名称	电子商务采购管理制度		编　　号	
执行部门		监督部门		编修部门	

第一章　总则 第1条　目的。 为了确保电子商务采购工作的顺利进行，从而提高采购的效率，降低采购成本，保证采购物资的按时送达，特制定本制度。 第2条　适用范围。 本制度适用于一般电子商务的采购管理工作。 第3条　管理制度。 1．采购经理负责电子商务采购模式的选择和电子商务采购网站的构建。 2．电子商务采购主管主要负责监督电子商务采购工作 3．电子商务采购人员主要负责电子商务采购工作。 第4条　术语解释。

表4-7（续）

1．电子商务是指交易双方利用互联网，按照一定的标准进行的各类商业活动，实施商务活动的电子化。

2．电子商务采购是利用电子商务形式进行的采购活动，因为电子商务主要是在互联网上进行，所以电子商务采购又称为网上采购。

第二章　电子商务采购模式

第5条　确定电子商务采购模式。

企业采购经理在确定实施电子商务采购之前，首选需确定具体的电子商务采购模式，具体可根据实际情况进行选择。

第6条　自建电子商务系统。

企业可以自己建立并控制电子商务系统，吸引供货商进行投标或谈判，进而实施采购。企业自建电子商务系统需要大量的资金投入和系统维护成本。

第7条　利用供应商电子商务系统。

企业可以利用供应商建立的电子商务系统进行采购。供应商为了增加市场份额，也会以互联网作为销售渠道建立电子商务系统。企业采用此种模式进行采购无需任何投资就可以进行，节约成本。

第8条　利用第三方电子商务系统。

企业可以利用第三方电子商务系统进行采购。第三方系统既不单独属于买方系统，也不单独属于卖方系统，而是第三方在互联网上建立的专业提供服务的系统。

第三章　电子商务采购实施程序

第9条　电子商务采购分析与策划。

1．采购人员首先需要对现有的采购流程进行优化，制定出适宜网上交易的标准采购流程。

2．采购人员需配合企业相关领导来建立网站以便进行后续的电子商务采购，采购人员也可申请加入一些有实力的采购网站，通过他们专业的服务享受丰富的供求信息。

3．企业可以通过虚拟主机、主机托管、自建主机等方式来建立网站，建立网站的形式可根据情况进行选择。

第10条　发布招标采购信息。

1．采购人员通过互联网发布招标采购信息，具体发布的内容包括招标书和招标公告。

2．在招标书或招标公告中要详细说明对物料的要求，包括质量、数量、时间、地点，以及对供应商的资质要求。

3．采购人员可通过搜索引擎寻找供应商，主动向他们发送电子邮件，对所购物料进行询价，广泛收集报价信息。

第11条　选择供应商。

1．供应商得到相关的采购信息之后，对采购人员作出相应的回应，对于自建网站的，供应商登录采购公司电子商务网站，进行网上资料的填写和报价，提供货源信息。

2．采购人员对供应商进行初步筛选，收集投标书或与之进行商务谈判，然后由程序按设定的标准进行自动选择或由评标小组进行分析评比选择。

3．在确定供应商之后，采购人员在网上公布中标单位和价格。如有必要，需对供应商进行实地考察。

第12条　签订采购合同。

1．采购人员在与供应商经过认真的谈判和协商之后，应明确在交易中的权利、义务以及所购买商品的数量、种类、价格、交货地点、交货期、交易方式、运输方式、违约和索赔等合同条款。

2．采购人员和供应商在签订采购合同之前，需要准备以下资料：

（1）采购方将询盘、发盘、订单订购变更单、运输说明、付款通知等文件转换成标准报文的形式发送给供应商参考。

（2）供应商则以合同的方式向采购方发送各种商贸单证、文件供采购人员确认，包括报价单、还盘、订购单应答、发货通知、发票等。

3．待采购人员和供应商双方在电子交易合同上作出全面详细的规定之后，便可以利用电子数据交换或网络签订采购合同，签订采购合同主要是通过数字签名的方式进行。

第13条　合同履行。

在交易双方签订完采购合同之后，供应商要进行配货、组货，并将商品

表4-7（续）

交付给配送公司包装、起运、发货。交易双方可以通过电子交易的服务器跟踪发出的货物。 第14条　支付结算。 1．采购人员在收到供应商的发货通知或采购商品后，就要用电子现金或电子支票等形式的电子货币进行支付。 2．采购人员支付完毕之后，就可以由买卖双方的开户行与信用证公司之间通过认证机构、清算系统，进行最后的资金清算工作。 3．在购进商品后，采购方还应对供应商售后服务的及时性、主动性等进行跟进，以便对产品使用过程中出现的故障进行维修。 **第四章　附则** 第15条　本制度由采购部制定，其解释权归采购部所有。 第16条　本制度经总经理审批通过后，自颁布之日起实施。					
编制日期		审核日期		批准日期	
修改标记		修改处数		修改日期	

第5章　采购进度管理业务·流程·标准·制度

5.1 采购进度管理业务模型

5.1.1 采购进度管理业务工作导图

采购进度管理是指采购部预先设定采购作业期限，对采购作业关键环节实施监控，在规定的作业期限内完成采购工作的一系列活动。

按照导图中所列的关键工作事项执行采购进度管理工作，有助于及时获得企业生产经营活动所必需的原材料、设备、辅料等物资，保证企业生产经营活动的顺利展开，具体内容如图5-1所示。

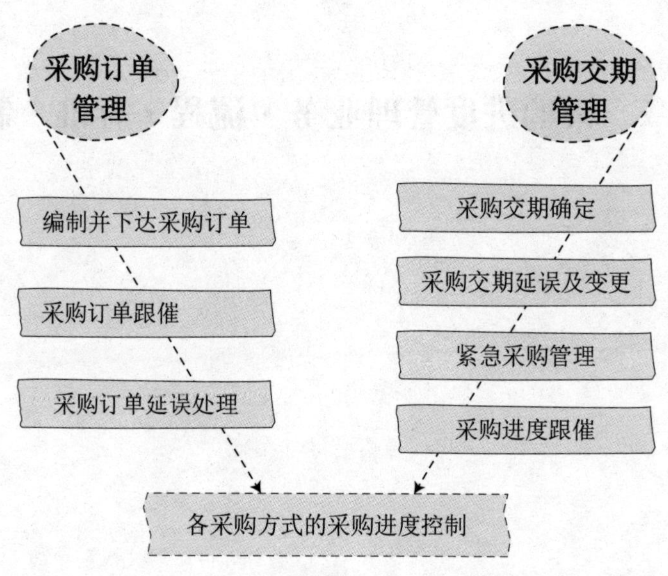

图5-1 采购进度管理业务工作导图

5.1.2 采购进度管理主要工作职责

在采购进度管理方面，采购部主要负责采购订单管理和采购交期管理等工作，质量部、生产部、仓储部、运输部应配合采购部做好采购进度管理各方面的工作。

明确采购进度管理主要工作职责，企业能够避免因采购作业失误而造成的停产、延期交付、生产计划调整等问题，降低采购成本，具体内容如表5-1所示。

表5-1　采购进度管理主要工作职责说明表

工作职责	职责具体说明
采购交期管理	1. 采购部负责采购询价过程、订货过程及交货过程的进度控制工作 2. 采购部须合理地确定采购交期，及时与供应商协商交期变更事宜，事先确定采购延误处理措施，制定采购延误的应急方案 3. 采购部根据不同采购方式确定采购交期控制要点 4. 采购部负责紧急采购的审批、执行工作，并协同质量部做好紧急采购物资的质量验收工作
采购订单管理	1. 采购部根据采购计划，与供应商协商确定出合理的采购订单交期 2. 采购部负责跟单的采购人员（后文简称“跟单员”）需提前编制采购订单跟催工作方案，经采购经理审批后实施 3. 采购部跟单员及时与外部供应商相关部门责任人员沟通，做好供应商供货跟催、采购订单跟催、物资配送等工作 4. 采购部跟单员及时与质量部、仓储部、财务部做好沟通，做好运输跟催、验收入库跟催及付款跟催等工作

5.2 采购进度管理流程

5.2.1 主要流程设计导图

采购进度管理流程按照并列式结构，可分为采购进度控制流程和采购进度跟催流程两个主要流程，具体内容如图5-2所示。

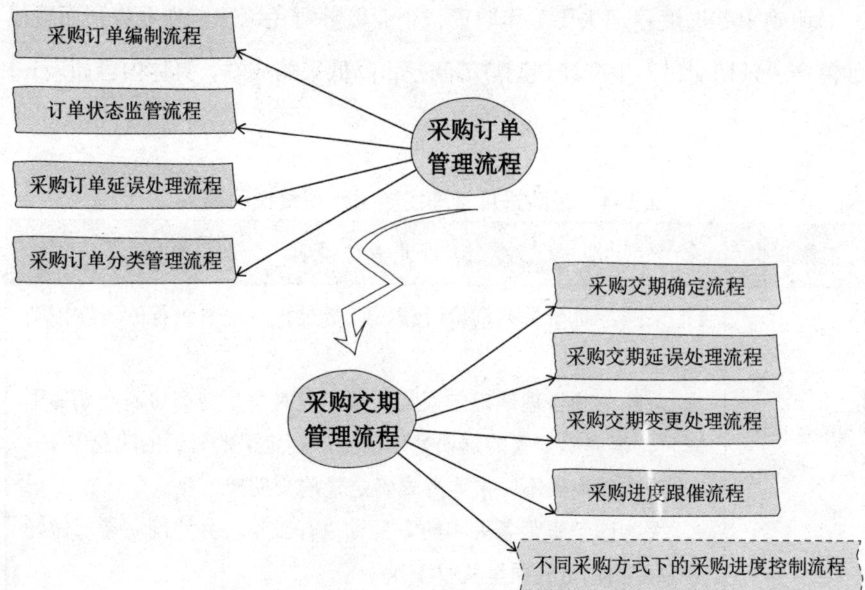

图5-2　采购进度管理主要流程设计导图

5.2.2 采购交期管控流程

采购交期管控流程如图5-3所示：

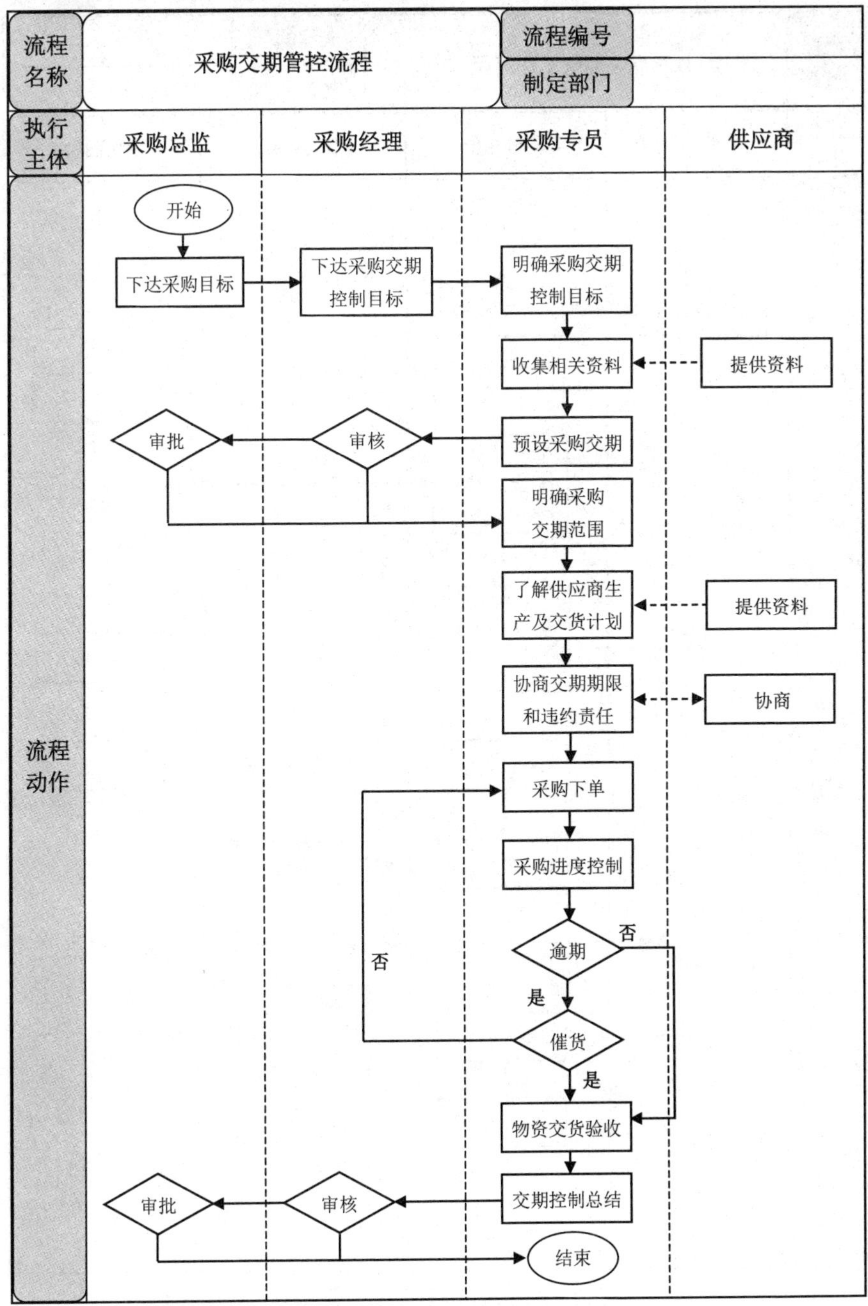

图5-3　采购交期管控流程

5.2.3 订单状态监管工作流程

订单状态监管工作流程如图5–4所示：

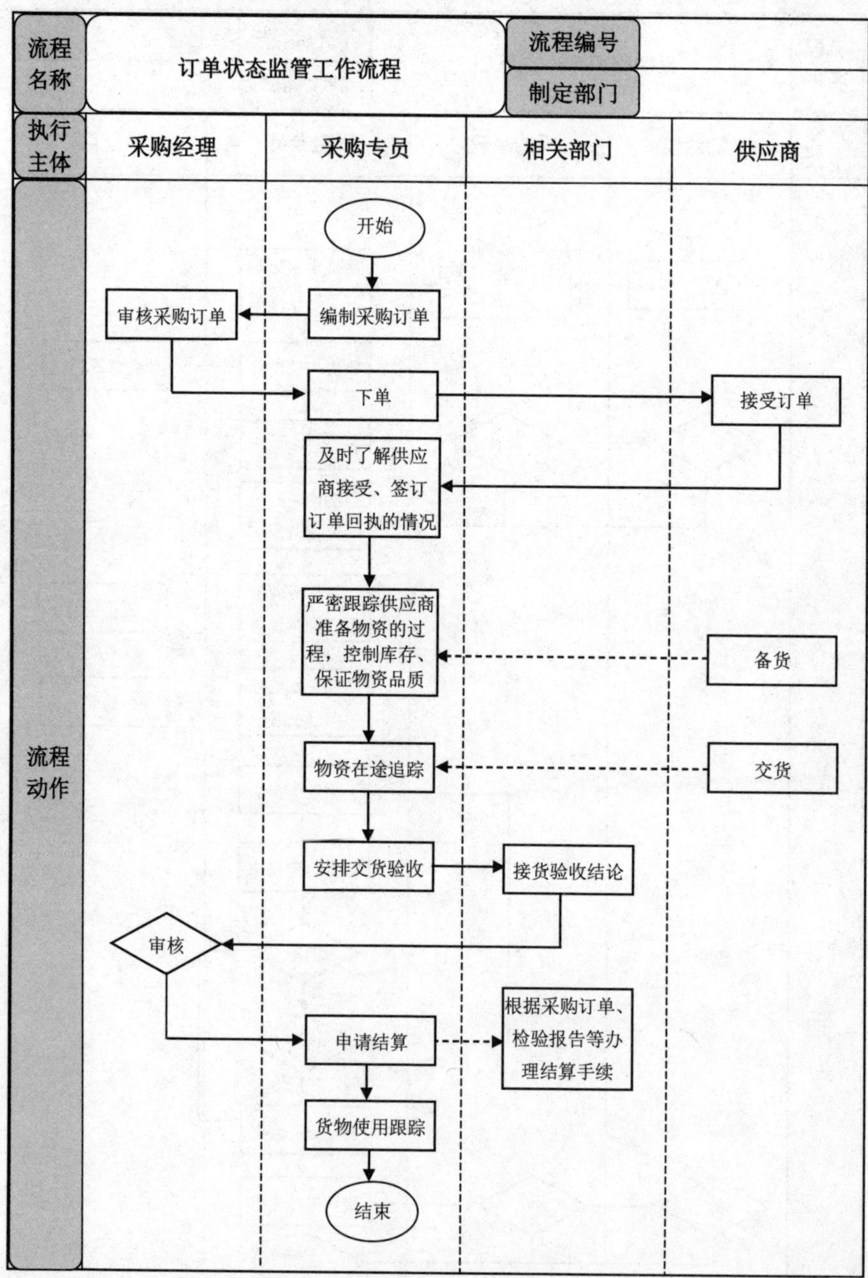

图5–4　订单状态监管工作流程

5.2.4 国际采购进度控制流程

国际采购进度控制流程如图5–5所示：

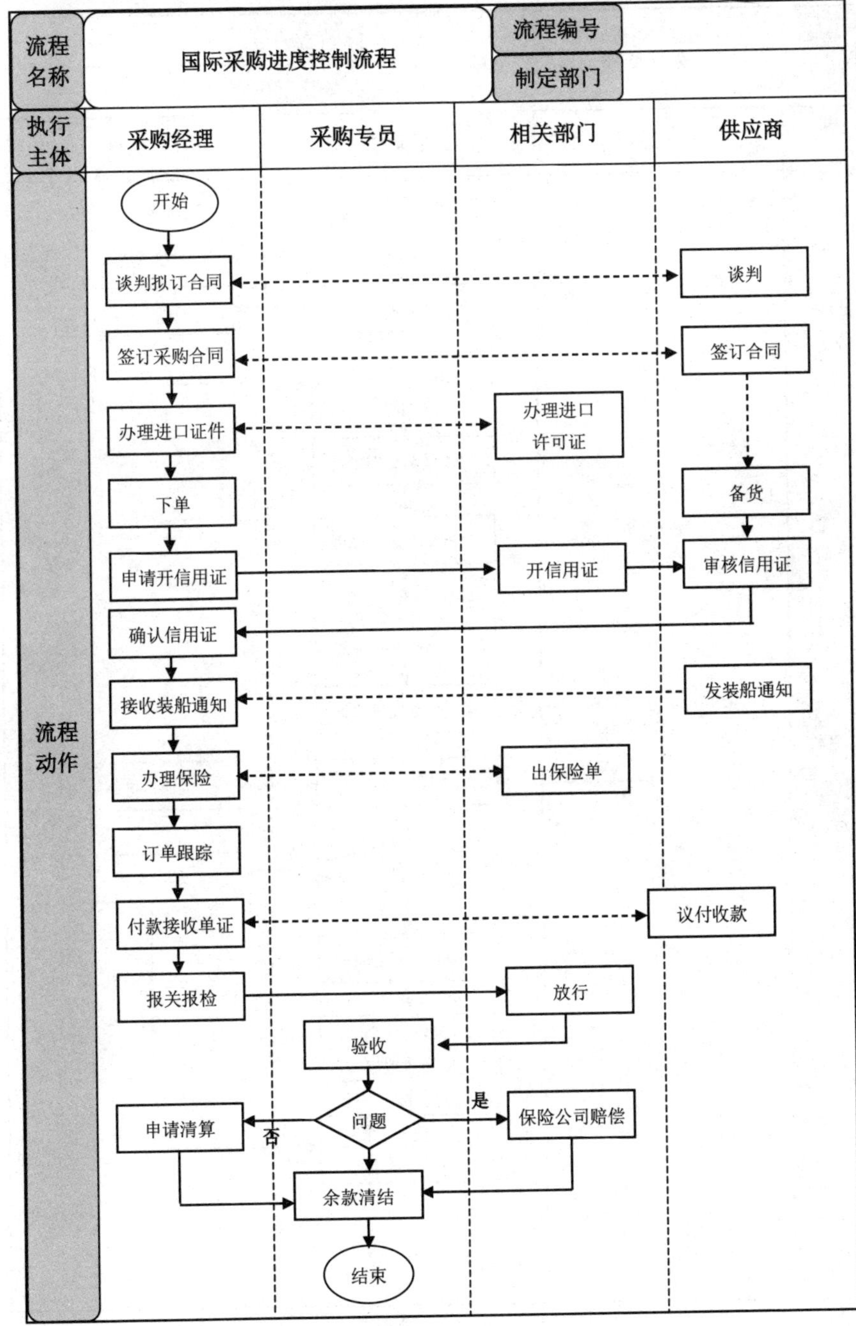

图5–5　国际采购进度控制流程

5.2.5 采购交期延误处理流程

采购交期延误处理流程如图5-6所示：

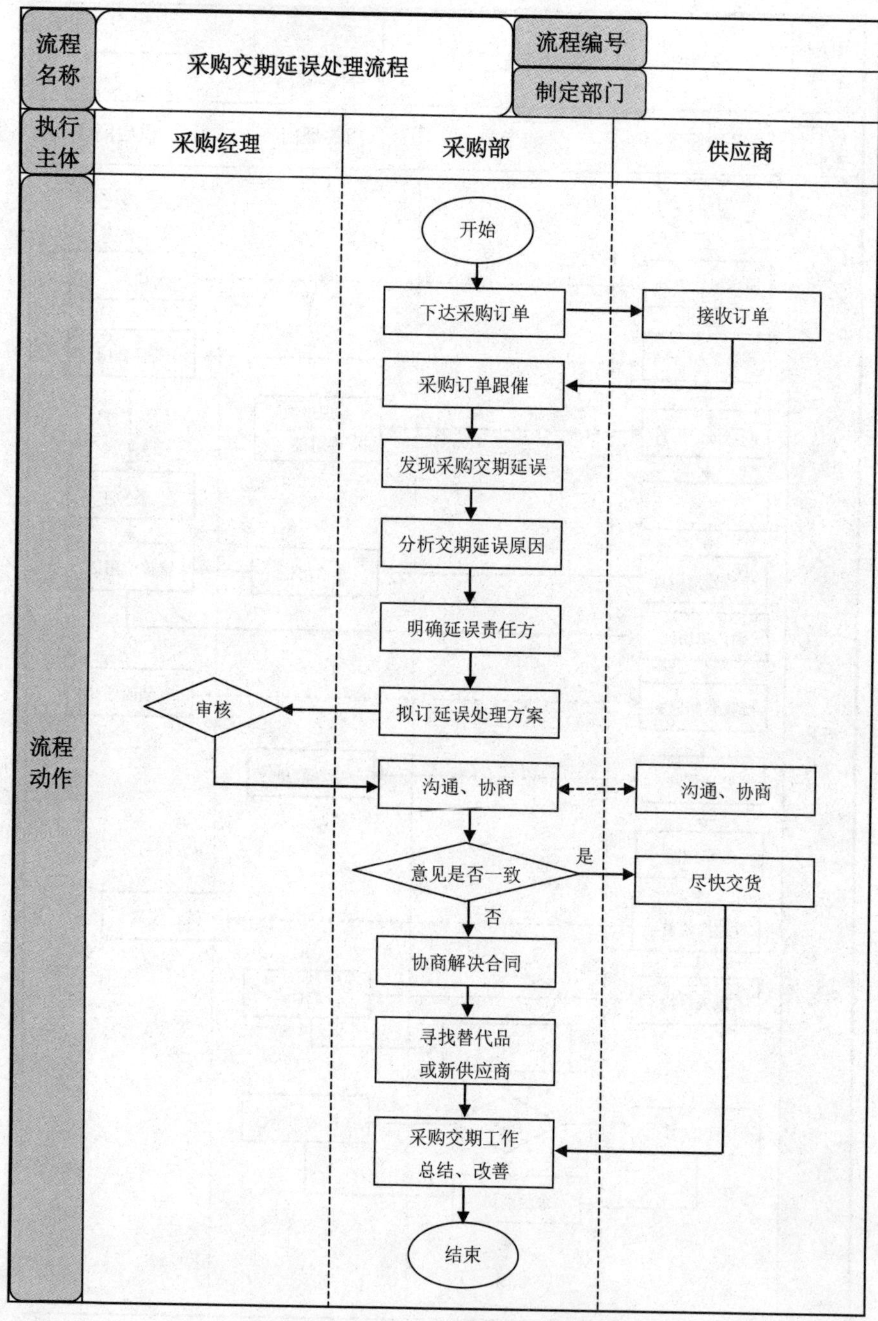

图5-6　采购交期延误处理流程

5.2.6 采购交期变更处理流程

采购交期变更处理流程如图5-7所示：

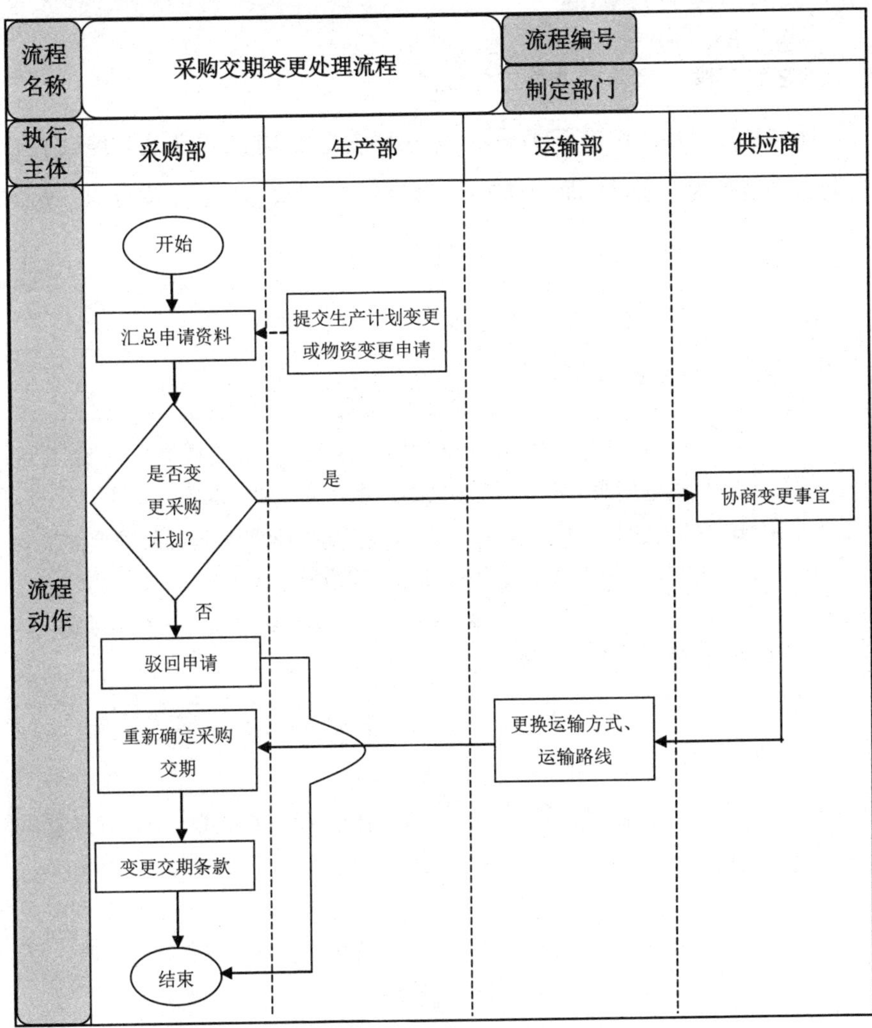

图5-7　采购交期变更处理流程

5.3 采购进度管理标准

5.3.1 采购进度管理业务工作标准

采购进度管理工作执行过程中，采购部应要求部门工作人员按照以下工作规范开展采购进度与订单管理工作，以期顺利达成相应的工作目标，具体内容如表5-2所示。

表5-2　采购进度管理业务工作标准

工作事项	工作依据与规范	工作成果或目标
采购交期管理	◆ 采购进度控制制度 ◆ 采购进度跟催办法 ◆ 采购交期管控流程 ◆ 采购交期延误处理办法 ◆ 紧急采购管理制度	(1) 根据不同采购方式确定采购进度控制要点 (2) 采购进度记录详细、准确、无缺失 (3) 及时、准确编制采购进度异常处理方案，并对方案执行情况进行监督 (4) 采购延误原因分析准确，责任方明确 (5) 考核期内交货延迟率低于____%
采购订单管理	◆ 采购进度控制制度 ◆ 采购订单跟踪管理制度 ◆ 订单状态监管工作流程	(1) 采购订单跟踪工作规划编制及时、内容全面 (2) 灵活选择订单跟催方式，及时开展订单跟催工作 (3) 了解供应商供货情况，要求供应商在规定时间内提交生产日程表或备货明细表 (4) 考核期内，采购订单无延误现象

5.3.2 采购进度管理业务绩效标准

人力资源部配合采购部确立下列评估指标和评估标准，既方便对采购进度管理工作进行监督指导，也方便对采购进度管理绩效结果项目进行考核，具体内容如表5-3所示。

表5-3　采购进度管理业务绩效标准

工作事项	评估指标	评估标准
采购交期管理	采购作业期限确定规范性	根据采购物资重要性、采购难易程度、物资紧缺程度三方面因素确定采购作业期限，每少考虑一方面因素，扣____分
	交期违约责任条款覆盖率	1．交期违约责任条款覆盖率 $=\frac{\text{签订交期违约责任条款的采购合同数量}}{\text{采购合同总量}}\times 100\%$ 2．交期违约责任条款覆盖率应达到____%，每降低____%，扣除责任人____分，签订率低于____%，本项不得分
	供应商备货进度跟踪方式选取准确性	1．不了解供应商备货进度跟踪方式，无法掌控供应商备货情况，本项不得分 2．能选取1～2种跟踪方式，但使用的灵活性较差，得____分 3．根据采购物资特点及供应商信誉度，灵活选取直接跟踪、电话跟踪、网络跟踪等方式得____分
	紧急采购次数所占比重	1．紧急采购次数所占比重 $=\frac{\text{实施紧急采购的次数}}{\text{采购总次数}}\times 100\%$ 2．紧急采购次数所占比重应低于____%，每升高____%，扣除责任人____分，高于____%，本项不得分
采购订单管理	订单延误处理方案的有效性	1．订单延误处理方案的执行，不能有效地对延误事件做出应对，而耽误了物资的及时供应，本项不得分 2．订单延误处理方案中，提出了有效的延误处理措施，但可执行性较差，得____分 3．订单延误处理方案，能根据物资的特点、订单的要求及延误的情况，提出有效的可行性措施，得____分
	催货通知下发及时率	1．催货通知下发及时率 $=\frac{\text{效期延迟半个工作日内下发的催货通知单数量}}{\text{采购订单的数量}}\times 100\%$ 2．催货通知下发及时率应达到____%，每降低____%，扣除责任人____分，及时率低于____%，本项不得分

	订单延误次数	订单延误次数为 0 次，得____分；订单延误次数每增加 1 次，扣除责任人____分，延误次数超过____次，本项不得分

5.4 采购进度管理制度

5.4.1 制度解决问题导图

针对采购进度管理方面的问题，编制一系列采购进度管理制度，有助于规范采购订单管理和采购交期管理等工作，从而在执行环节加强监督与指导，以便有效地加以规避。在采购进度执行工作中，较常出现的问题主要包括以下两个方面，具体如图5-8所示。

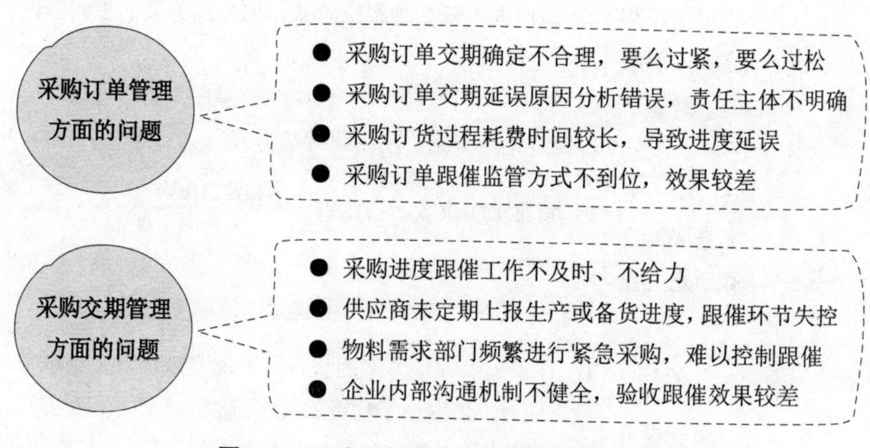

图5-8 采购进度管理制度解决问题导图

5.4.2 采购进度控制制度

采购进度控制制度如表5-4所示：

表5-4　采购进度控制制度

<table>
<tr><td>制度名称</td><td colspan="3">采购进度控制制度</td><td>编　号</td><td></td></tr>
<tr><td>执行部门</td><td></td><td>监督部门</td><td></td><td>编修部门</td><td></td></tr>
<tr><td colspan="6">

第一章　总则

第1条　目的。

为有效控制采购进度，保证物资供应，掌握采购时间，降低采购成本，特制定本制度。

第2条　适用范围。

本制度适用于采购询价、采购订购、采购订单、采购交期等整个采购作业环节的进度控制工作。

第3条　权责划分。

采购部为采购进度控制的归口管理部门，质量部、技术部、财务部、运输部、生产部应尽职尽责地配合采购部执行具体采购进度控制工作。

第二章　采购进度事前控制

第4条　确定采购作业期限。

采购部根据采购物资的重要程度、采购难易程度等因素确定采购作业期限。

1．与生产计划、销售计划关系密切的物资，采购部应综合公司使用物资时间、供应商生产订单时间、物资检验入库时间等因素，确定采购作业期限。

2．一般性物资，在不影响请购部门使用的前提下，采购部可自行决定采购进度。

（1）低值易耗办公用品在请购后的七个工作日内完成采购。

（2）劳保用品在该用品的发放周期内完成采购。

第5条　确定交货期限。

1．采购部在与供应商进行采购谈判时，应了解供应商的生产设备利用

</td></tr>
</table>

表 5-4（续）

情况，请供应商提交生产进度计划及供货计划，预计供应商准备、运输、检验等作业所需的时间。

2．采购部在进行采购洽谈时，应与供应商达成交期违约共识，并在采购合同中得以体现。

第6条　确定运输期限。

1．采购部在签订采购合同前，应与供应商确定合理的运输方式，合理规划运输事宜，保证物资按时交付。

2．具体的运输规划措施包括以下四项：

根据运输方式的适用情况，结合运送物资特点，选择使用的运输方式

当单一运输方式无法满足运输需求时，采购部应要求供应商将多种运输方式相结合

确定由本公司负责运输、供应商负责运输，还是采取外包运输的方式

采购部应做好运输投保或监督投保等工作，在规定时间内落实运输保险

运输规划措施

第三章　采购进度事中控制

第7条　确定采购进度控制点。

采购部应对采购询价谈判过程、订货执行过程、采购交货过程和采购入库过程的进度进行控制。

第8条　采购订单跟踪。

1．采购部控制采购询价谈判时间，保证以最短的时间完成询价谈判。

2．采购部应跟踪供应商生产过程，加强订单跟踪工作，了解供应商的生产效率或生产进度。

（1）如发生生产交期或生产数量变更，采购部应及时通知供应商。

（2）为减少损失，生产部、质量部应尽量避免下达订单后的规格变更。

第9条　掌握供应商备货进度。

1．采购部应及时与供应商沟通，采用直接跟踪、电话跟踪、网络跟踪等方式，了解供应商备货进度，避免出现交期延误或交期提前。

2．采购部一旦发现供应商的备货进度可能影响正常交货，应及时上报采购经理，采取相应措施，消除进度异常隐患。

3．如供应商需要支援，采购部应与技术部、质量部、生产部沟通，为其提供适当的技术、模具和材料支援。

第10条　采购进度记录。

1．采购部填写“采购进度控制表”，对采购进度进行控制。

2．采购部应对询价谈判过程花费的时间、订购执行时间和交货时间进行记录。

第11条　采购物流进度控制，

1．采购部选择正确的采购物流方式。

（1）大宗物资或长途运输物资可选择铁路运输和水路运输的方式。

（2）急需物资或短距离运输可选择汽车运输的方式。

（3）长距离运输或少量、急需物资可适用航空运输的方式。

2．采购部在确定物流方式后，与运输部确定最佳运输路线，节省运输时间和运输费用。

3．采购部根据服务质量、信用水平等标准选择承运商，保证物资能够安全、准时交付。

第12条　验收、入库进度控制。

1．采购部和质量部在对物资进行质量检验、办理入库时，应在保证质量的前提下，简化检验步骤、简化入库手续。

2．采购部对优秀供应商实施免检处理，减少验收入库时间。

第四章　采购进度异常处理

第13条　分析采购进度异常原因。

采购部根据“采购进度控制表”，分析采购进度延误的原因及延误事项。

第14条　拟订采购进度异常处理方案。

采购部根据采购进度异常原因，明确采购进度延误责任部门或责任人，

拟订采购进度异常处理方案，经采购经理审核、总经理（或其授权的管理者代表）审批后实施。 1．由于供应商原因导致的采购进度异常，供应商根据采购合同的约定承担相应责任。 2．由于本公司运输部或承运商造成的采购进度异常，运输部或承运商承担相应责任，采购部及时与投保公司联系，办理理赔事宜。 3．采购部、生产部、质量部的原因造成采购作业环节进度异常的，由相应责任人负责赔偿。 第15条　方案执行情况监督。 采购部监督采购进度异常责任主体对处理方案的执行情况。 **第五章　附则** 第16条　本制度自颁布之日起实施，自实施之日起，原有相关制度即行废止。 第17条　本制度由采购部制定，经采购总监审批通过后实施。					
编制日期		审核日期		批准日期	
修改标记		修改处数		修改日期	

5.4.3 订单跟踪管理制度

订单跟踪管理制度如表5-5所示：

表5-5　订单跟踪管理制度

制度名称	订单跟踪管理制度			编　号	
执行部门		监督部门		编修部门	
第1条　目的。 为了促进采购合同或订单正常执行，满足企业物资需求，保持合理的库存量，确保企业生产经营活动正常进行，特制定本制度。 第2条　适用范围。					

本制度适用于企业采购部所有采购专员跟踪订单的全过程工作。

第3条　职责分工。

采购专员按采购订单所载明的物资、品名、规格、数量及交期等进行跟踪。

第4条　采购订单跟踪的基本要求。

采购订单跟踪的基本要求包括适当的交货时间、适当的交货质量、适当的交货地点、适当的交货数量及适当的交货价格。

第5条　跟踪订单接受情况。

向供应商下订单之后，采购专员需及时了解供应商接受订单的情况。

1. 在采购活动中，供应商会因担心最终被淘汰而拒单时，采购专员应要求供应商在接受订单后，及时向企业提供接收回执。

2. 在供应商难以满足本企业的采购要求时，采购专员应改变价格、质量、交期等条件，在满足企业基本要求的基础上，与供应商进行充分沟通达成共识。

3. 若供应商拒单，可以另选其他供应商，与供应商签订的订单要及时存单，以备后查。

第6条　跟踪订单处理情况。

1. 供应商接收订单后，采购专员应及时跟踪供应商订单处理状况，查看并确定供应商是否及时将订单安排生产或安排出货。

2. 采购专员需审核订单无误后发给供应商，并要求供应商签字回传，其审核内容包括三点：

（1）熟悉订购的物资，确认名称、规格型号、数量、价格，确认质量标准。

（2）确认物资需求量，编制订单说明书。

（3）交期等要求表达清楚。

第7条　供应商备料过程监控。

1. 采购专员应严密监控供应商需要加工的物资的备料过程，确保其按计划执行。

2. 采购专员在监控过程中发现问题要及时反馈，需中途变更的应立即解决，不可延误时间。

第8条　供应商生产过程跟踪。

订购物资需求紧急或需求减少时，采购专员应通过跟单减少企业损失。

1．当订单物资需求紧急时，采购专员应立即与供应商协商，必要时可协助供应商解决疑难问题，确保物资的准时交付。

2．当市场滞销，对订单物资需求减少时，采购专员需尽快与供应商沟通，减少物资产量，或者协商是否可以延缓交货，必要时可以弥补供应商的损失。

第9条　采购订单催促。

1．催货是使供应商在规定的时间送达物资，既保证生产供应、又有效降低库存。

2．采购专员在跟单催货作业时，可采用以下6种方法，如表所示。

订单催促方法一览表

跟催方法		具体说明
订单跟催	联单法	◆ 将订购单按日期顺序排列好，提前一定时间进行跟催
	统计法	◆ 将订购单统计成报表，提前一定时间进行跟催
定期跟催		◆ 于每周固定时间将要跟催的订单整理好，打印呈报表，统一定期跟催
善用物资跟催表		◆ 物资跟催表可据以掌握供料状况，跟催对象明确，确保进料
运用物资跟催箱		◆ 在采购部办公室内设置 1 个物资跟催箱，取代传统翻页打钩法，在跟催箱里规划 32 格，前 31 格代表 1 个月 31 天，第 32 格是急件处理格
运用计算机跟催		◆ 根据订购单及验收单的资料，采购管理信息系统可以提供厂商采购单明细、物资采购单明细、制造批号单备料完整性、采购订单物资采购进度信息
运用颜色管理跟催	管制卡	◆ 按采购日期顺序放入卡栏内，逾期放入黄栏，采购专员跟催，紧急用料放入红栏，采购主管跟催
	管制板	◆ 以颜色显示供应商各月交货状态，如期交货用绿色，应进而未进用黄色，紧急用料用红色

表 5-5（续）

<table>
<tr><td colspan="6">

3. 如果供应商没有按时交货，采购专员应该采取以下措施：

（1）联系供应商获得确切的交货时间，及时通知需求部门准确的到货时间。

（2）咨询技术人员、材料工程师等，看有无可替代材料。

（3）如果供应商交货超期或质量差，而且短期内无法改善的，采购部应该寻求其他供应货源或实施紧急采购作业。

第10条　供应商交货跟踪。

采购部需严格对订单交付过程进行跟踪，确保物资质量满足企业要求。

1. 供应商送货上门时，采购专员应会同质量管理部、仓储部等在现场按照订单对到货物资的数量、单价、外观、质量等进行核查确认，合格后方可办理入库。

2. 企业在供应商处提货时，需先要求供应商将提货通知单传真给采购专员，采购专员及时联系运输部等相关部门对物资进行点收后，进行装车提货。提货过程应详细记录物资情况，作为付款结算的依据。

第11条　供应商交货后跟踪。

1. 在所采购的物资交付使用后，采购专员要求请购部门对物资做相应的标示，并对物资后续使用状况进行跟踪和记录。

2. 采购专员应按订单交付情况，及时按照规定的支付条款对供应商进行付款，并联系财务办理结算业务。

3. 如果物资在使用过程中出现质量问题，采购专员应根据可追溯性标记查找物资来源，并及时联系供应商解决。重大质量问题需报采购经理进行协调和处理。

第12条　本制度由采购部制定，报经总经理审批后生效，修改、废止亦同。

</td></tr>
<tr><td>编制日期</td><td></td><td>审核日期</td><td></td><td>批准日期</td><td></td></tr>
<tr><td>修改标记</td><td></td><td>修改处数</td><td></td><td>修改日期</td><td></td></tr>
</table>

5.4.4 采购进度跟催办法

采购进度跟催办法如表5–6所示：

表5–6　采购进度跟催办法

制度名称	采购进度跟催办法			编　号	
执行部门		监督部门		编修部门	

第一章　总则

第1条　目的。

为控制采购交期、合理控制库存，保证采购合同正常执行，特制定本办法。

第2条　适用范围。

本制度适用于所有采购业务进度跟催准备、实施及跟催工作考核等工作。

第3条　权责划分。

采购部为采购进度跟催的归口管理部门。

第二章　采购进度跟催准备

第4条　编制采购进度跟催工作规划。

采购部编制"采购进度跟催工作规划"，送交采购经理审批通过后实施。

第5条　采购进度跟催工作规划内容。

1．采购部在实施采购进度跟催前应完成以下准备工作：

确定交货日期及交货数量

明确替代物资采购渠道

了解供应商物料管理能力、生产管理能力、生产设备利用率

分析供应商提交的生产计划表

在采购合同中明确违约责任

采购进度跟催工作准备

表5-6（续）

2．采购部在实施采购进度跟催前，应对请购、采购、供应商准备、运输和质量检验等各项采购作业时间进行合理规划，拟订采购进度时间控制表。

3．采购部在实施采购进度跟催前，应定期与供应商联系，掌握供应商动态信息。

第三章　采购进度跟催实施

第6条　订单及供应商供货跟催。

1．采购部下单后，要求供应商在____个工作日内提供生产日程表。

2．采购部应根据采购物资的重要程度，采取以下措施跟踪供应商原材料入库情况、供应商生产加工情况及成品入库情况。

跟催措施

物资分类	跟催措施
重要物资	◆ 采购部从供应商提供的进度报表，分析供应商实际进度 ◆ 采购部前往供应商处进行实地查证，必要时派专人入驻监督 ◆ 每周进行不少于3次的跟催
订制物资	◆ 采购部应及时了解供应商原材料准备情况，并为供应商提供必要的技术支援 ◆ 了解供应商生产进度情况，如发生数量或交期变更，应及时通知供应商
非订制物资	◆ 采购部及时通过电话沟通的方式，查证供应商进度

3．采购部应要求供应商每周向采购部提交进度报表。

4．采购部应每日进行订单整理工作，并采用以下方法进行跟催：

（1）订单跟催

采购部可按以下方法对订单交期进行分析，提前一段时间进行跟催。一般订单可每周致电供应商一次，询问进度；距离交期不满十日的订单，应每隔三天致电供应商一次，询问进度；次日到期的订单，应于前一日致电供应商进行跟催。

表5-6（续）

订单跟催方法

订单跟催方法	说明
联单法	将订单按照日期进行排序，提前一段时间展开跟催工作
统计法	将订单汇总为统计报表，提前一段时间展开跟催工作
软件提醒法	运用计算机软件，将每月需办理的跟催事项输入软件，上班开机后软件自动提醒

（2）定期跟催

定期跟催是指采购部在每周的固定时间将需要跟催的订单整理好，定期统一展开跟催工作。

5．采购部根据采购进度跟催情况，填写“采购进度跟催单”。

6．采购部如发现公司存在紧急缺货的情况，应立即联系供应商，保证物资供应。

7．如供应商未能按时交货，采购部应立即采取以下措施，并向供应商发送“催货通知”。

（1）采购部立即联系供应商，明确确切的交货时间。

（2）采购部与请购部门联系，说明确切的交货时间。

（3）采购部与生产部、技术部、质量部沟通，研究是否可选用替代物资。

（4）如有需要，采购部应实施紧急采购作业。

第7条　物资运输跟催。

采购部实时跟踪物资运输过程，一旦发现运输过程延误，应及时与供应商或物流公司联系。

第8条　物资验收跟催。

1．采购部与供应商确认确切到货日期后，应通知质量部进行物资质量检验准备工作，保证质量检验工作及时开展。

2．质量部在检验过程中，如发现问题，应及时通知采购部，由采购部与供应商联系，协商处理方式。

第9条　物资入库跟催。

采购部通知仓储部做好物资入库的准备工作，参与办理物资入库。

第10条　物资付款跟催。

采购部应督促财务部按照采购合同规定的制度条款进行支付。

第11条　文档、资料归档。

采购部应在采购物资入库后，做好采购订单、供应商生产计划表、生产进度表、跟催单的归档工作。

第四章　附则

第12条　本制度自执行之日起，原“采购进度跟催办法”即行作废。

第13条　本制度经总经理审批通过后，自____年____月____日起实施。

编制日期		审核日期		批准日期	
修改标记		修改处数		修改日期	

5.4.5 交期延误处理办法

交期延误处理办法如表5-7所示：

表5-7　交期延误处理办法

制度名称	交期延误处理办法		编　　号	
执行部门		监督部门		编修部门	

第1条　目的。

为妥善处理供应商交期延误的行为，降低公司损失，特制定本制度。

第2条　适用范围。

本制度适用于采购交期延误的原因分析、拟订及实施处理方案、提出供应商交期延误预防及改善措施等工作。

第3条　职责划分。

采购部负责与质量部、生产部、物资请购部及供应商沟通，统筹管理采购交期延误事宜。

第4条　术语解释。

供应商如出现以下情形之一的，即可归属为采购交期延误：

1．供应商未在采购合同规定的时间、地点准时交货。

2．供应商在交货期限满后，经采购部催促仍未交货的。

3．供应商在交货期满后，经采购部催促虽然交货，但采购物资不符合采购合同的规定。

4．供应商因不可抗力因素导致不能按时交货的。

第5条　分析交期延误原因。

采购部发现供应商未能按时交货时，应立即与供应商沟通，分析交期延误的原因，明确交期延误责任主体。

（1）如造成交期延误的原因属于以下情形之一的，供应商承担交期延误的主要责任。

生产状况方面

▲ 产能无法满足采购订单需求

▲ 生产技术水平落后，无法满足本公司要求

▲ 生产过程的重工率和不良率较高

▲ 生产计划安排欠妥

▲ 生产设备数量不足或设备过于陈旧

▲ 供应商内部出货检验不合格

生产管理方面

▲ 供应商无法掌握生产原材料数量及质量

▲ 生产进度管理不善

▲ 交期时间估计错误

▲ 出货文件错误

▲ 报价错误

▲ 供应商缺乏质量意识、责任意识

供应商承担交期延误责任

（2）如造成交期延误的原因属于以下情形之一的，公司承担交期延误的主要责任。

采购流程方面

▲ 订单寄发失误

▲ 采购货款支付失误

▲ 对供应商的技术和产能调查不足

▲ 对品质要求不明确

▲ 未及时跟进供应商生产进度

▲ 频繁更换供应商

沟通协调方面

▲ 临时紧急订货，订单前置时间不足

▲ 临时更改产品设计、新材料规格

▲ 品质要求未能详细说明

▲ 生产计划变更未及时通知供应商

▲ 采购双方没有审核进度

▲ 未对供应商提供必要的技术支援

公司承担交期延误责任

第6条　拟订、实施交期延误处理方案。

1．采购部经过与供应商、质量部、技术部、请购部门协商后，拟订切实可行的“交期延误处理方案”，上交采购经理审核后，尽快与供应商达成共识，以便实施交期延误处理方案。

2．因本公司原因导致的交期延误，采购部应协同技术部立即联系供应商，协助供应商解决问题。

3．因供应商原因导致的交期延误，采购部可采用以下方式解决：

（1）采购部应与供应商管理人员沟通，通过和平方式解决交期延误问题。

（2）采购部要求供应商继续履行采购合同，确定确切的交货期限。

（3）采购部通知供应商解除采购合同，要求供应商履行合同规定的赔偿责任，同时寻找可替代物资。

（4）采购部采取减少付款、更换等补救措施。

（5）如需诉诸法律，采购部应搜集相关资料，咨询公司法律部或者专业律师诉讼解决。

第7条　供应商交期延误预防及改善。

1．采购部统计经常发生交期延迟的供应商，减少与该供应商的合作次数，如需与之合作，应对其进行重点监控。

2．采购部在发出订单后，应定期询问供应商进度，及时发现供应商在采购物资生产方面的问题。

3．采购部与供应商的沟通过程中，如发现供应商出现诚信问题，应及时上报采购经理。

第8条　本制度由采购部制定，修改权、解释权归采购部所有。

编制日期		审核日期		批准日期	
修改标记		修改处数		修改日期	

5.4.6 紧急采购管理制度

紧急采购管理制度如表5-8所示：

表5-8 紧急采购管理制度

<table>
<tr><td>制度名称</td><td colspan="3">紧急采购管理制度</td><td>编　号</td><td></td></tr>
<tr><td>执行部门</td><td></td><td>监督部门</td><td></td><td>编修部门</td><td></td></tr>
<tr><td colspan="6">第1条　目的。
为保证物资供应及时，避免影响公司正常的生产经营活动，特制定本制度。
第2条　适用范围。
本制度适用于紧急采购的申请、审批、执行等工作。
第3条　职责划分。
1．采购部负责审核紧急采购申请，组织、实施紧急采购活动。
2．财务部负责审核紧急采购申请及紧急采购合同，并按照采购合同的规定支付采购款项。
第4条　术语解释。
紧急采购是指公司在生产经营紧急的情况下，来不及纳入正常采购计划而必须立即执行的采购活动。
第5条　紧急采购申请条件。
如出现以下几种情形之一，请购部门可申请紧急采购。
1．生产部因缺少生产物资导致即将停工。
2．生产部因事故进行紧急抢修。
3．市场环境发生重大变化。
4．公司临时决定更换产品设计或生产工艺。
第6条　紧急采购审批。
请购部门填写“紧急采购申请”，在申请中列明采购物资的基本信息、进行紧急采购的原因，经请购部门经理签字批准后，交采购部或总经理审批。
1．紧急采购申请的物资价值在____万元以下的，由采购总监审批，审</td></tr>
</table>

批通过后，交由采购部实施紧急采购。

2．紧急采购申请的物资价值在____万元以下的，由总经理审批，审批通过后，交由采购部实施紧急采购。

3．低值易耗物资的紧急采购可由采购经理审批后，交由采购部实施，在紧急采购执行完毕后补办相关手续。

第7条　紧急采购执行。

采购部在执行紧急采购的过程中，应注意以下关键事项：

1．为缩短采购周期，降低采购成本，紧急采购应多采取电子采购的方式，尽量不采取国际采购的方式。

2．采购部应从供应商档案中选择合作伙伴。

3．紧急采购应尽量使用先提货后付款的方式。

4．如因紧急情况，物资来不及进行质量检验时，应按照“紧急放行规定”执行，采购部对紧急放行规定执行过程进行监督。

第8条　紧急放行规定。

1．采购部、质量部审批生产部提交的“紧急放行申请”。

2．质量部根据供应商以往物资质量检验情况对“紧急放行申请”进行审批，将审批通过的“紧急放行申请”转交采购部，采购部根据质量部的审批意见执行紧急放行工作。

（1）对于物资质量不稳定的供应商，质量部可拒绝紧急放行申请。

（2）如紧急放行申请被驳回，采购部按照“物资质量检验制度”执行检验工作。

3．采购部对通过紧急放行的物资作出可追溯性表示，做好识别记录。详细记载紧急放行物资的数量、规格、标识方法、供应商名称及供应商提供的证明。

4．质量部按照“物资质量检验规定”抽取样品，对样品进行优先检验，及时将检验结果通知生产部和采购部。

（1）如抽样检验结果合格，生产部开始生产。采购部保留抽样，并协同生产部严格监督物资的加工、使用情况，如发现异常，应立即追回。

（2）如抽样检验结果不合格，采购部根据可追溯性标识和识别记录，

表 5-8（续）

将不合格样品追回。 　　第9条　本制度原则上每年更新一次，具体工作由采购部执行。					
编制日期		审核日期		批准日期	
修改标记		修改处数		修改日期	

第6章　采购质量管理业务·流程·标准·制度

6.1 采购质量管理业务模型

6.1.1 采购质量管理业务工作导图

采购质量管理是指企业通过对采购工作的组织、协调、控制以及对供应商的认证与质量控制，从而建立整套的采购质量保证体系、保证企业物资合格供应的一系列工作。

采购质量管理工作的好坏在一定程度上决定了物资的品质，进而影响企业生产、成本、销售等多个环节，因此，企业采购质量管理工作应按以下关键工作事项执行，以实现采购成本的最低化、采购风险的最小化，具体内容如图6-1所示。

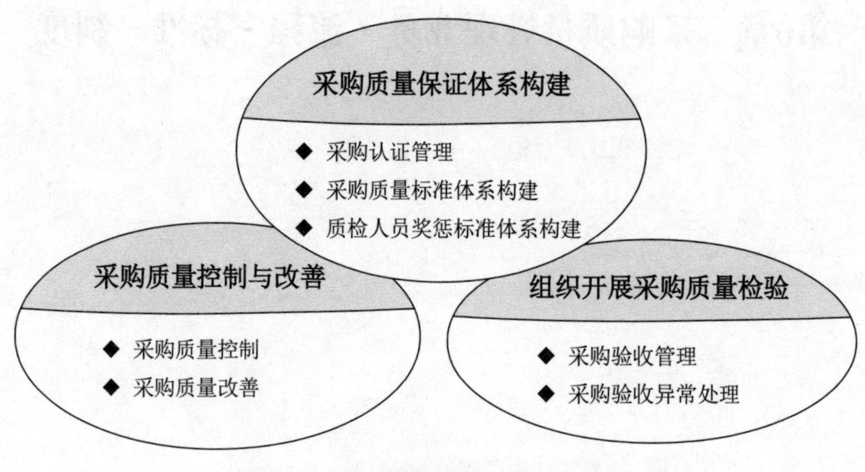

图6-1 采购质量管理业务工作导图

6.1.2 采购质量管理主要工作职责

采购质量管理的各项工作主要由采购部组织、实施，质量部、技术部、仓储部、物资使用部门须配合采购部，执行采购质量管理的各项具体工作。

明确采购质量管理的各项工作职责有助于企业严格把控采购物资的质量水平，降低采购质量风险。表6-1为采购质量管理工作在执行过程中的主要职责分工。

表6-1　采购质量管理主要工作职责说明表

工作职责	职责具体说明
采购质量保证体系构建	1. 采购部明确质量检验管理目标，建立健全采购质量标准化体系 2. 采购部组织、实施采购认证工作，质量部、技术部协助采购部执行供应商认证的相关事宜 3. 质量部须建立完善的质量检验人员奖惩体系，加强企业员工质量管理教育工作，强化质量意识
组织开展采购质量检验	1. 采购部组织质量部、技术部实施物资验收工作，并根据质量部出具的“质量检验报告”拟定物资检验处理意见 2. 对检验不合格的物资，采购部与供应商沟通，执行处理意见；对检验合格的物资，采购部与仓储部沟通，办理入库手续
采购质量控制与改善	1. 采购部须组织各个部门做好整个采购过程中每一个环节的质量控制工作 2. 采购部组织部门员工参加培训，协助供应商进行质量质量改善，预防质量问题的发生

6.2 采购质量管理流程

6.2.1 主要流程设计导图

采购质量管理流程按照并列式结构，可分为采购质量保证体系构建流程、采购质量检验流程、采购质量控制与改善流程，具体内容如图6-2所示。

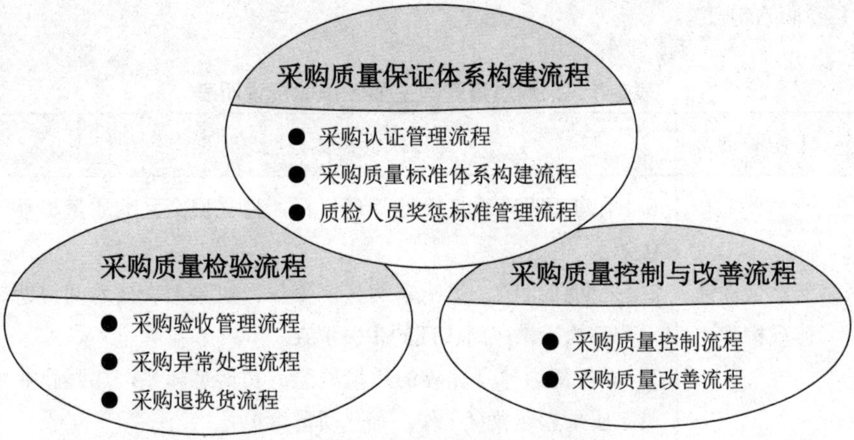

采购质量保证体系构建流程

- 采购认证管理流程
- 采购质量标准体系构建流程
- 质检人员奖惩标准管理流程

采购质量检验流程

- 采购验收管理流程
- 采购异常处理流程
- 采购退换货流程

采购质量控制与改善流程

- 采购质量控制流程
- 采购质量改善流程

图6-2　采购质量管理主要流程设计导图

6.2.2 采购质量检验工作流程

采购质量检验工作流程如图6–3所示：

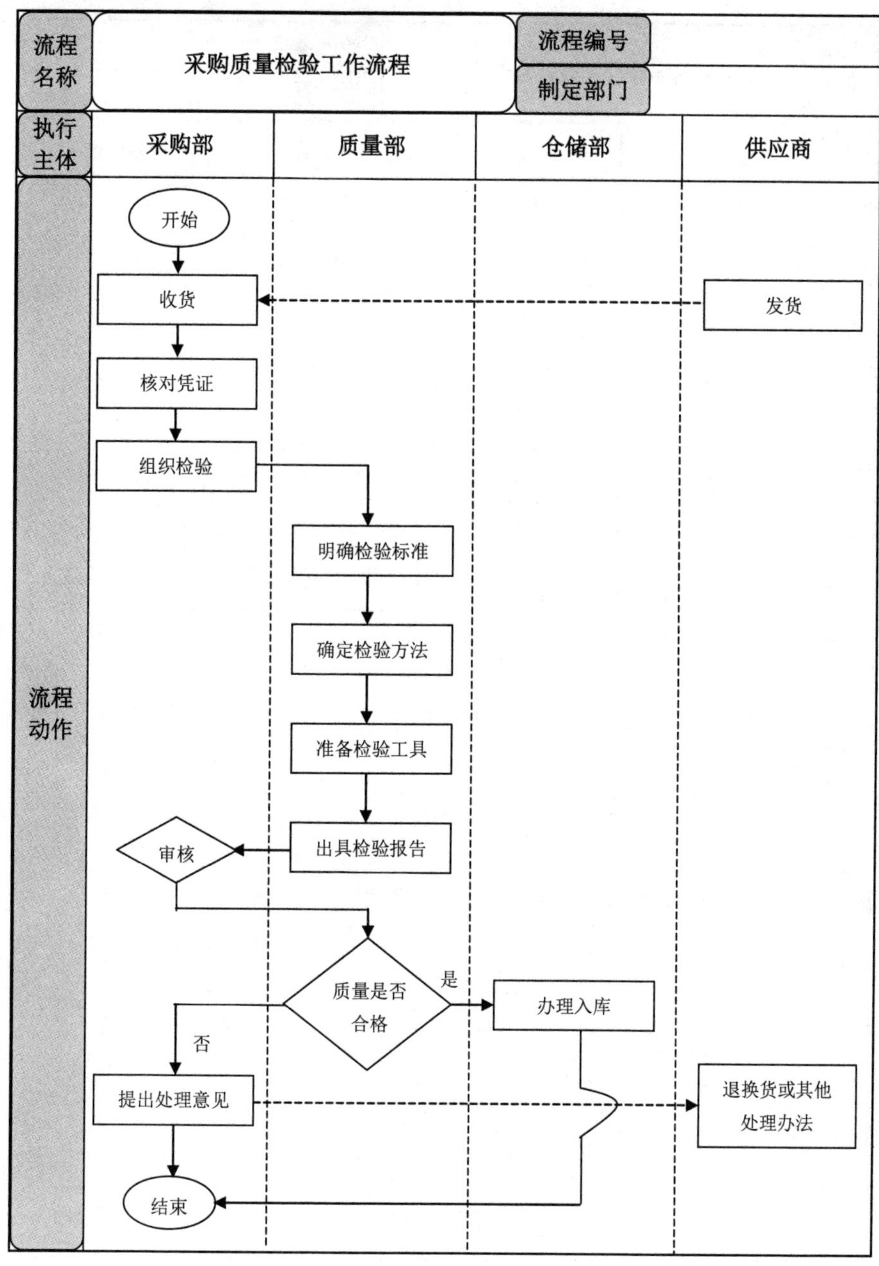

图6–3 采购质量检验工作流程

6.2.3 采购验收异常处理流程

采购验收异常处理流程如图6–4所示：

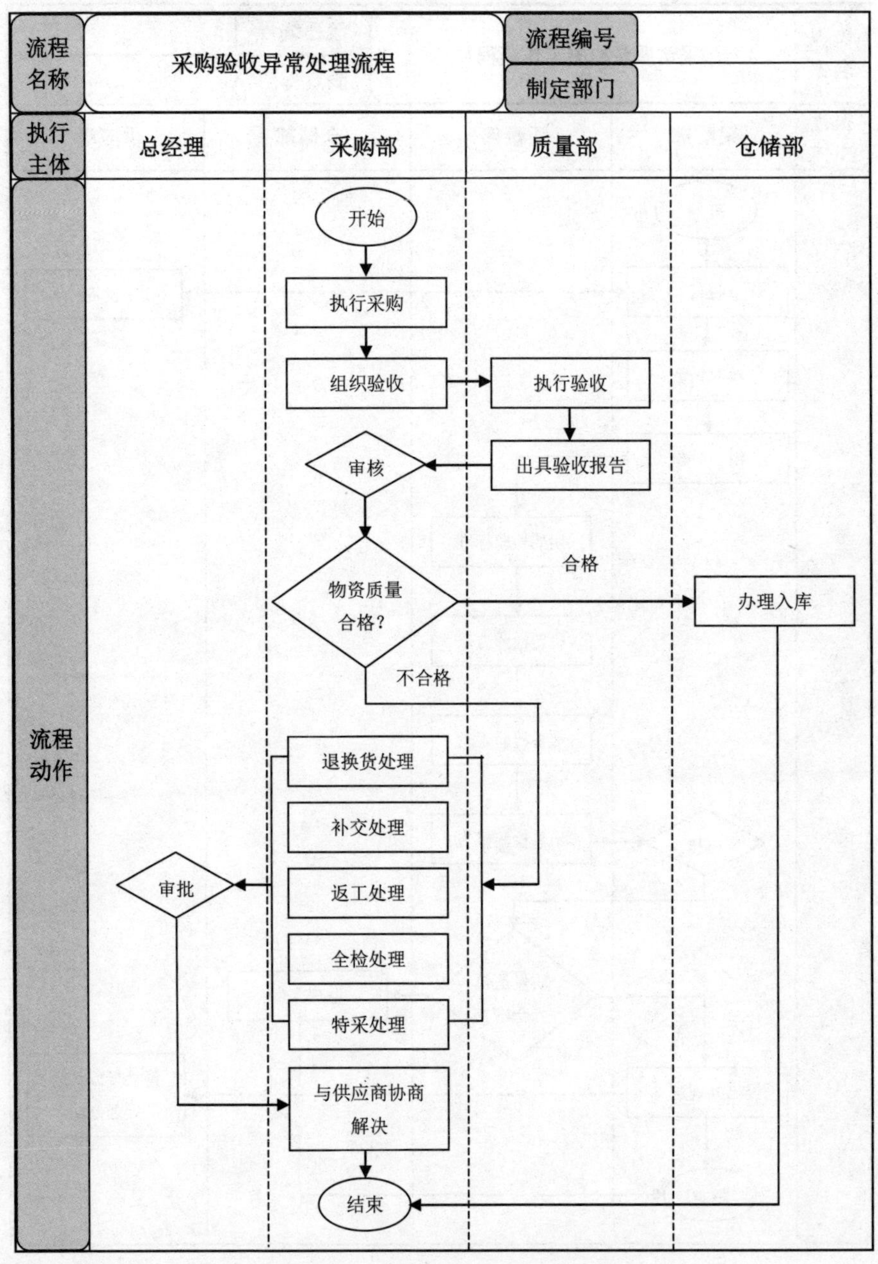

图6–4 采购验收异常处理流程

6.2.4 采购退换货处理流程

采购退换货处理流程如图6–5所示：

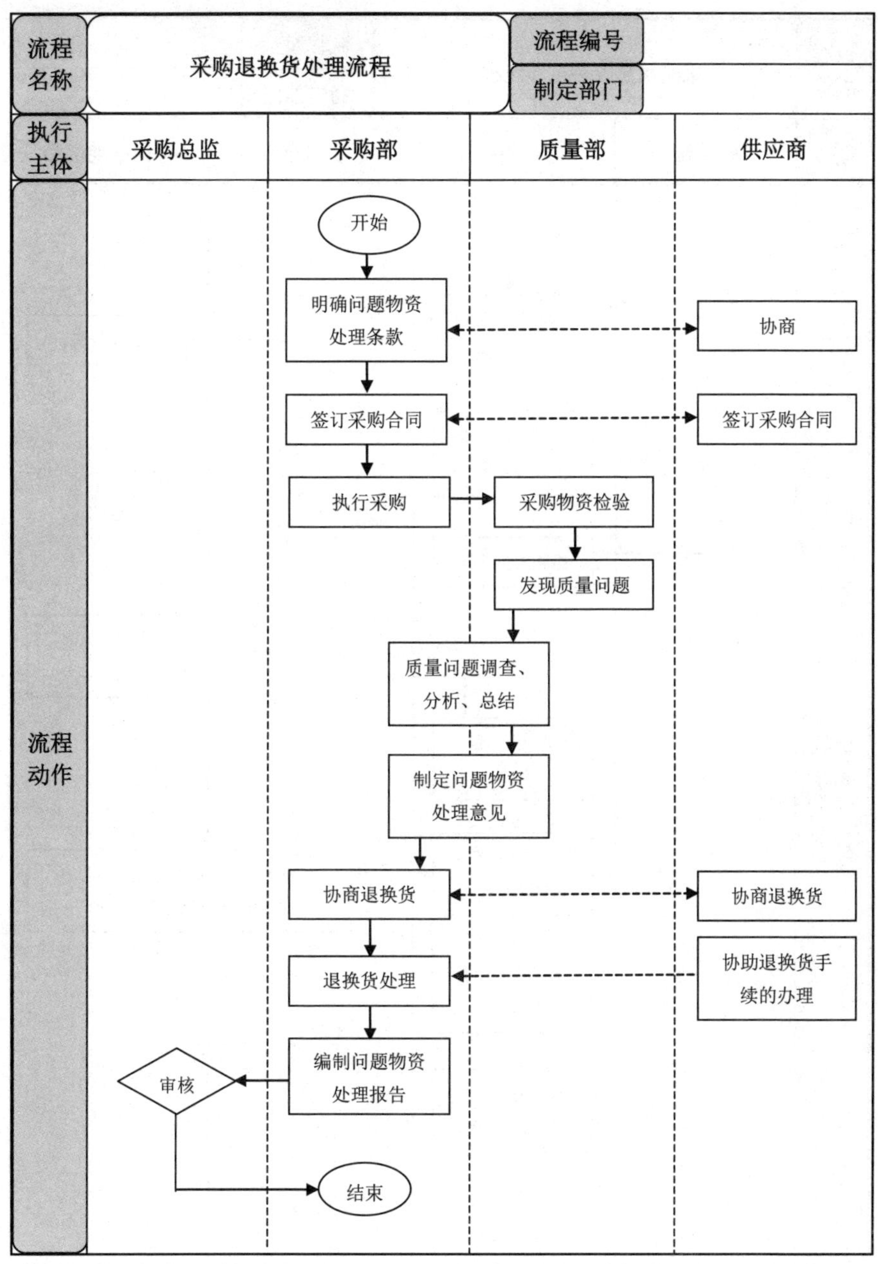

图6–5 采购退换货处理流程

6.2.5 采购质量改善工作流程

采购质量改善工作流程如图6-6所示：

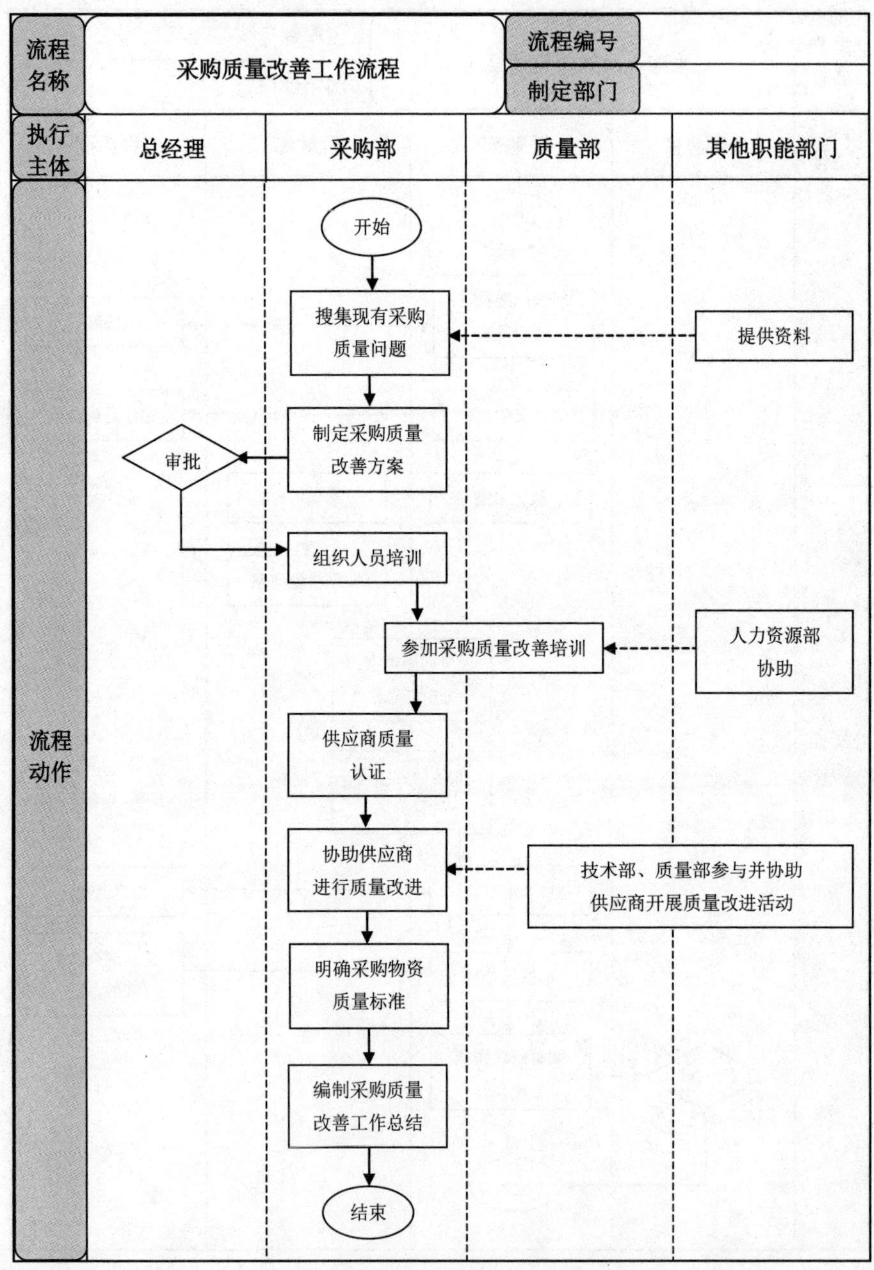

图6-6 采购质量改善工作流程

6.3 采购质量管理标准

6.3.1 采购质量管理业务工作标准

采购部依据以下工作规范执行采购质量管理的各项工作事项，最终实现如表6–2所示的工作目标。

表6–2 采购质量管理业务工作标准

工作事项	工作依据与规范	工作成果或目标
采购质量保证体系构建	◆ 采购认证管理制度 ◆ 质检人员奖惩标准	(1) 制定完善的采购质量控制、检验等制度和规范 (2) 采购认证过程规范、认证内容全面 (3) 在质量部、需求部门的协助下，建立各类物资检验标准，检验标准完整率达____%
组织开展采购质量检验	◆ 采购验收制度 ◆ 采购验收异常处理规范	(1) 质量检验实施前准备充分 (2) 质量检验项目全面，无漏检项目，确保各类物资采购合格率达到____% (3) 采购质量检验结果处理及时、准确
采购质量控制与改善	◆ 采购质量改善方案 ◆ 采购质量控制制度	(1) 采购质量改善工作完成及时率为100% (2) 供应商物资质量改进工作按时推行，确保其交货不合格品比率下降____个百分点 (3) 特采和紧急放行控制在____次以内

6.3.2 采购质量管理业务绩效标准

采购部经理可在人力资源部的协助和指导下，针对采购质量管理业务制订相应的绩效标准，以便指导采购部下属人员的采购质量执行工作，也有利于对采购质量管理工作成果进行监督和考核。具体的绩效评估指标及评估标准如表6–3所示。

表6-3　采购质量管理业务绩效标准

工作事项	评估指标	评估标准
采购质量保证体系构建	供应商认证规范性	在供应商通过初步筛选、现场评审后，采购部及其他职能部门应对供应商实施试制认证、中试认证、批量试制认证和价格认证 1．仅对供应商实施以上认证中的1项认证，本项不得分 2．对供应商实施以上认证中的2～3项认证，得____分 3．对供应商实施以上认证中的4项认证，得____分
	认证供应商数量同比增长率	1．认证供应商数量同比增长率＝ $\frac{\text{本年度认证的供应商数量}-\text{上年度认证的供应商数量}}{\text{上年度认证的供应商数量}}\times100\%$ 2．认证供应商数量同比增长率应达到____%，每降低____%，扣除责任人____分，低于____%，本项不得分
	质量保证协议签署率	1．质量保证协议签署率＝ $\frac{\text{与企业签订质量保证协议的供应商数量}}{\text{与企业合作的供应商总量}}\times100\%$ 2．质量保证协议签署率应达到____%，每降低____%，扣除责任人____分，低于____%，本项不得分
	质量检验标准完整率	1．质量检验标准无法反映采购物资的特性，采购标准与采购质量检验方法不匹配，本项不得分 2．质量检验标准能够在一定程度上反映出采购物资的特性，得____分 3．根据采购物资特性及检验方法要求，制定完善的检验标准，全面衡量采购物资质量，得____分
组织开展采购质量检验	采购物资检验及时率	1．采购物资检验及时率＝ $\frac{\text{在规定时间内完成检验的物资数量}}{\text{采购物资总量}}\times100\%$ 2．采购物资检验及时率应达到____%，每降低____%，扣除责任人____分，及时率低于____%，本项不得分

表6-3（续）

	采购物资质量合格率	1．采购物资质量合格率 $=\frac{\text{合格物资数量}}{\text{采购物资总量}}\times100\%$ 2．采购物资质量合格率应达到____%，每降低____%，扣除责任人____分，及时率低于____%，本项不得分
	不合格物资处理及时率	1．不合格物资处理及时率 $=\frac{\text{在规定时间内处理的不合格物资数量}}{\text{不合格物资总量}}\times100\%$ 2．不合格物资处理及时率应达到____%，每降低____%，扣除责任人____分，及时率低于____%，本项不得分
采购质量控制与改善	采购质量改善方案一次性通过率	1．采购质量改善方案一次性通过率 $=\frac{\text{一次审核通过的采购质量改善方案数量}}{\text{考核期内制定的质量改善方案总量}}\times100\%$ 2．采购质量改善方案一次性通过率应达到____%，每降低____%，扣除责任人____分，及时率低于____%，本项不得分
	不合格物资比例下降率	1．不合格物资比例下降率 $=\frac{\text{上期采购不合格物资量}}{\text{上期采购总量}}-\frac{\text{本期采购不合格物资量}}{\text{本期采购总量}}$ 2．不合格物资比例下降率应达到____%，每降低____%，扣除责任人____分，及时率低于____%或及时率为负，本项不得分

6.4 采购质量管理制度

6.4.1 制度解决问题导图

采购质量管理制度的制定与落实，有利于帮助企业及采购部解决采购过程中的三大质量方面问题，具体内容如图6–7所示。

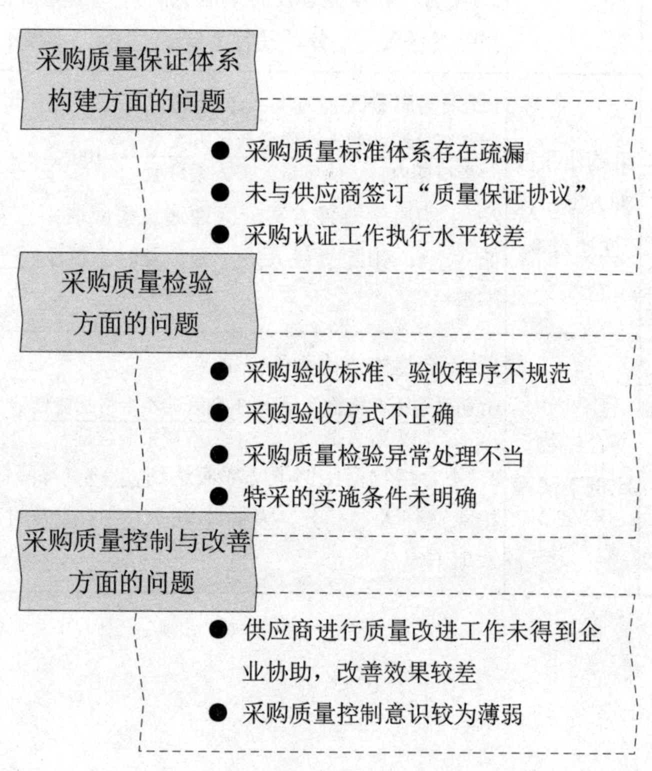

图6–7　采购质量管理制度解决问题导图

6.4.2 采购认证管理制度

采购认证管理制度如表6-4所示：

表6-4　采购认证管理制度

制度名称	采购认证管理制度			编　号	
执行部门		监督部门		编修部门	

第一章　总则

第1条　目的。

为提高供应商质量，满足本公司在采购质量、采购成本、供应商服务等方面的要求，特制定本制度。

第2条　适用范围。

本制度适用于对供应商的试制认证、中试认证、批量试制认证、价格认证等组织管理工作。

第3条　权责划分。

采购部负责组织、执行采购认证管理工作，质量部、技术部负责对供应商提供的样品进行质量检验。

第二章　采购认证准备

第4条　采购认证准备内容。

1．采购部应熟悉待认证物资的技术标准和相关参数，明确认证难度、经验需求等内容。

2．采购部应了解采购的批量需求，从而确定采购时间、采购范围和采购规模。

3．采购部应对采购物资的成本价格进行行业比较和市场调查，以便得出准确的价格预算。

4．采购部应了解采购物资应达到的质量认证标准。

第5条　编制采购认证说明书。

1．采购部应事先编制一份完整的采购认证说明书，说明书的内容包

表6-4（续）

括：采购项目名称、价格预算、质量条款、需求预测、售后服务要求、项目难度、技术图纸、技术规范、检验标准等。

2．采购经理审核认证说明书，采购部将审核通过的认证说明书向供应商发放。

第三章　采购认证实施

第6条　试制认证。

采购部对供应商进行试制认证，检查供应商试制样品的技术和质量情况，具体实施流程如下所示：

1．采购部与供应商签订试制合同，合同中应规定供应商需遵守的保密规定。

2．采购部要求供应商在规定时间内提供符合要求的样品，并对认证项目进行协调、监控。

3．采购部组织技术部、质量部等职能部门对样品性能、质量、外观进行评估。

4．根据认证结果确定三家以上合格供应商，并将试制认证结果上报采购经理审核。

第7条　中试认证。

采购部按照以下流程对通过试制认证的供应商进行中试认证：

1．采购部与供应商签订中试合同，合同中应明确规定公司向供应商提供的中试资料及供应商应准备的小批件。

2．采购部跟踪、协调供应商准备中试小批件的过程，并对供应商提交的小批件进行中试评估，评估内容主要包括质量、成本等。

3．采购部根据中试结果选取若干个供应商，并将中试认证结果上报采购经理审核。

第8条　批量试制认证。

采购部与通过中试认证的供应商签订批量试制合同，保证产品质量的稳定性和可靠性，使该供应商提供的产品具有大规模生产的可能性，具体操作步骤如下所示：

表 6-4（续）

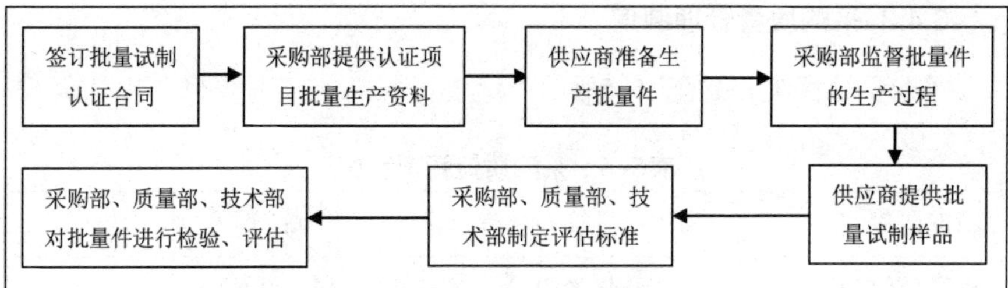

批量试制认证实施流程

第9条　价格认证。

采购部对批量试制通过的供应商报价进行分析，确定报价是否满足公司要求，并撰写“价格认证报告”，上交采购经理审核、总经理审批。

第四章　采购认证工作总结

第10条　签订采购供应合作规划。

采购经理根据采购认证结果，与供应商签订采购合作规划。在签订该规划时，采购经理应注意选用合适的采购策略、适宜的采购时机，以保证企业生产的稳定运作。

第11条　签订质量保证协议。

1. 采购部与通过认证的供应商签订“质量保证协议”。

2. “质量保证协议中”应约定供应物资需要达到的质量标准及违反协议应受到的处罚。

第12条　采购认证工作总结。

采购部在采购认证工作结束后的两个工作日内，编写“采购认证工作总结”，送交采购经理审核。

第五章　附则

第13条　本制度自执行之日起，原“采购认证实施办法”即日作废。

第14条　本制度由采购部制定，经采购总监审批通过后实施。

编制日期		审核日期		批准日期	
修改标记		修改处数		修改日期	

6.4.3 采购质量管理制度

采购质量管理制度如表6-5所示：

表6-5 采购质量管理制度

制度名称	采购质量管理制度			编　　号	
执行部门		监督部门		编修部门	

第一章 总则

第1条 目的。

为防止不合格物资投入生产为公司带来损失，保证采购物资的质量符合公司生产经营的需要，特制定本制度。

第2条 适用范围。

本制度适用于采购质量检验准备、实施及结果处理等工作。

第3条 权责划分。

1．采购部负责组织、实施采购质量检验，处理验收异常情况等。

2．质量部协助采购部对采购物资进行质量检验。

3．技术部负责向质量部解释相关技术标准并提供技术帮助。

4．对于较为特殊的物资或设备，采购部应组织技术部、质量部、设备使用部门一同参与质量检验。

第二章 采购质量检验准备

第4条 检验准备内容。

1．采购部在采购质量检验实施前，应做好以下准备工作：

（1）采购部应在供应商发货后，通知质量部及仓储部人员做好质量检验准备。

（2）采购部应准备好相应的检验材料，包括供应商的供货质量标准、种类、数量等。

2．质量部在采购质量检验实施前，应做好以下准备工作：

（1）准备质量检验所需的仪表仪器、卡量工具、计量器具等。

（2）为特殊物资检验配备相应的防护用品，制定应急防范措施。

表6-5（续）

（3）研究技术部提供的物资质量要求文件，如有疑问，及时咨询技术部。

3．仓储部做好物资搬运及质量检验合格后入库的准备工作，包括储位准备、垫垛材料准备、入库单据准备等。

第5条　物资接运。

1．采购部在供应商物资送达的地点进行收货。

2．仓储部选择适宜的装卸搬运方式将采购物资存放到指定验收区域。

第6条　核对凭证。

1．采购部核对请购清单与送货单是否相符。

2．采购部核对供应商提供的验收凭证是否齐全。

第三章　采购质量检验实施

第7条　数量及外观检验。

1．采购部清点物资数量，并检查物资包装是否完整，规格是否符合采购合同要求。

2．如发现采购数量不符或物资包装破损等问题，应及时上报采购经理。

第8条　组织质量检验。

1．采购部、质量部确定质量检验内容，选择适宜的检验方式、检验方法，协同采购物资使用部门对数量准确、外观完好的物资按照检验规范进行检验。

2．采购部应及时在采购物资的随货清单上盖好检验标识，明确检验工作的完成情况。

第9条　确定质量检验方式。

1．质量部确定验收方式，主要包括全检和抽检两种，对大批量到货一般使用抽检的方式。

2．质量部在使用抽样检验时，抽检比例、抽检水平等工作事宜如下所述：

（1）抽检比例一般受下列因素的影响。质检人员需根据物资的特性参考下列因素来确定抽检比例：

表6-5（续）

抽检比例确定因素

考虑因素	抽检比例
价值	采购物资单品价值越高，抽检比例越大，价值特别大的物资应全检
性质	采购物资性质不稳定的、质量易变化的，抽检比例应增加
气候条件	怕潮商品在雨季抽检比例应加大，怕冻商品在冬季抽检比例应加大
运输方式和工具	如运输条件较差，易于损坏物资，则应加大抽检比例
供应商信誉	对信誉好的供应商，应降低抽检比例，信誉差的供应商，应加大抽检比例
生产技术	生产技术水平高、物资质量稳定的供应商，抽检比例小

（2）抽检水平包括正常抽检、加严抽检、放宽抽检三种。质检人员应根据物资的特性和公司制定的检验说明书选择合适的抽检水平。

抽检水平一览表

抽检水平	抽检数量	实施条件
正常抽检	—	—
加严抽检	2× 正常抽检数量	● 连续五批物资检验中，有两批以上物资检验结果为不合格 ● 供应商的生产设备和生产技术较为落后，物资质量无法得到保证 ● 物资使用部门反馈的质量问题较多，上线退库率较高 ● 市场反馈的质量问题较多
放宽抽检	$\frac{1}{2}$× 正常抽检数量或免检	● 连续五批物资检验均合格 ● 供应商的生产设备和生产工艺较为完善，具有较强的质量保证能力 ● 在进货检验、生产过程及市场中很少发现配套零件不合格的现象

第10条　选择质量检验方法。

采购部、质量部可根据采购物资的特性，选择适宜的验收方法，本公司常用的验收方法如下所示：

表 6-5（续）

验收方法一览表

抽检方法	说明
视觉检验	在充足光线下，观察物资表面状况，检验是否发生结块、变色、脱落、破损、变形等情况
听觉检验	通过轻敲、搬运、摇动等产生的声音，判断物资质量
触觉检验	通过物资光滑度、细度、黏度、柔软度等判断物资质量
嗅觉、味觉检验	通过物资特有的气味、味道判断物资质量
仪器、技术检验	通过专业测试仪器鉴定物资质量，包括实验室鉴定、物理试验、化学分析、专家复检等
运行检验	对车辆、电器、生产设备等进行运行检验，确保其能够正常运行
抽样检验	抽取一定数量的物资作为样本进行检验

第11条　规范采购质量检验时限。

采购部应根据质量验收的数量、物资种类、检验负责程度，规定不同的检验时限。

1．对于检验工作量较小的物资，质量部应于收到物资后的____个工作日内完成检验工作。

2．对于需使用仪器检验或使用理化手段检验的物资，质量部应于收到物资后的____个工作日内完成检验工作。

3．对于需运行检验的物资，质量部应于收到物资后的____个工作日内完成检验工作。

第12条　出具质量检验报告、拟定验收报告。

1．质量检验工作完成后，由质量部出具“质量检验报告”，上交采购部审核。

2．采购部撰写“验收报告”，上交采购总监审核。

第四章　采购质量检验结果处理

第13条　采购质量检验处理。

采购部根据采购质量检验结果，对采购物资进行处理。

1．采购物资通过采购质量检验，由采购部加以标识后，通知仓储部办理

表6-5（续）

<table>
<tr><td colspan="6">入库手续。
2．采购质量检验异常的物资，具体情形及其相应的处理方式主要包括以下六种：
（1）供应商交货数量短缺，应由采购部联系供应商补交订单剩余物资。
（2）不符合公司质量标准且批次合格率不达标的物资，采购部联系供应商办理退货手续。
（3）供应商本次提供的物资未通过质量检验，但以往质量记录良好，物资使用部门不急于使用物资，采购部应要求供应商换货。
（4）物资未通过质量检验，但若经返工即可成为合格品，应由采购部联系供应商进行返工，并要求供应商对误工损失进行赔偿。
（5）物资检验不合格，但不影响最终产品质量，且物资使用部门急于使用该物资，采购部可进行特采，并要求供应商对公司损失进行赔偿。
（6）物资抽检不合格，但急需使用时，可由质量部对物资进行全检，接收合格品。
第14条　处理意见审核。
1．采购部与供应商沟通后，根据物资质量检验结果拟定处理意见，上报采购经理审核。
2．如采购部与供应商协商未达成一致的，应及时上报采购经理，由采购经理根据实际情况做出诉讼、仲裁的决策。
第15条　入库。
仓储部对质量检验合格的物资办理入库手续，填写入库单，并办理入库账务事宜。

第五章　附则
第16条　本制度由采购部制定，修改权、解释权归采购部所有。
第17条　本制度经总经理审批通过后，自____年____月____日起实施。</td></tr>
<tr><td>编制日期</td><td></td><td>审核日期</td><td></td><td>批准日期</td><td></td></tr>
<tr><td>修改标记</td><td></td><td>修改处数</td><td></td><td>修改日期</td><td></td></tr>
</table>

6.4.4 特采质量管理制度

特采质量管理制度如表6-6所示：

表6-6　特采质量管理制度

<table>
<tr><td>制度名称</td><td colspan="3">特采质量管理制度</td><td>编　号</td><td></td></tr>
<tr><td>执行部门</td><td></td><td>监督部门</td><td></td><td>编修部门</td><td></td></tr>
<tr><td colspan="6">第1条　为保证本公司产品质量，规范对不合格物资的特采使用事宜，使产品满足客户要求，特制定本制度。
第2条　本制度适用于因生产需要，对不合格物资提出特采让步接受申请、组织特采质量检验、作出特采决策等一系列工作。
第3条　各职能部门的权责划分如下：
1．采购部负责审核各部门提交的“特采申请”，及时与供应商沟通，组织、实施特采等工作。
2．质量部负责检验需特采的物资，并出具检验报告。
第4条　特采是指采购物资虽然不符合公司相关要求，但因生产急需且品质在可接受范围内时，公司决定让步接受物资的情况。
第5条　在满足以下条件时，采购部方可实施特采接受工作。
1．该不合格物资的使用不会影响产品的性能和安全。
2．不使用该不合格物资，会造成本公司大面积停产。
3．该不合格物资的使用，不会造成客户退货或投诉。
4．对该不合格物料有行之有效的加工、挑选方案。
第6条　质量部对采购物资进行抽检，判定物资是否符合公司要求，如不符合则判定为不合格品，如实填写“采购检验报告”。
第7条　生产部及其他物资使用部门，根据各部门实际情况决定是否需要特采。
1．如不需特采，则由采购部安排退货。
2．如需特采，且符合特采条件时，应立即填写“特采作业申请单”，经部门经理签字后，提交采购部。
第8条　采购部召集技术部、质量部、物资使用部门经理进行会审，分</td></tr>
</table>

表6-6（续）

析采购物资不合格原因、采购合同、技术工艺等问题，与会人员签署是否同意特采申请的处理意见。

第9条　采购部将会审意见提交总经理审批。如总经理批准特采，由采购部执行特采工作；如总经理未批准特采，由采购部安排退货。

第10条　采购部根据“采购检验报告”，确定特采执行方式，具体内容如下表所示。

特采执行方式

执行方式	说明
偏差接受	◆ 特采物资仅影响生产速度，不会造成产品最终品质不合格 ◆ 生产部估算超耗工时，经采购部审批后，由采购部与供应商交涉，达成协议后实施
全检	◆ 批量检验为不合格的物资，在其中每个物资质量状况不相关的情况下，经总经理批准特采后，质量部对其进行全数检验，对全检合格产品办理入库，投入使用 ◆ 全检耗费工时由采购部按程序确认后，送交财务部进行扣款处理
返工	◆ 整批不合格的物资，在公司有能力将其加工为合格品的情况下，生产部应事先向财务部申报费用，采购部就相关费用同供应商达成一致意见后投入生产 ◆ 加工费用由生产部通知财务部进行扣款处理

第11条　采购部文员负责整理特采执行过程中的文档、资料，及时进行归档。

第12条　本制度原则上每年更新一次，具体工作由采购部执行。

编制日期		审核日期		批准日期	
修改标记		修改处数		修改日期	

第7章　采购成本管理业务·流程·标准·制度

7.1 采购成本管理业务模型

7.1.1 采购成本管理业务工作导图

采购成本是指采购活动中发生的各项费用总和，主要包括订货成本、维持成本和缺货成本。采购成本管理是指采购部及其他职能部门对采购成本进行分析、核算、控制的过程。采购成本管理工作的实施有助于减少企业现金的流出，降低产品成本，提高企业经济效益。图7-1为采购成本管理工作在执行过程中的关键事项。

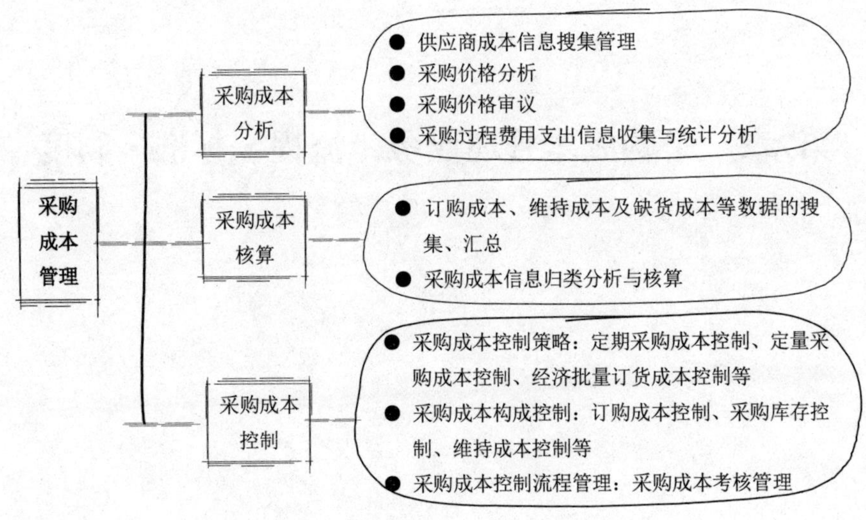

图7-1　采购成本管理业务工作导图

7.1.2 采购成本管理主要工作职责

采购部负责采购成本管理各项工作的组织、实施，财务部、质量部、仓储部、技术部负责协同采购部执行采购成本核算及采购成本控制工作的具体事宜。

明确采购成本管理主要工作职责有助于从整个采购过程着眼，最大限度地减少采购成本浪费，加强对采购成本的控制，提高企业经营利润水平。表7-1为企业各职能部门执行采购成本管理工作时的主要职责分工。

表7-1　采购成本管理工作职责说明表

工作职责	职责具体说明
采购成本分析	1. 采购部在收集供应商信息时，要注重搜集采购价格信息，并针对供应商的报价，向其发放“产品成本分析表”，做好供应商产品成本信息的收集工作 2. 采购部负责做好订购成本的分析，分析供应商使用材料的成本，研究可降低订购成本的各项方案，以便最大程度上降低采购物资的总成本 3. 采购部须组织做好采购实施环节的成本费用支出信息的收集，以便为采购成本分析工作做好信息支持与准备
采购成本核算	1.采购部在质量部、仓储部、人力资源部的协助、配合下，收集、汇总订购成本、维持成本、缺货成本等相关数据信息 2. 财务部根据采购成本费用发生的记录及相关数据信息进行采购成本核算，编制“采购成本核算表”
采购成本控制	1. 采购部协同财务部确定采购成本控制的具体工作目标 2. 在财务部、仓储部、质量部、技术部等相关部门的配合和协助下，采购部采用多种成本控制方法，加强对采购过程各个环节的成本控制 3. 采购部须配合人力资源部做好采购成本控制工作成果的评估，并组织落实人力资源制定的奖惩方案

7.2 采购成本管理流程

7.2.1 主要流程设计导图

根据采购成本管理业务工作导图，将关键点事项建立流程，方便企业及各级管理人员组织员工落实做好采购成本管理与控制的相关工作。主要流程导图如图7-2所示。

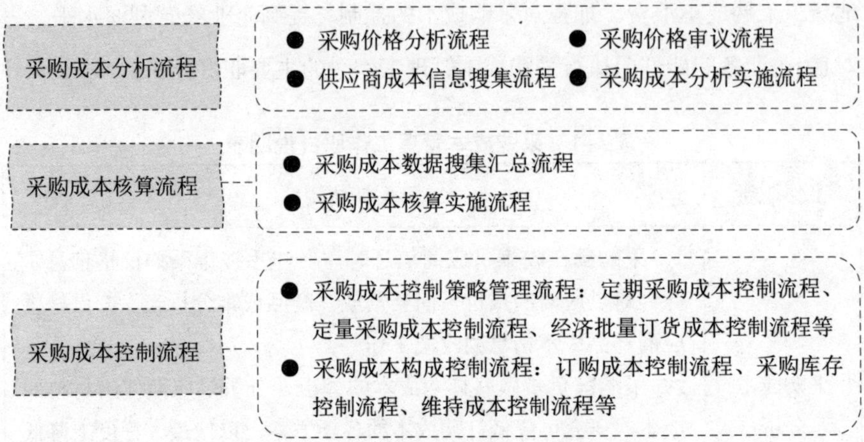

图7-2 采购成本管理主要流程设计导图

7.2.2 采购价格分析流程

采购价格分析流程如图7-3所示：

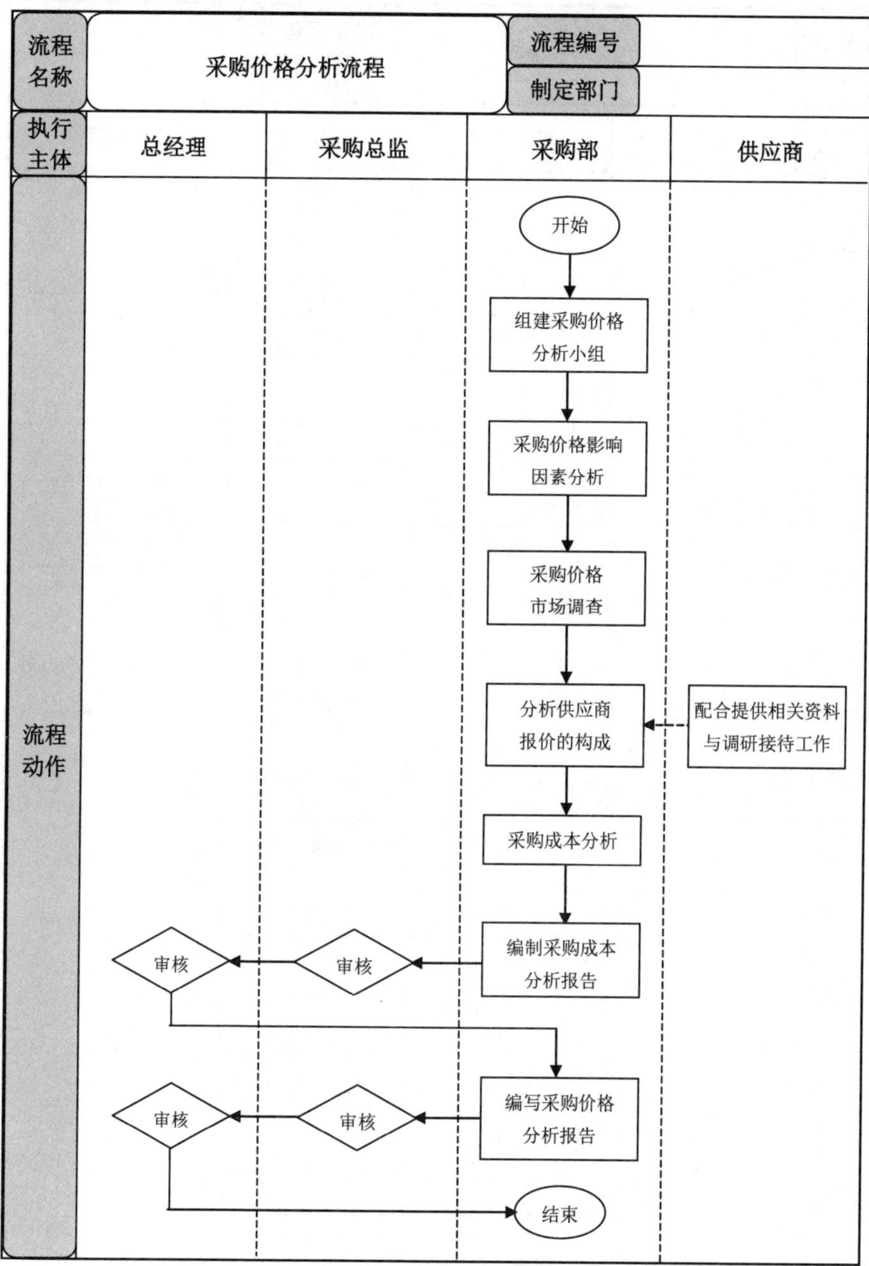

图7-3　采购价格分析流程

7.2.3 采购成本分析流程

采购成本分析流程如图7–4所示：

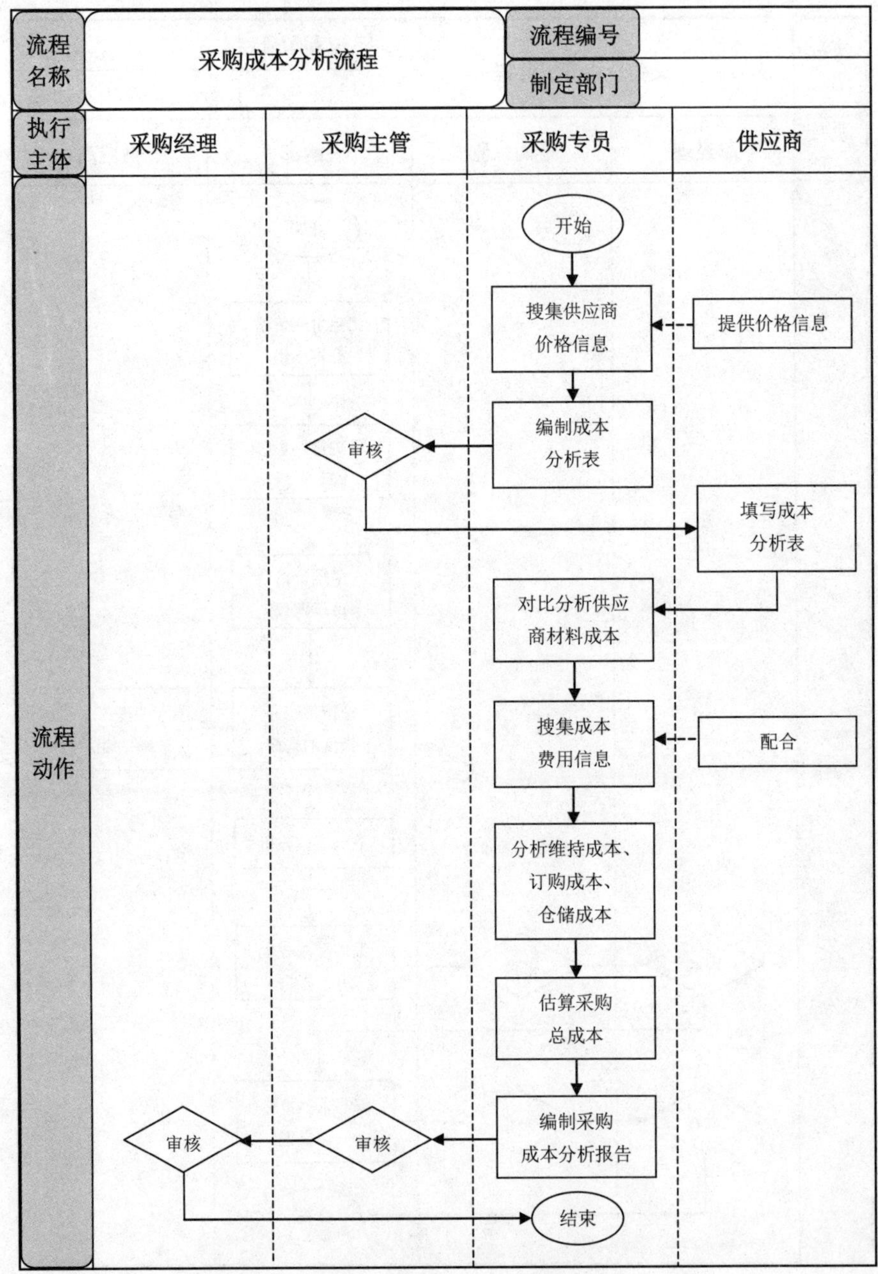

图7–4　采购成本分析流程

7.2.4 采购成本核算流程

采购成本核算流程如图7-5所示：

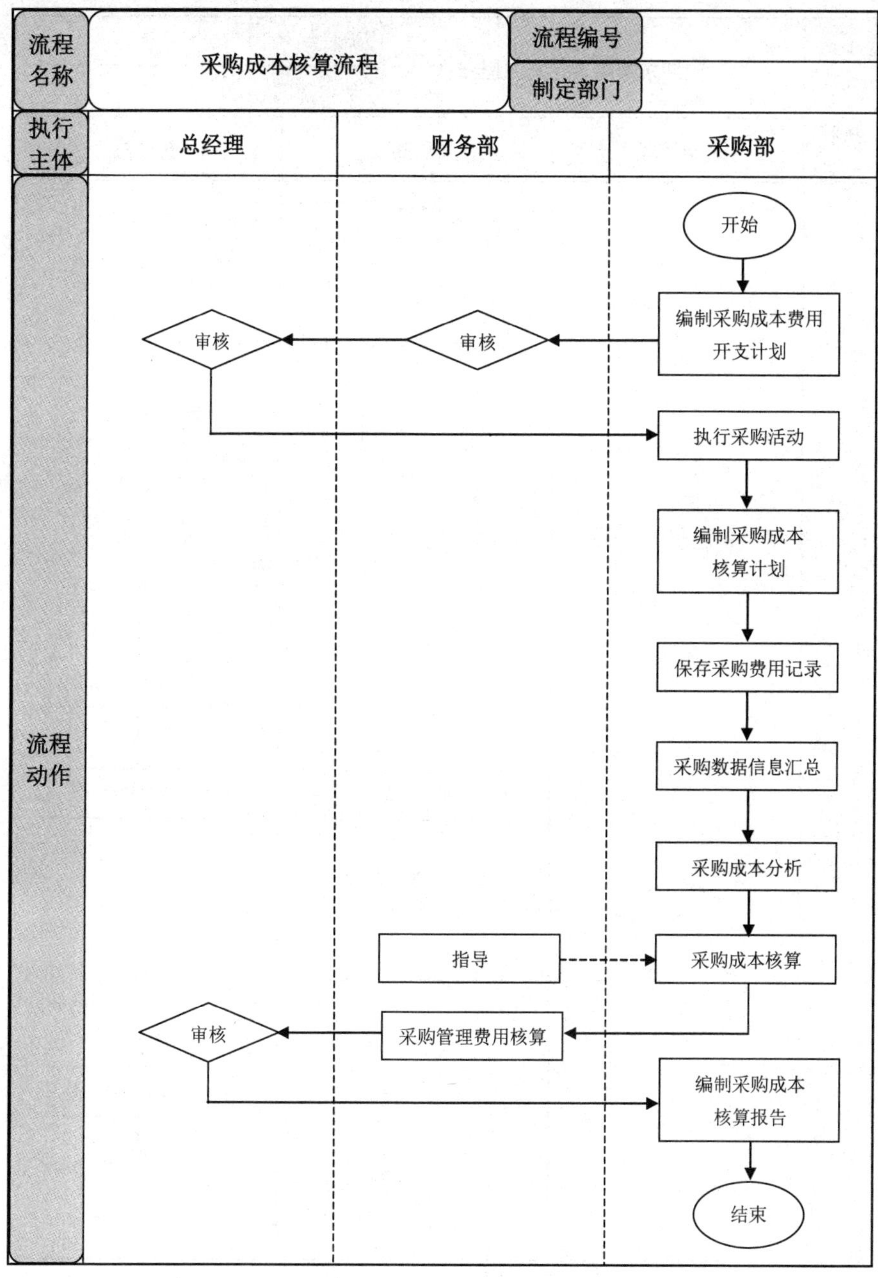

图7-5 采购成本核算流程

7.2.5 定期采购成本控制流程

定期采购成本控制流程如图7-6所示：

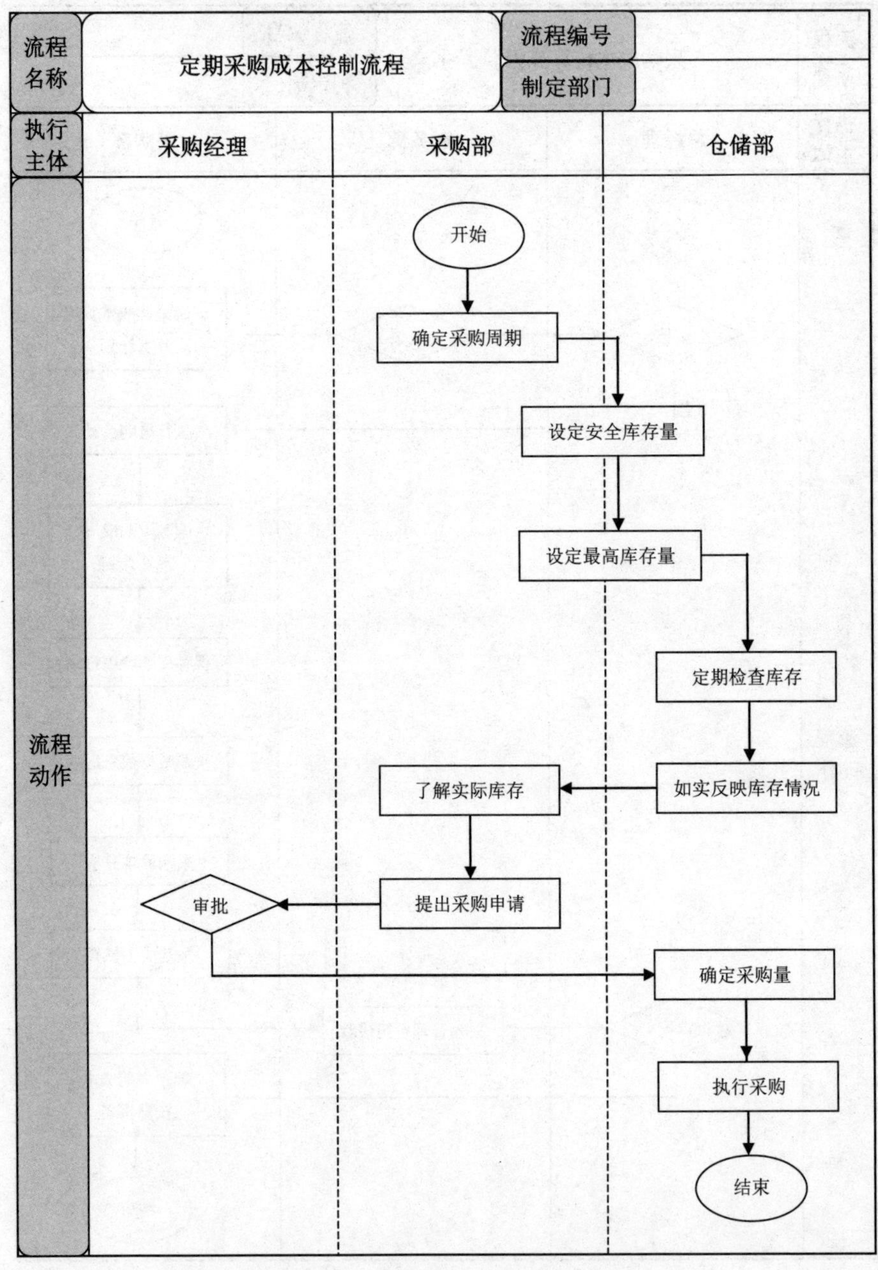

图7-6　定期采购成本控制流程

7.2.6 定量采购成本控制流程

定量采购成本控制流程如图7–7所示：

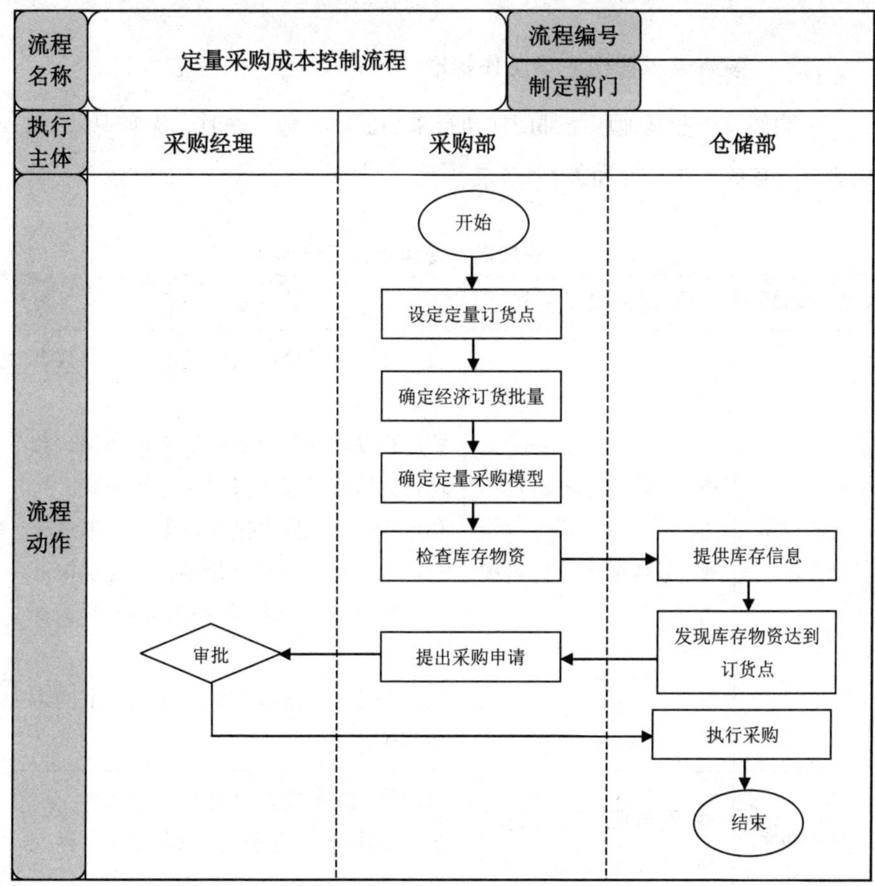

图7–7　定量采购成本控制流程

7.3 采购成本管理标准

7.3.1 采购成本管理业务工作标准

采购部及企业其他职能部门在执行采购成本管理工作时，应实现以下工作成果，具体工作标准如表7-2所示。

表7-2　采购成本管理业务工作标准

工作事项	工作依据与规范	工作成果或目标
采购成本分析	◆ 采购成本分析管理办法 ◆ 采购成本分析实施方案	(1) 采购成本分析表编制准确，无数据差错 (2) 采购成本分析报告编制得完善、合理，无数据差错，及时率达到100% (3) 对供应商报价进行科学、合理地分析，为与供应商进行价格谈判提供依据 (4) 供应商价格信息搜集及时率达到100% (5) 及时、全面搜集采购实施环节成本费用信息
采购成本核算	◆ 财务成本管理制度 ◆ 采购成本核算管理制度	(1) 采购成本核算准确率为100% (2) 核算所需的采购费用记录保存完好、无缺失 (3) 采购成本核算方法选择准确
采购成本控制	◆ 采购审批权限管理规定 ◆ 采购成本控制制度 ◆ 采购成本控制奖惩方案	(1) 选择适宜的采购批量、采购方式 (2) 合理控制订货量 (3) 规范采购审批权限 (4) 严格控制维持成本、订购成本、缺货成本 (5) 加强对采购价格的管控，在保证采购质量和服务水平的前提下，选择最低的采购价格

7.3.2 采购成本管理业务绩效标准

采购部协同人力资源部设定采购成本管理工作评估指标，有助于保证采购成本管控工作的执行效果，也为采购成本的考核工作提供标准和降低难度，表7–3为具体的绩效评估指标及标准。

表7–3 采购成本管理业务绩效标准

工作事项	评估指标	评估标准
采购成本分析	物资采购成本估算准确性	1. 物资采购成本预算金额与采购实际金额的差额超过____万元，本项不得分 2. 物资采购成本预算金额与采购实际金额的差额在____万～____万元，得____分 3. 物资采购成本预算金额与采购实际金额的差额低于____万元，得____分
	供应商价格信息搜集完整度	1. 供应商价格信息搜集完整度可对照“供应商报价分析表”中所需信息的缺失情况来考核 2. 对于供应商报价分析表所需的信息，每缺少一项信息，扣____分，扣至0分为止
采购成本核算	采购成本核算及时率	1. 采购成本核算及时率＝ $\frac{\text{在规定时间内完成的部门成本核算工作}}{\text{部门成本核算工作总量}}\times 100\%$ 2. 采购成本核算及时率应达到____%，每降低一个百分点，扣____分，及时率低于____%，本项不得分
	采购成本核算审核一次性通过率	1. 部门成本核算审核一次性通过率＝ $\frac{\text{一次性通过审核的部门成本核算数量}}{\text{部门成本核算总量}}\times 100\%$ 2. 部门成本核算审核一次性通过率应达到____%，每降低一个百分点，扣____分，及时率低于____%，本项不得分

表7-3（续）

采购成本控制	成本降低与预计目标差异额	1．成本降低与预计目标差异额 =（原单价 - 新单价）× 采购量 - 预计成本降低额 2．成本降低与预计目标差异额应达到____万元，每降低____万元，扣____分，及时率低于____万元，本项不得分
	采购价格管控规范性	1．未能事先确定采购物资底价，未选择适宜的采购方式、采购技巧和采购策略，本项不得分 2．能够根据采购物资底价审核供应商报价，但缺乏采购技巧，未能正确选择低成本采购策略，得____分 3．预先确定采购物资底价，并据此审核供应商报价，选择适宜的采购方式、采购技巧、采购策略，合理控制采购价格，本项得____分

7.4 采购成本管理制度

7.4.1 制度解决问题导图

采购成本管理制度的编制与实施，有助于解决企业在采购成本分析、采购成本核算、采购成本控制三方面的问题，具体内容如图7-8所示。

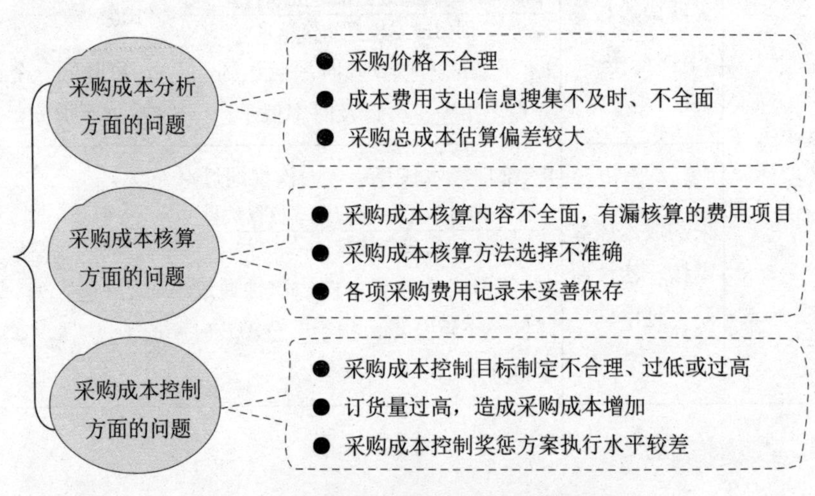

图7-8　采购成本管理制度解决问题导图

7.4.2 采购价格审议办法

采购价格审议办法如表7-4所示：

表7-4　采购价格审议办法

制度名称	采购价格审议办法			编　　号	
执行部门		监督部门		编修部门	

第1条　目的。

为降低公司采购价格，控制采购成本，提高公司经济效益，特制定本办法。

第2条　适用范围。

本办法适用于对采购价格审议的准备、实施及审议结果监督等工作。

第3条　组建采购价格审议小组。

采购部组建采购价格审议小组，小组成员来自财务部、生产部、质量部。

第4条　采购价格审议小组工作职责。

1．采购价格审议小组负责审议采购价格是否合理。

2．采购价格审议小组定期审查价格档案，并督促采购部做好重要物资价格档案更新工作。

3．督促采购部做好审议结果执行工作，在保证采购质量的同时降低采购成本。

第5条　采购价格审议流程。

1．采购部制定采购价格审议方案，报经采购经理批准后执行。

2．采购部根据议价结果编制“采购报价单”，经采购经理签字后，提交财务部。

3．财务部根据“采购报价单”和采购底价，填写“采购价格审议表”，并将“采购报价单”“采购价格审议表”提交至采购价格审议小组，作为审议工具之一。

4．采购价格审议小组应在审议工作开始前确定审议方法，主要包括资料查阅法、现场盘查法、网上查询法等。

5．采购价格审议小组在了解采购物资基本信息、底价、可替代物资情

况、安全库存、库存成本等情况的基础上，根据“采购报价单”“采购价格审议表”中提供的细信息，了解供应商供货信息。 6．采购价格审议小组通过调查、分析以上信息，讨论物资采购价格的合理性，最终确定审议结果。 第6条　采购价格档案审议。 采购价格审议小组定期对采购价格档案进行检查，需检查的内容如下所示： 1．检查采购间隔档案的分类情况、完整情况。 2．检查价格档案的更新情况。 3．检查物资档案价格是否超过底价。 第7条　审议结果执行情况监督。 采购部根据审议结果，办理采购或重新与供应商议价。 第8条　本办法经总经理审批通过后实施。					
编制日期		审核日期		批准日期	
修改标记		修改处数		修改日期	

7.4.3 采购成本控制制度

采购成本控制制度如表7–5所示：

表7–5　采购成本控制制度

制度名称	采购成本控制制度			编　　号	
执行部门		监督部门		编修部门	
第一章　总则 第1条　目的。 为加强对采购成本的控制，降低公司成本支出，提高公司市场竞争力，特制定本制度。 第2条　适用范围。 本制度适用于采购成本控制目标的制订、采购成本控制的实施、采购成本控制评估与奖励等工作。					

第3条　权责划分。

1．采购部负责采购成本控制工作的组织、实施、监督工作。

2．财务部负责审批采购预算、确定采购成本控制目标、采购价格管控、采购成本核算等工作。

第4条　术语解释。

采购成本包括维持成本、订购成本、缺货成本，具体界定说明如下：

1．维持成本是指维持物资原有状态而产生的费用支出，包括：资金成本、管理费用、保险费用、折旧费用、仓储成本、运输成本等。

2．订购成本是指从发出订单到收到物资整个过程中所产生的费用支出。

3．缺货成本是指因物资供应中断造成的损失。

第二章　确定采购成本控制目标

第5条　采购计划的制订与审批。

采购部根据各部门提交的采购申请、物资需求计划、物资库存情况制订物资采购计划，上报采购经理审核、总经理审批。

第6条　采购预算的制定与审批。

采购部根据采购计划编制采购预算，并将采购预算上报财务部。财务部进行采购预算试算平衡，经总经理审批通过后，采购部执行采购预算。

第7条　确定采购成本控制目标。

财务部制定采购成本控制目标，作为是否同意采购部提交的“采购申请”的依据之一，报经财务经理审核、总经理审批。

第三章　采购成本控制实施

第8条　采购订货量控制。

1．采购部应审查各部门请购单中的请购数量是否在其控制限额的范围内。

2．对于需大量采购的物资，采购部应先分析采购数量对采购成本的影响。

3．仓储部应填写“物资库存日报表”，及时向采购部反馈库存信息。

4．采购部搜集未达物资信息，填写“未达物资日报表”，并对订单信息进行实时跟踪。

5．采购部通过现有库存量、物资安全库存量、未达物资信息、已分配物资量、货源情况、物资需求量等因素，通过运用定量订货或定期订货等方法，确定最佳物资订货量和订货周期。

第9条　采购价格管控。

1．采购部经理应根据事先核定的物资采购底价审核供应商报价。

2．采购部根据公司经营情况、业务需求选择适宜的采购方式，降低公司采购成本。

3．采购部、财务部事先采用成本加成法、市价法、投资报酬率法等方法确定物资价格，以便精准确定底价。

（1）物资价格包括厂价、出厂价、现金价、净价、毛价、合约价、现货价等。

（2）物资价格的计算公式为：物资价格=物资生产制造所需材料×所需材料的单价+物资生产制造所需的标准时间×（单位时间工资率+单位时间费用）+企业预期利润。

4．采购部确定采购物资定价流程，主要包括询价、比价、估价和议价环节，具体内容如下图所示：

询价：采购部通过多种渠道搜集物资价格信息

比价：采购部通过供应商报价、物资规格和品质等信息，建立比价体系

估价：采购部、财务部、技术部估算物资底价

议价：采购部根据底价、市场行情、采购批量等信息，议定采购价格

确定采购物资定价流程

5．议价小于或等于采购底价时，采购部即可执行采购活动；议价高于采购底价时，应由财务部审核、总经理审批后，采购部方可执行采购活动。

6．采购物资价格若低于采购底价，公司应给予采购人员一定比例奖励。

第10条　订单下达控制。

表 7-5（续）

1．采购部应对订单进行编号，并在发出订单前，确认订单的有效性和准确性。

2．采购部在向供应商发出订单前，应复查供应商的主要文件资料、价格、数量等信息。

3．订购手续完成后，应填写订单，订单一式三联。

第11条　供应商日常管控。

1．公司鼓励供应商早期参与，选择让与公司合作较为密切且具有较高信誉度的供应商参与产品设计，实现降低采购成本的目的。

2．采购部在与供应商沟通的过程中，应协助供应商不断完善生产技术，促进采购成本的下降。

3．实现供应商管理信息化，降低管理成本。

4．与供应商建立长期合作关系，节约合同签订成本。

5．采购部鼓励供应商之间的良性竞争。

6．采购部在于供应商签订订单时，应明确包装和运输要求。

7．采购部可适当延长向供应商的付款时间，为公司争取更多的现金流。

第四章　采购成本控制评估与奖惩

第12条　采购成本控制评估。

财务部需组织采购部、人力资源部共同对采购成本控制情况进行评估。

1．财务部对采购成本进行核算，包括：订购成本核算、维持成本核算和缺货成本核算。

2．财务部将核算后的采购成本与预先确定的采购成本控制目标进行对比，确认采购成本是否在目标控制的范围内。

3．采购部向人力资源部反馈成本控制执行情况，并提供相应的文档、资料。

第13条　实施奖惩。

人力资源部、采购部、财务部根据采购成本控制执行情况及采购成本对比结果，制定采购成本控制奖惩方案，方案经人力资源经理、采购经理、财务经理审批通过后实施。

表 7-5（续）

第五章　附则					
第14条　本制度由采购部负责制定与修订工作，其解释权归本公司所有。 第15条　本规定报总经理审定后，自____年____月____日起实施。					
编制日期		审核日期		批准日期	
修改标记		修改处数		修改日期	

7.4.4 订购成本控制办法

订购成本控制办法如表7-6所示：

表7-6　订购成本控制办法

制度名称	订购成本控制办法			编　　号	
执行部门		监督部门		编修部门	
第一章　总则 第1条　目的。 为控制因采购工作而展开各种活动所支付的费用，降低采购成本，特制定本办法。 第2条　适用范围。 本办法适用于对请购过程、采购过程、物资入库过程、采购费用报销过程中的成本控制工作。 第3条　权责划分。 1．采购部负责统筹订购成本控制工作，包括审批采购申请、确定供应商及采购过程监督等。 2．财务部负责审核采购申请，按采购合同审批、支付物资采购款项、核算订购成本等工作。 第4条　术语解释。 订购成本是指公司为实现采购而开展各种活动所支付的费用，主要包括固定成本与变动成本。 1．固定成本是指采购部日常工作运转所花费的支出，属于采购部的基					

本支出。

2．变动成本包括请购手续成本、采购执行成本、进货验收成本、进库成本和其他成本等。

变动成本一览表

变动成本分类	相关活动	发生的费用明细
请购手续成本	编制采购申请	请购人工成本 请购工作所需办公用品费用
	审批采购申请	审查、审批费用
采购执行成本	筛选、评估供应商	采购物资定价费用
	填写采购订单、收货单、验收单	采购通信费用、办公费用
进货验收成本	物资质量检验	质量检验人工费用、交通费用 检验所需仪器、仪表、实验室费用
进库成本	物资装卸、搬运、入库填写入库单	物资装卸、搬运人工费用 装卸所需车辆费用

第二章　请购过程控制

第5条　请购授权审批控制。

为降低请购过程成本，采购部、财务部及公司各级领导应明确审批人对请购的批准权限和批准方式，降低相关成本支出。

请购审批权限

采购项目	采购金额	请购程序			
		申请人	初审人	复核人	审批人
计划内采购	____万元以下	采购专员	采购经理	财务主管	——
	____万元以上	采购专员	采购总监	财务经理	总经理
计划外采购	——	采购专员	采购总监	财务经理	总经理

第6条　优化请购审批流程。

1．请购部门根据工作需要填写请购单后，经部门负责人签字，仓储部

表7-6（续）

核实库存状态后，送至采购部。

2．采购部汇总各部门提交的请购单后，填写“采购申请单”，同时编制“采购预算”，并根据是否为计划内采购、采购金额等因素，报采购经理或采购总监审核。

2．采购经理或采购总监收到“采购申请单”“采购预算”并审核通过后，交财务部审核。

3．计划内采购且采购金额在____万元以下，经财务部审核通过后即可由采购部执行采购；计划内采购且采购金额在____万元以上及计划外采购，经财务部审核通过后，需经总经理审批后方可执行采购。

第三章　采购过程控制

第7条　采购方式控制。

1．采购部应根据采购需求选取适宜的采购方式，避免因采购方式选择失误导致的订购成本增加。

2．如未按照以下适用范围选择采购方式，采购部自行承担相应损失。

采购方式控制一览表

采购方式	适用范围
招标采购	大宗物资采购
议价采购	一般物资采购
定价收购	采购物资数量巨大，几家供应商无法满足公司需求
公开市场采购	需在公开交易市场或拍卖场中进行的大宗物资采购

第8条　优化采购流程。

采购部应严格按照公司采购流程要求执行采购工作，及时做好与总经理办公室、财务部、质检部、仓储部、请购部门的沟通工作。

第9条　供应商选择控制。

1．采购部应建立完善的供应商档案，并对供应商档案实施信息化管理，定期对供应商档案进行更新，保证档案的时效性。

2．采购部协同质检部、生产部、财务部建立严格的供应商准入制度，加强对供应商的认证管理。

第10条　采购价格控制。

1．采购部应对所有采购物资建立价格档案，并根据市场情况及时对价格档案进行更新。

（1）采购部收到供应商的报价后应立即与采购价格方案中的价格进行分析。

（2）采购价格不能超过采购价格档案中的价格水平，如因故超过，需列明详细原因。

2．采购部、财务部、生产部、质检部每季度搜集重要物资的价格信息，对价格档案进行及时更新。

3．财务部根据市场变化、产品标准等因素制定采购底价，督促采购部不断降低采购价格。

第11条　物资验收、入库控制。

1．采购部、质检部、仓储部应严格按照物资入库规范进行操作，提高质检人员工作效率及物资入库效率。

2．如因质检人员违规操作造成的验收仪器、设备损坏，由质检人员承担相应损失。

3．如因仓储部员工暴力装卸造成的物资损坏、搬运设备损坏，由仓储人员承担相应损失。

第四章　订购成本控制考核与奖惩

第12条　订购成本控制评估。

1．采购部协同人力资源部对订购成本控制的各个环节进行评估。

2．评估内容可包括请购报批出错率、采购失误次数、请购及时率、采购滞后情况、采购预算执行情况、采购实际价格与定价的差额、物资验收准确率、入库时间等。

第13条　订购成本控制奖惩。

采购部协同人力资源部制订奖惩方案，对相关责任人实施奖惩。

表 7-6（续）

第五章　附则					
第14条　本办法由采购部负责制定与解释工作，报总经办审议通过后，自颁布之日起实施。 第15条　本办法原有规定与本制度定相抵触时，均以本制度为准。					
编制日期		审核日期		批准日期	
修改标记		修改处数		修改日期	

7.4.5 采购库存控制制度

采购库存控制制度如表7-7所示：

表7-7　采购库存控制制度

制度名称	采购库存控制制度			编　　号	
执行部门		监督部门		编修部门	
第1条　目的。 为提高公司库存管理的科学性、有效性，降低库存管理成本，特制定本制度。 第2条　适用范围。 本制度适用于公司库存物资分类、请购点设定、物资保养等各项采购库存控制工作。 第3条　权责划分。 1．采购部负责统筹采购库存控制工作。 2．仓储部协同采购部、财务部负责各项采购库存控制工作的执行，包括预测库存量、设置库存量基准、库存分类、库存物资养护、库存物资盘点等工作。 3．财务部负责核算库存费用、采购费用、生产成本、采购成本，为库存量、请购点、经济订货批量的计算提供依据。 第4条　库存量预测。 仓储部配合采购部根据物资库存实时情况、上年度物资月平均用量，结					

合本年度生产计划，采用定性预测法或定量预测法预估物资月用量。

1．定性预测法是指仓储部、采购部与具有多年工作经验的生产人员、销售人员及各部门管理人员沟通，进而做出库存量预测。

2．定量预测法主要包括时间序列法和计量经济模型法。

第5条　库存成本定期统计分析。

仓储部协同财务部每月进行一次库存成本统计分析。

1．应用成本时间比较分析法，将本月与上月库存成本进行比较、本年度与上年度同期库存成本进行比较，分析库存成本的变化趋势及其原因。

2．应用成本结构比较法，对各部门、各班组的库存成本进行比较分析，根据变动趋势总结经验和教训。

第6条　库存成本分层控制。

仓储部协同采购部、生产部、销售部对库存成本进行分层控制，具体控制内容如下表所示。

库存成本分层控制

分层控制内容	说明
库存持有成本控制	通过对库存物资的分析，确定库存的规模、周转率、分布情况，减少持有成本
库存订货成本控制	确定订货方式、订货量、订货周期、制定库存的再订货点
库存缺货成本控制	准确预测物资需求量，避免因缺货造成的损失

第7条　库存分类控制。

仓储部协同采购部采用ABC法对库存物资进行分类管理，即将库存物资按照重要程度由高至低的顺序分为A、B、C三类，针对不同类别的物资制定不同的控制策略，具体内容如下图所示。

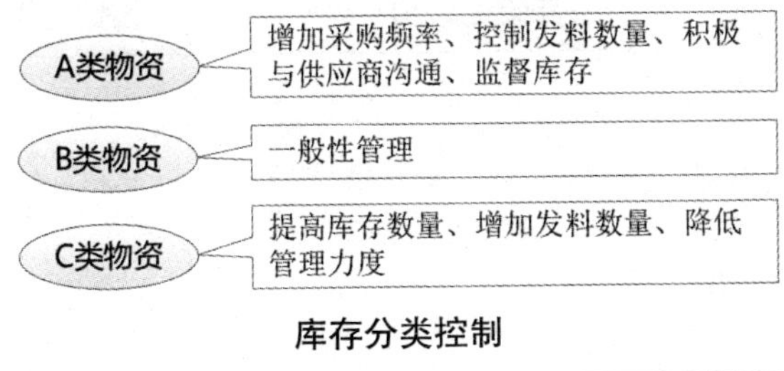

库存分类控制

表 7-7（续）

<table>
<tr><td colspan="6">

第8条　设置安全库存量。

1．仓储部应在采购部的协助下设定物资安全库存量，保证物资的库存量在安全库存量以上，减少缺货成本。

2．安全库存量的计算公式为：安全库存量=（生产周期+运输时间+质量检验时间）×单位时间物资使用量+最低库存量。

第9条　设定请购点。

仓储部、采购部通过分析历史数据，确定物资库存维持费用，并根据物资库存维持费用、物资需求水平、安全库存量等因素设置请购点。

第10条　设定订货批量。

仓储部、采购部根据采购物资价格、库存订购成本、库存保管费用等因素，采用经济订货批量模型确定最经济的订货周期和订货批量。

第11条　制订物资保养计划。

仓储部应定期制定物资保养计划，在计划中应列明以下保养措施：

1．仓储部应了解常见物资的安全湿度和温度，熟悉仓库内外湿度、温度的变化规律，及时进行温度、湿度调节。

2．仓储部应了解物资是否易于霉变，掌握预防霉变的有效措施，做好翻面、通风、喷洒杀虫剂等工作。

第12条　废、滞料及时处理。

1．仓储部定期对库存物资进行盘点，避免物资损失。

2．仓储部定期处理库存时间较长且失去库存价值的物资，以节约库存成本。

第13条　本制度由采购部负责制定、修订，其解释权归采购部所有。

</td></tr>
<tr><td>编制日期</td><td></td><td>审核日期</td><td></td><td>批准日期</td><td></td></tr>
<tr><td>修改标记</td><td></td><td>修改处数</td><td></td><td>修改日期</td><td></td></tr>
</table>

第8章　采购结算管理业务·流程·标准·制度

8.1 采购结算管理业务模型

8.1.1 采购结算管理业务工作导图

采购结算是指企业按照采购合同的规定，及时向供应商支付货款的过程。按照以下业务内容执行采购结算管理工作，有助于规避在执行过程中出现的付款审核不严格、付款金额错误、付款方式不恰当等问题，具体内容如图8-1所示。

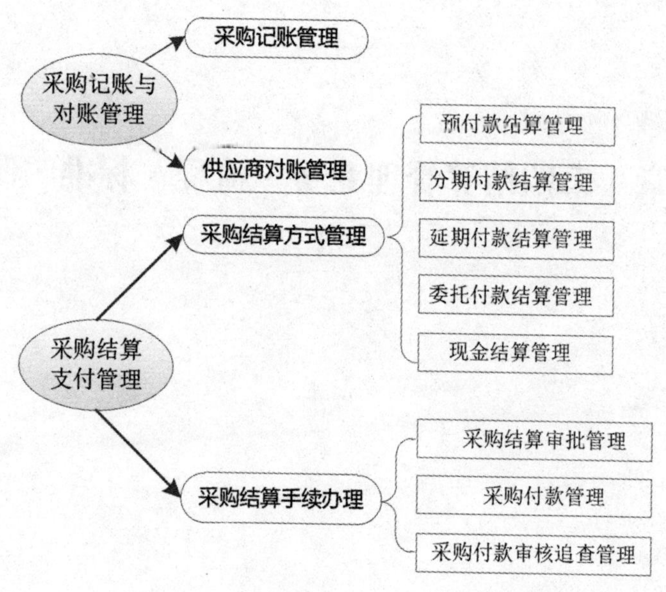

图8-1　采购结算管理业务工作导图

8.1.2 采购结算管理主要工作职责

采购部统筹管理采购结算工作，包括采购记账、与供应商协商确定结算方法、提交结算单据等。财务部协助采购部负责与供应商对账，向供应商支付货款等工作。

明确采购结算管理的工作职责有助于规范企业采购及货币资金支付行

为，减少采购结算失误的次数，表8-1为采购部及其他相关职能部门在执行采购结算管理中的主要职责分工。

表8-1　采购结算管理主要工作职责说明表

工作职责	职责具体说明
采购记账与对账管理	1. 财务部负责填制记账凭证，据此登记各类明细分类账，并于月末填制汇总账目，并根据登记的总账填报采购账簿 2. 采购部负责汇总、核对供应商提交的对账明细资料 3. 财务部核对供应商对账单与财务记账数是否相符，如存在不相符现象，应及时查明原因，双方达成一致后，财务部编制应付账款汇总表
采购结算支付管理	1. 采购部在与供应商谈判时，双方需协商确定具体的结算方式 2. 每有一笔采购订单执行后，采购部应及时向财务部提供结算单据，申请结算 2. 财务部审核应付账款表、付款申请单，核对付款凭证，并根据事先协商好的付款方式向供应商支付货款

8.2 采购结算管理流程

8.2.1 主要流程设计导图

采购结算管理流程按照并列式结构，可分为采购记账与对账管理流程和采购结算支付管理流程两个主要流程，具体内容如图8-2所示。

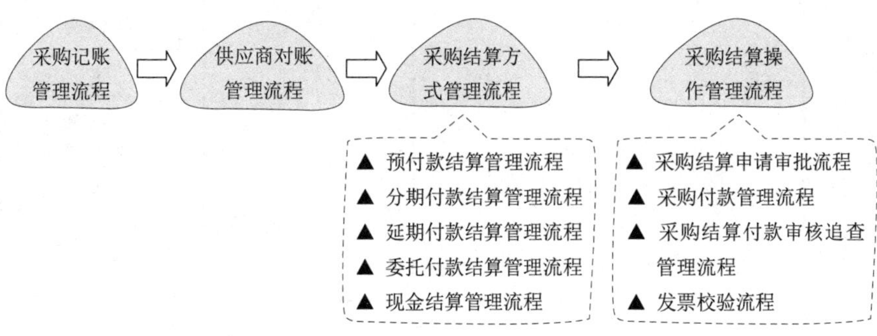

图8-2　采购结算管理主要流程设计导图

8.2.2 采购付款申请审批流程

采购付款申请审批流程如图8-3所示：

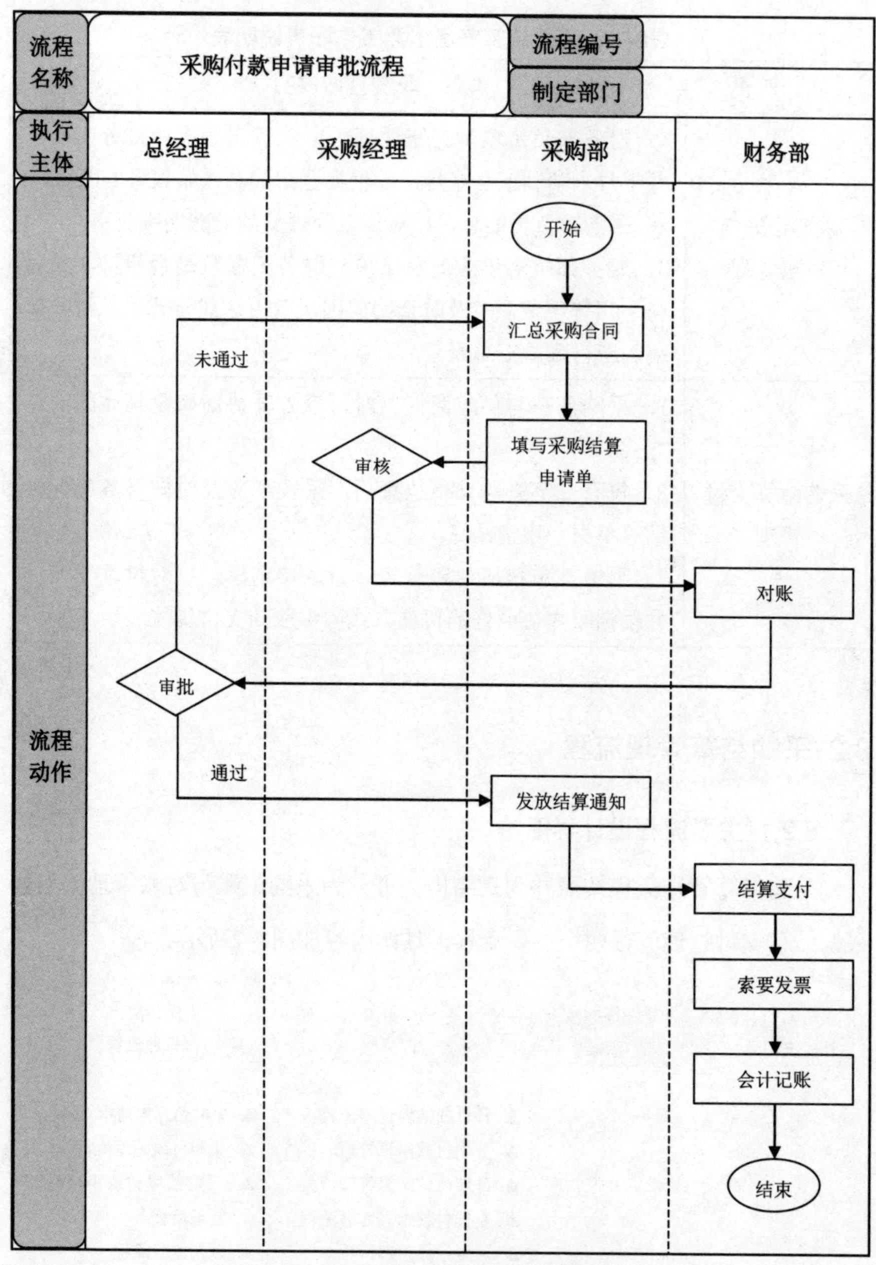

图8-3　采购付款申请审批流程

8.2.3 采购结算对账实施流程

采购结算对账实施流程如图8-4所示：

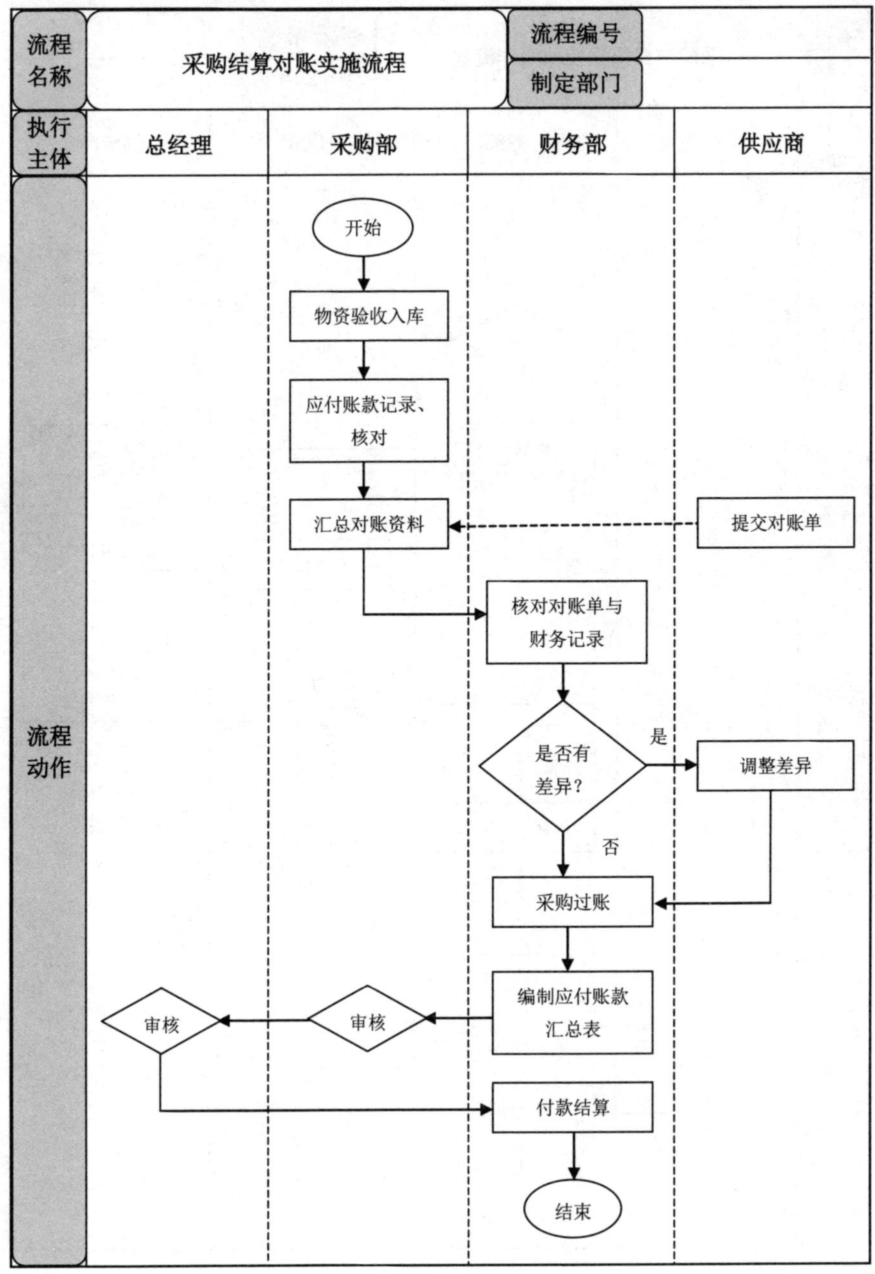

图8-4　采购结算对账实施流程

8.2.4 采购结算票据校验流程

采购结算票据校验流程如图8-5所示：

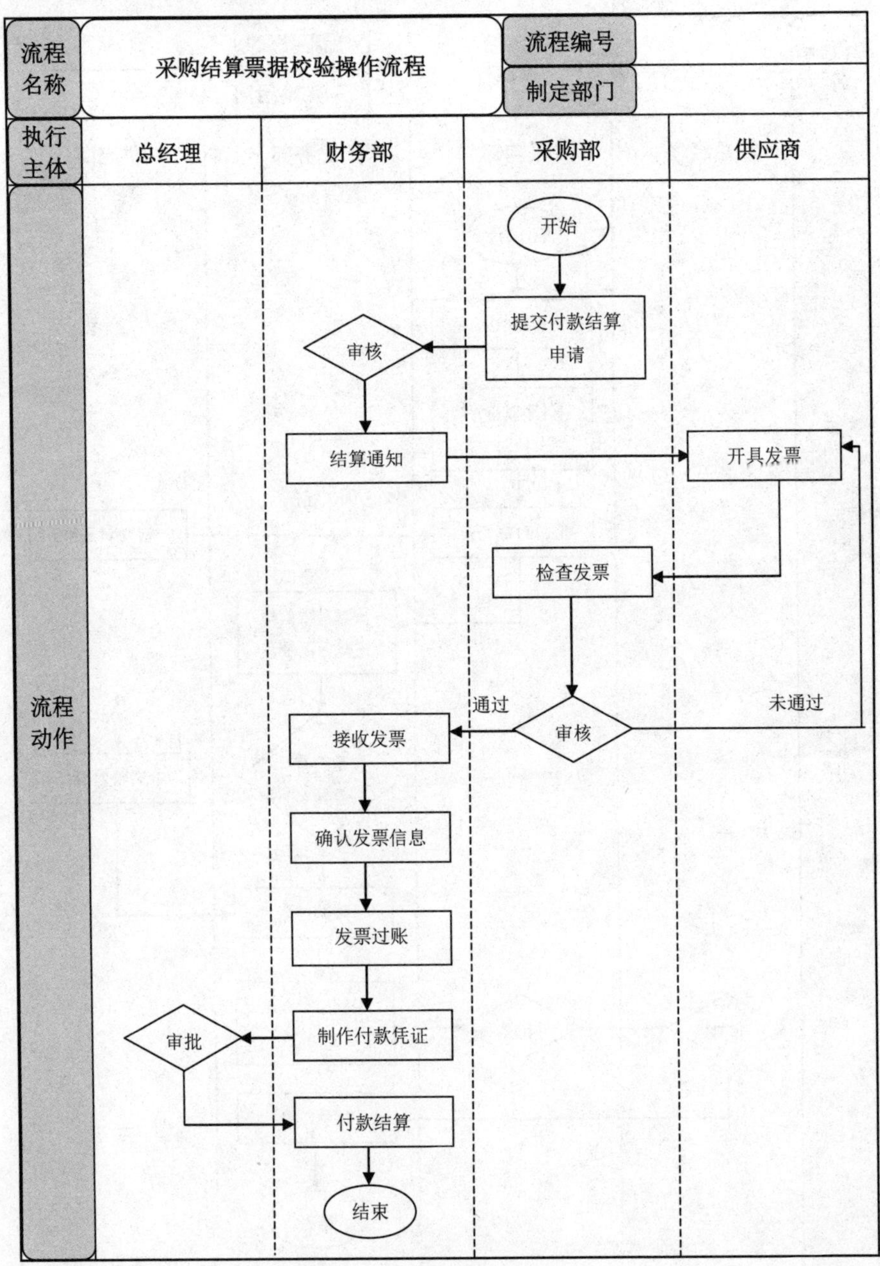

图8-5 采购结算票据校验流程

8.3 采购结算管理标准

8.3.1 采购结算管理业务工作标准

为顺利地达成上述业务绩效标准，采购部经理应在人力资源部的协助下，拟定采购结算管理业务的工作标准，具体内容如表8-2所示。

表8-2　采购结算管理业务工作标准

工作事项	工作依据与规范	工作成果或目标
采购记账与对账管理	◆ 采购对账管理制度	(1) 及时对供应商提供的发票进行校验 (2) 对账内容全面、对账过程规范 (3) 采购账簿编制及时，书写工整、格式规范
采购结算支付管理	◆ 采购结算审批规定 ◆ 采购结算支付制度 ◆ 应付账款管理办法	(1) 应付账款单填写准确率达到100% (2) 结算付款实施过程规范、无误，票据齐全 (3) 付款申请审核结果准确、审批过程规范 (4) 及时通知供应商结款 (5) 选取适宜的采购结算方式，控制采购成本的同时，确保结算金额正确 (6) 加强对付款的审核追查，确保已付款对应的物资已到企业仓库或在企业掌握中

8.3.2 采购结算管理业务绩效标准

在执行采购结算事项时，采购部应在人力资源部的协助下，制定相关评估标准和评估指标，以便引导结算手续办理人员高效能地执行结算工作。具体内容如表8-3所示。

表8-3　采购结算管理业务绩效标准

工作事项	评估指标	评估标准
采购记账与对账管理	对账异常率	1. 对账异常率 = $\frac{\text{对账异常情况出现次数}}{\text{对账总次数}}\times 100\%$ 2. 对账异常率应低于____%，每提高____%，扣除责任人____分，对账异常率高于____%，本项不得分
	供应商对账及时率	1. 供应商对账及时率 = $\frac{\text{在规定时间内完成的对账工作}}{\text{应完成的对账工作总量}}\times 100\%$ 2. 供应商对账及时率应达到____%，每降低____%，扣除责任人____分，及时率低于____%，本项不得分
采购结算支付管理	付款申请填写及时率	1. 付款申请填写及时率 = $\frac{\text{在规定时间内填写的付款申请量}}{\text{应填写的付款申请总量}}\times 100\%$ 2. 付款申请填写及时率应达到____%，每降低____%，扣除责任人____分，及时率低于____%，本项不得分
	采购结算审核规范性	采购部应协同财务部对搜集的结算票据、发票、结算付款手续进行审核，每少审核一项，扣____分，少审核 2 ～ 3 项，本项不得分
	重复结款所占比重	1. 重复结款所占比重 = $\frac{\text{重复结款次数}}{\text{结款总次数}}\times 100\%$ 2. 重复结款所占比重控制为 0，如发生重复结款事项，责任人当期考核即得 0 分

8.4 采购结算管理制度

8.4.1 制度解决问题导图

采购部制定采购结算管理制度有助于解决在采购记账与对账方面、采购结算支付方面存在的以下问题，具体内容如图8-6所示。

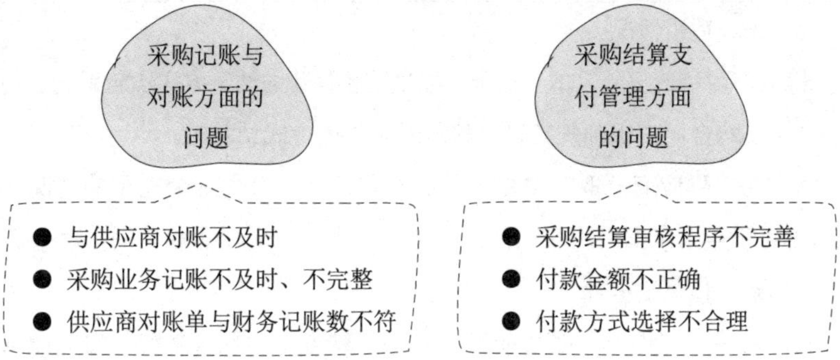

图8-6　采购结算管理制度解决问题导图

8.4.2 预付款结算管理制度

预付款结算管理制度如表8-4所示：

表8-4　预付款结算管理制度

制度名称	预付款结算管理制度			编　号	
执行部门		监督部门		编修部门	

第1条　目的。

为规范公司采购账款预付工作，减少采购风险，避免供应商对公司资金的占压，特制定本制度。

第2条　适用范围。

本制度适用于预付款的申请、审批、执行等工作。

第3条　权责划分。

1. 采购部负责与供应商协商付款方式，提出预付款申请，建立预付款台账。

2. 采购部负责审核采购部提交的预付款申请，向供应商支付预付款，并做好预付款的定期检查工作。

第4条　术语解释。

预付款是指公司按照采购合同的规定，向供应商预先支付部分款项，以保证采购物资的正常供应。

表8-4（续）

第5条　适用情况。

除以下两种情况外，本公司不得以采购预付款的结算方式实施采购活动。

1．采购合同中明确规定以“先款后货”的方式结算时。

2．为向供应商争取获得更高的折扣优惠，在公司资金充裕的情况下，采购部可于申请审批后采取预付款的结算方式。

第6条　预付款审批。

1．采购部与供应商经协商确定采购付款方式为预付采购款后，经采购部经理审核、总经理审批通过后签订采购合同。

2．采购合同签订后，采购部下达采购订单，并根据采购订单的预算情况计算预付款额，填写“预付款申请书”，上报采购部经理、财务部经理审核、总经理审批。

第7条　付款。

1．预付款申请审批通过后，财务部将预付的货款汇入供应商账户，保存汇款或付款凭证，通知供应商查收预付的款项并索取发票。

2．采购物资质量验收后，采购部根据合同规定，要求供应商开具票据，经财务部校验票据无误后，填写余款的“应付款清单”，上报采购部经理、财务部经理审核、总经理审批。

3．“应付款清单”经审批通过后，财务部按照相应程序补充付款，保存付款凭证，采购部通知供应商查收货款并索取发票。

第8条　会计记录存档。

1．财务部对发票校验后，进行会计记录、做账。

2．财务部做好相关单据的存档保管工作。

第9条　建立预付款台账。

采购部应根据以下三项要求，建立预付款台账：

1．预付款台账应按照采购物资、供应商名称进行分类登记。

2．当供应商有预付款尾款未清时，采购部应按照货款支出的先后顺序填列支付金额、余额及付款日期等内容。

3．采购预付款台账中登记的数据应与财务部的相关数据保存一致，不得扣除已到货但未入库的物资款项。

<table>
<tr><td colspan="6">第10条　预付款检查管理。
财务部应定期对预付款账户的以下内容进行核对、检查，追查在预付款操作过程中出现的疑点。
1．核对付款业务是否有对应的采购合同，审查采购合同上规定的预付款额度是否与预付款实际额度相符。
2．查阅预付款总额和明细账，查看余额是否相符、正确，必要时可查阅原始凭证和记账凭证。
3．审查预付款业务是否存在虚假行为。
4．审查采购物资的入库记录，查看是否有重复付款的现象。
5．审查预付款明细账的账龄长短及相关的原始凭证、记账凭证。
第11条　本制度报经总经理审批通过后，自颁布之日起实施。</td></tr>
<tr><td>编制日期</td><td></td><td>审核日期</td><td></td><td>批准日期</td><td></td></tr>
<tr><td>修改标记</td><td></td><td>修改处数</td><td></td><td>修改日期</td><td></td></tr>
</table>

8.4.3 分期付款结算管理制度

分期付款结算管理制度如表8-5所示：

表8-5　分期付款结算管理制度

<table>
<tr><td>制度名称</td><td colspan="3">分期付款结算管理制度</td><td>编　　号</td><td></td></tr>
<tr><td>执行部门</td><td></td><td>监督部门</td><td></td><td>编修部门</td><td></td></tr>
<tr><td colspan="6">第1条　目的。
为降低采购风险，使公司资金能够合理运用，特制定本制度。
第2条　适用范围。
本制度适用于提交分期付款申请、支付首付款、按约定分期付款等工作。
第3条　权责划分。
1．采购部负责提交付款申请，并按照采购合同约定向供应商结款。
2．财务部负责审批采购部提交的付款申请，支付首付款。
第4条　术语解释。</td></tr>
</table>

表8-5（续）

<table>
<tr><td colspan="6">分期付款是指采购部在采购物资投产前，向供应商交付首付款，在物资生产的不同阶段分期支付剩余货款，在交货或供应商承担的质量保证期满时付清最后一笔货款的支付方式。
第5条　提交分期付款申请。
采购部向财务部提交“采购资金支付申请”，在申请中详细列明采购物资名称、发票号码、采购计划文书和序号等，并随附采购合同。
第6条　支付首付款。
1．财务部对支付申请进行审核，审核通过后送交总经理审批，审批通过后，财务部支付首付款。
2．采购部跟踪财务部付款情况，财务部办理首付款支付相关手续后，及时通知采购部，便于采购部及时与供应商进行沟通，查询货款到账情况。
第7条　按约定分期付款。
1．供应商到货后，采购部组织质量部、仓储部对采购物资进行验收，经验收合格，采购部向财务部提交“采购资金分期付款申请”，并随附采购物资验收单。
2．经财务部审批通过后，采购部申领应付账款，及时向供应商结账。
第8条　尾款支付。
1．财务部、采购部可根据采购合同中的约定，在供应商物资验收合格后或供应商承担的质量保证期满时支付尾款。
2．如供应商物资验收不合格或在供应商承担的质量保证期内，物资出现质量问题，采购部、财务部应及时与供应商沟通，延迟尾款支付时间。
第9条　本制度由采购部负责制定，每年修订一次，其解释权归采购部所有。</td></tr>
<tr><td>编制日期</td><td></td><td>审核日期</td><td></td><td>批准日期</td><td></td></tr>
<tr><td>修改标记</td><td></td><td>修改处数</td><td></td><td>修改日期</td><td></td></tr>
</table>

8.4.4 延期付款结算管理制度

延期付款结算管理制度如表8-6所示：

表8-6 延期付款结算管理制度

<table>
<tr><td>制度名称</td><td colspan="3">延期付款结算管理制度</td><td>编　　号</td><td></td></tr>
<tr><td>执行部门</td><td></td><td>监督部门</td><td></td><td>编修部门</td><td></td></tr>
<tr><td colspan="6">第1条　目的。
为做好延期付款结算工作，确保按照采购合同付款，避免因采购资金数额较大为公司带来的负担，特制定本制度。
第2条　适用范围。
本制度适用于延期付款的申请、审批及货款支付等工作。
第3条　权责划分。
1. 采购部负责明确采购合同中关于延期支付的相关条款，提交付款申请。
2. 财务部负责对交付申请进行进行审核，选用适宜的方式支付货款。
第4条　术语解释。
延期付款是指公司在进行大宗交易时，因成交金额较大，一时难以付清全部货款，在交货后的较长一段时间内分期支付货款的活动。
第5条　延期付款前准备。
1. 采购部应在采购合同签订前，通过谈判，向供应商争取较为优厚的现金折扣条件，大宗物资采购的现金折扣条件不得低于3/10、2/20、n/30。
2. 采购部在签订采购合同时，应权衡各方面因素，避免为公司带来损失。
3. 在物资验收合格后，采购部支付____%～____%的货款，剩余货款在____月内付清。
4. 如需放弃现金折扣，财务部应先计算放弃现金折扣的成本，确保放弃折扣的成本不低于享受折扣的收益，经财务部总监、总经理审批通过后执行。
第6条　延期付款实施程序。</td></tr>
</table>

表 8-6（续）

延期付款的具体实施程序，视国际采购或国内采购、采购方式、采购物资、结算工具等的不同而不同。一般来说，实施时可遵循下列程序来执行： 1．采购部与供应商在采购合同中规定，采购合同签订后的一定时间内，采购部凭供应商提供的出口许可证影印本、银行提供的退款保证书或备用信用证支付部分货款。 2．按照采购物资的交货进度，财务部分期支付少部分货款。货款的支付方式可选用远期汇票或期票。 3．剩余大部分货款，根据现金折扣条件中规定的期限进行支付，货款的支付方式可选用信用证支付。 第7条　债务结算业务控制。 采购部在进行延期付款时，应对由此形成的债务结算业务加强控制。 1．发票等凭证经总经理审批后，财务部方可进行应付账款入账。 2．财务部定期与供应商核对账目，以便及时发现问题，及时查明原因，明确责任主体，保证双方账目相符。 第8条　如本公司现有制度与本制度冲突，应以本制度为准。					
编制日期		审核日期		批准日期	
修改标记		修改处数		修改日期	

8.4.5 委托付款结算管理制度

委托付款结算管理制度如表8-7所示：

表8-7　委托付款结算管理制度

制度名称	委托付款结算管理制度			编　　号	
执行部门		监督部门		编修部门	
第1条　目的。 为规范委托付款结算流程，最大程度上保证公司的利益，特制定本制度。 第2条　适用范围。 本制度适用于公司开立用于支付货款的银行账户、委托付款结算的审批					

及支付等工作。

第3条　权责划分。

1. 财务部负责开立银行账户、审批结算票据及与银行办理委托付款等事宜。

2. 采购部负责汇总、填报结算票据、督促供应商及时收款。

第4条　术语解释。

委托付款结算是指采购方委托银行向收款人支付款项，收款人向银行提供收款依据的结算方式，该结算方式具有以下特点：

1. 委托付款的适用范围较广，付款人或单位在金融机构开立账户后即可使用。

2. 委托付款不受金额起点的限制。

3. 委托付款不受地点的限制，同城付款或异地付款均可。

第5条　委托付款结算工具。

委托付款结算工具主要包括“三票一卡”：汇票、本票、支票、银行卡。

第6条　委托付款结算办理的流程及基本要求。

1. 财务部根据《中国人民银行银行结算账户管理办法》的规定开立账户。

2. 采购物资验收入库后，采购部工作人员填报、汇总相关结算单据，包括付款申请单、采购订单、采购合同、物资验收单、货运单据、过磅单、物资入库单等，上报采购经理审核、总经理审批。

3. 采购部、总经理应审核票据凭证、结算凭证上的印章及其他记载事项是否真实、有效。

4. 审批通过后，财务部委托银行向供应商支付货款。

第7条　票据凭证和结算凭证中可更改及不可更改的项目。

1. 出票金额、出票日期、收款人名称一经更改，则票据无效，银行不予受理。

2. 票据出票人签章不符合规定、票据金额大小写不一致的，银行不予受理。

3. 票据凭证和结算凭证中“原记载人”项可以更改，更改时应当由原记载人在更改处签章证明。

第8条　票据凭证和结算凭证中的签章规定。

1. 票据凭证和结算凭证上的签章为签名、印章或签名加盖印章。

2. 公司、银行在票据上的签章为单位印章、银行印章、单位法定代表

表 8-7（续）

人或其授权代理人的盖章。 第9条　本制度由采购部负责制定与解释工作，经总经理审批通过后实施。					
编制日期		审核日期		批准日期	
修改标记		修改处数		修改日期	

8.2.6 现金结算管理办法

现金结算管理办法如表8-8所示：

表8-8　现金结算管理办法

制度名称	现金结算管理办法			编　　号	
执行部门		监督部门		编修部门	
第1条　目的。 为降低采购成本，规范公司货币资金支付行为，结合本公司实际情况，特制定本制度。 第2条　适用范围。 本制度适用于现金结算的借款申请、现场采购、货款支付等。采购部如遇以下情形，可采用现金结算的方式： 1．采购少量低值易耗办公用品时。 2．采购订单总金额低于____元时。 第3条　职责分工。 1．采购部负责提出借款申请，进行现场采购，保存相关采购单据。 2．财务部审批借款申请，向采购部拨付借款，并做好报销及会计记账工作。 第4条　术语解释。 现金结算是指公司在采购物资时直接使用现金进行付款结算的行为。 第5条　申请借款。 1．采购部根据采购预算填写借款单，并将借款单、预算清单上报采购					

表8-8（续）

<table>
<tr><td colspan="6">经理审核。
2．采购经理将审核通过的借款单送呈财务部审核，财务部根据年度采购计划、年度采购预算进行审核，审核通过后上报总经理审批。
3．总经理审批通过后，财务部向采购部拨付借款。
第6条　现场采购。
1．采购部领取借款后，根据与供应商事先约定的采购地点进行现场采购。
2．采购部达到采购现场后，根据公司采购要求对要购买的物资进行比较，与供应商进行议价，最终达成交易。
第7条　支付货款。
1．供应商负责备货，采购部准确与供应商结算货款，在现场支付现金。
2．供应商收款后，开具发票，采购部保存好发票，准备报销事宜。
第8条　报销及会计记账。
1．采购部完成采购工作后，整理相关单据，详细列明费用情况，填写报销单，交由采购经理审核。
2．采购经理审核通过后，交由财务部进行核算，签署意见后上报总经理审批。
3．财务部做好会计记录、记账工作。
第9条　本制度报总经理、采购总监审核通过后，自____年____月____日起生效。</td></tr>
<tr><td>编制日期</td><td></td><td>审核日期</td><td></td><td>批准日期</td><td></td></tr>
<tr><td>修改标记</td><td></td><td>修改处数</td><td></td><td>修改日期</td><td></td></tr>
</table>

第9章　采购信息管理业务·流程·标准·制度

9.1 采购信息管理业务模型

9.1.1 采购信息管理业务工作导图

采购信息管理的总体目标在于通过加强采购信息收集、分析和发布管理，保证采购信息在整个采购过程中能够顺利传递，使企业能及时、准确地获得相应的采购信息，为企业采购决策提供必要的信息支持。采购信息管理业务工作导图如图9-1所示。

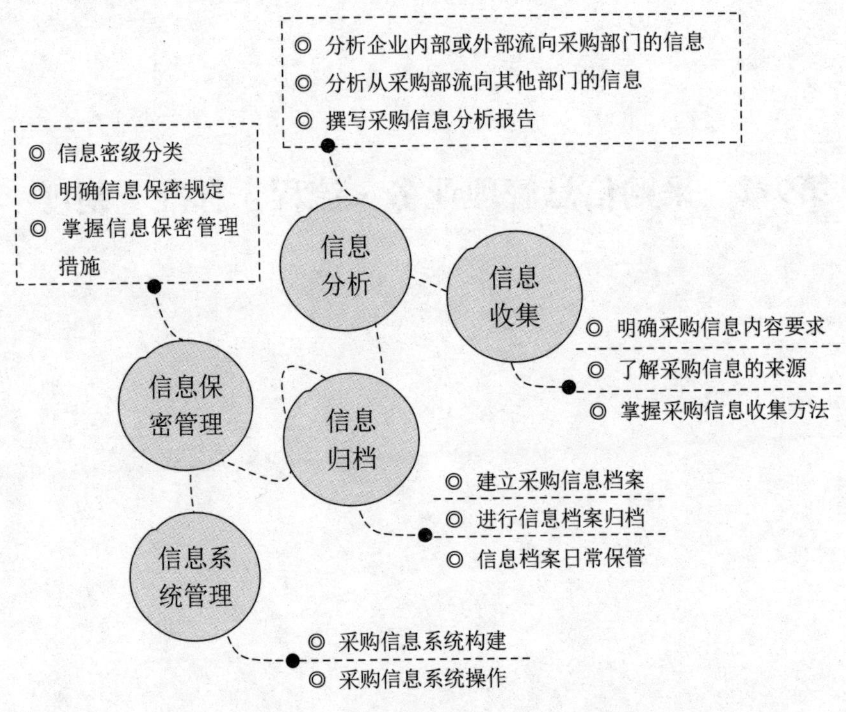

图9-1 采购信息管理业务工作导图

9.1.2 采购信息管理主要工作职责

企业采购信息的日常管理工作主要由采购部负责，信息管理部应协助采购部做好采购信息系统的构建、维护及利用该系统进行相应的信息分析报表的出具工作。企业对采购信息管理工作职责进行描述，可使相关责任人员明确采购信息管理工作的内容与要求，以便其按要求完成工作。企业采购信息管理主要工作职责的说明如表9–1所示。

表9–1　采购信息管理主要工作职责说明表

工作职责	职责具体说明
采购信息收集	1. 根据企业采购性质及采购工作安排，编制采购信息收集方案，并将其报上级部门审批 2. 通过运用网络、媒体、实地调查等方法对供应商信息、物资价格信息、物资信息、采购市场行情信息、替代品信息、法律法规信息等信息进行收集 3. 对收集好的信息进行逐份检查，核对收集信息的质量 4. 将所有收集来的资料加以编辑、汇总分类并录入相应的模板
采购信息分析	1. 采用定性或定量的方法，审核收集信息的有效性，剔除无效信息 2. 对采购信息涉及物资的性质、特点、发展趋势等进行预测 3. 对从企业内外部流入采购部门的计划、销售预测、库存控制、供应源等信息进行系统整理与分析研究 4. 根据对企业采购信息的分析，编写采购信息分析报告，将其以书面形式汇报主管领导
采购信息归档	1. 采购信息应用完毕后，进行采购信息分类与整理 2. 建立采购信息管理档案，并按档案管理规定将分类整理的采购信息编号归档 3. 对采购信息进行日常保管与维护，确保其完整、齐全
采购信息保密管理	1. 根据公司保密管理制度及采购文件的重要性，确定采购文件密级 2. 根据采购文件的密级，将采购文件分类保存，并进行日常管理 3. 制定采购信息保密管理措施，并严格执行

表 9-1（续）

采购信息系统管理	1．信息管理部应协助采购部选择采购信息系统构建合作商，并进行构建协商，共同确定采购信息系统要素，并督促合作商按时做好系统设计开发工作 2．信息管理部应协助采购部按时对采购信息系统进行验收、安装与调试 3．信息技术人员应对采购部进行采购信息系统使用方法培训 4．信息技术人员应定期对采购信息系统进行更新与维护

9.2 采购信息管理流程

9.2.1 主要流程设计导图

企业可根据采购信息管理业务工作导图及工作职责，用层次分析图法，从以下五个方面设计采购信息管理流程，具体流程设计导图如图9-2所示：

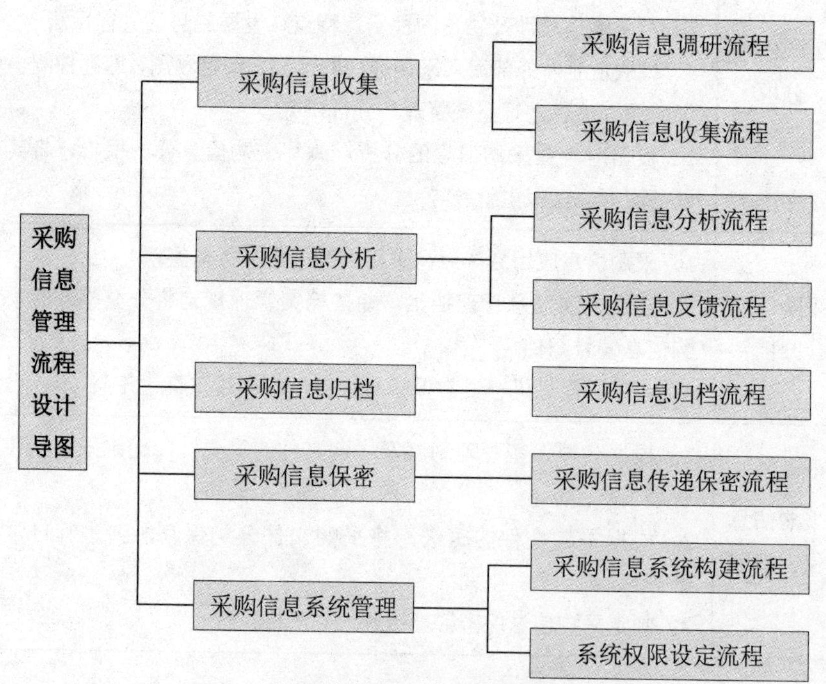

图9-2　采购信息管理主要流程设计导图

9.2.2 采购信息收集管理流程

采购信息收集管理流程如图9-3所示：

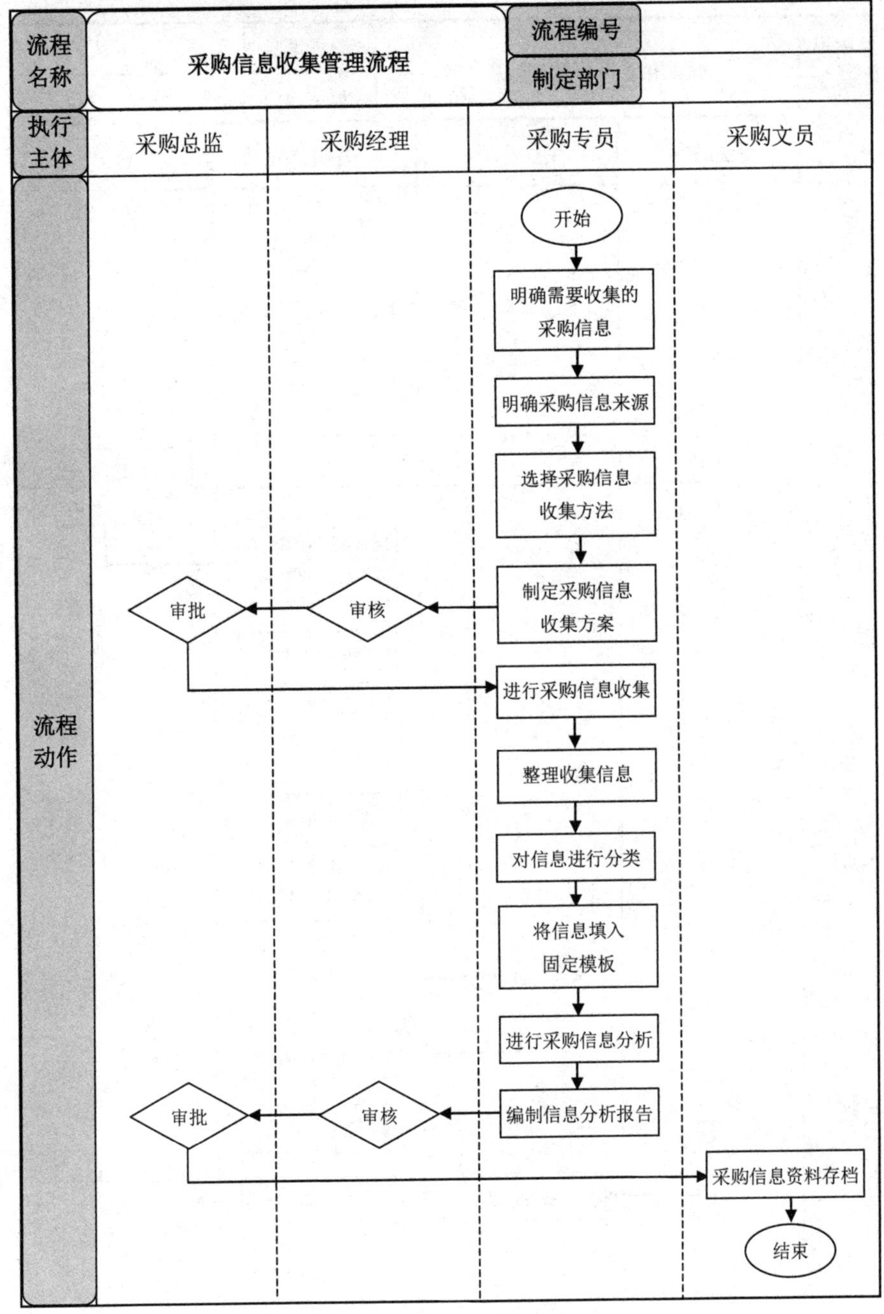

图9-3　采购信息收集管理流程

9.2.3 采购信息分析管理流程

采购信息分析管理流程如图9-4所示：

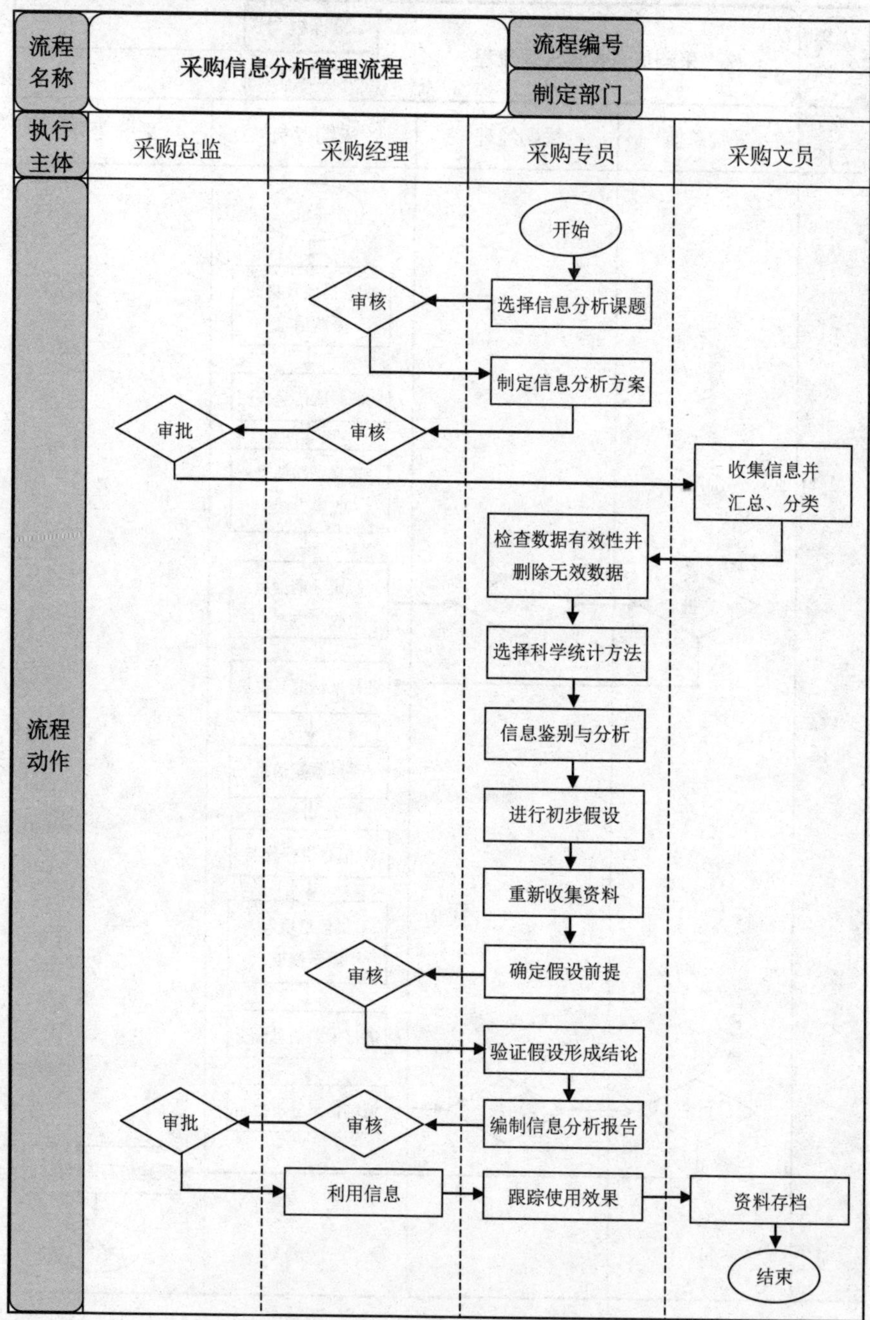

图9-4　采购信息分析管理流程

9.2.4 采购信息档案管理流程

采购信息档案管理流程如图9-5所示：

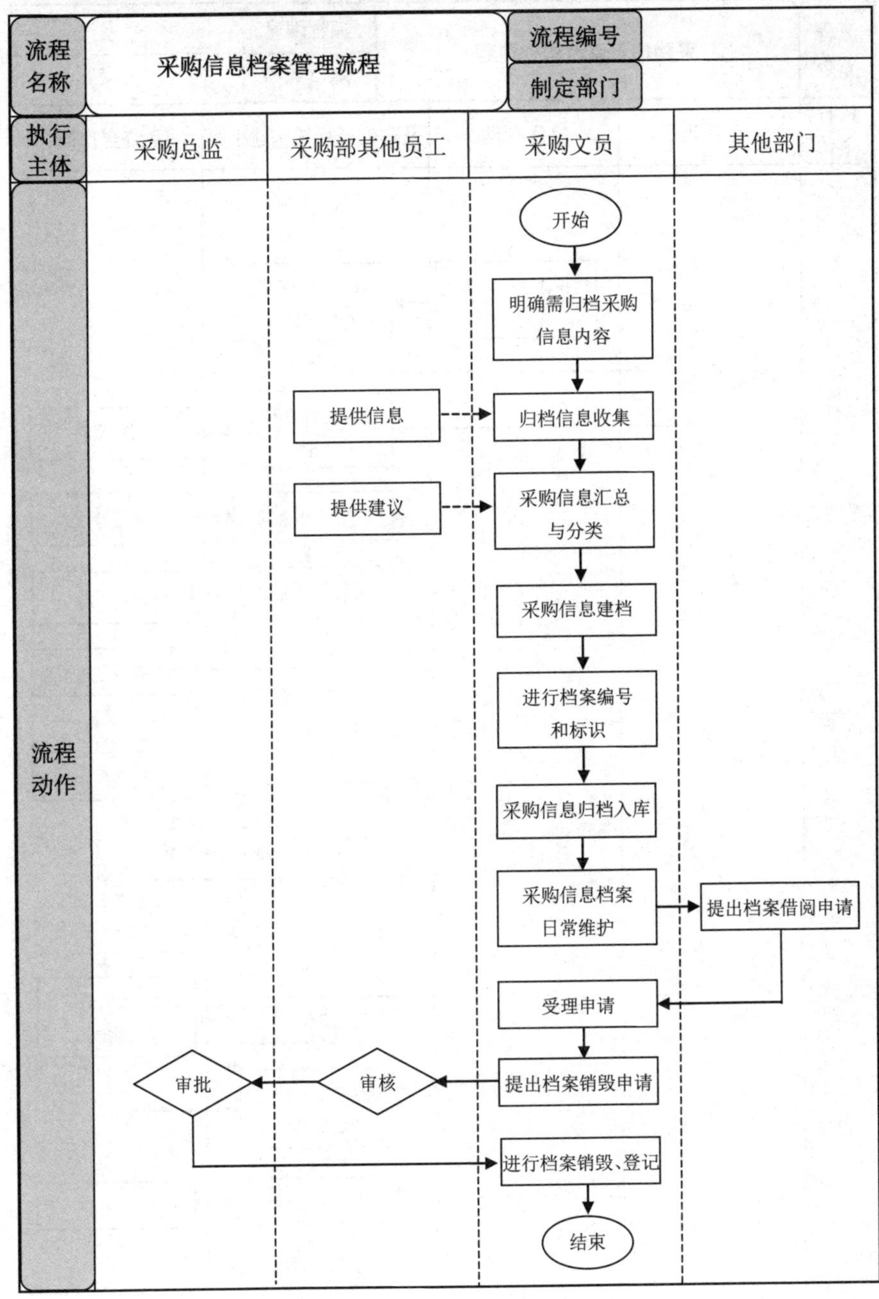

图9-5 采购信息档案管理流程

9.2.5 采购信息系统构建流程

采购信息系统构建流程如图9-6所示：

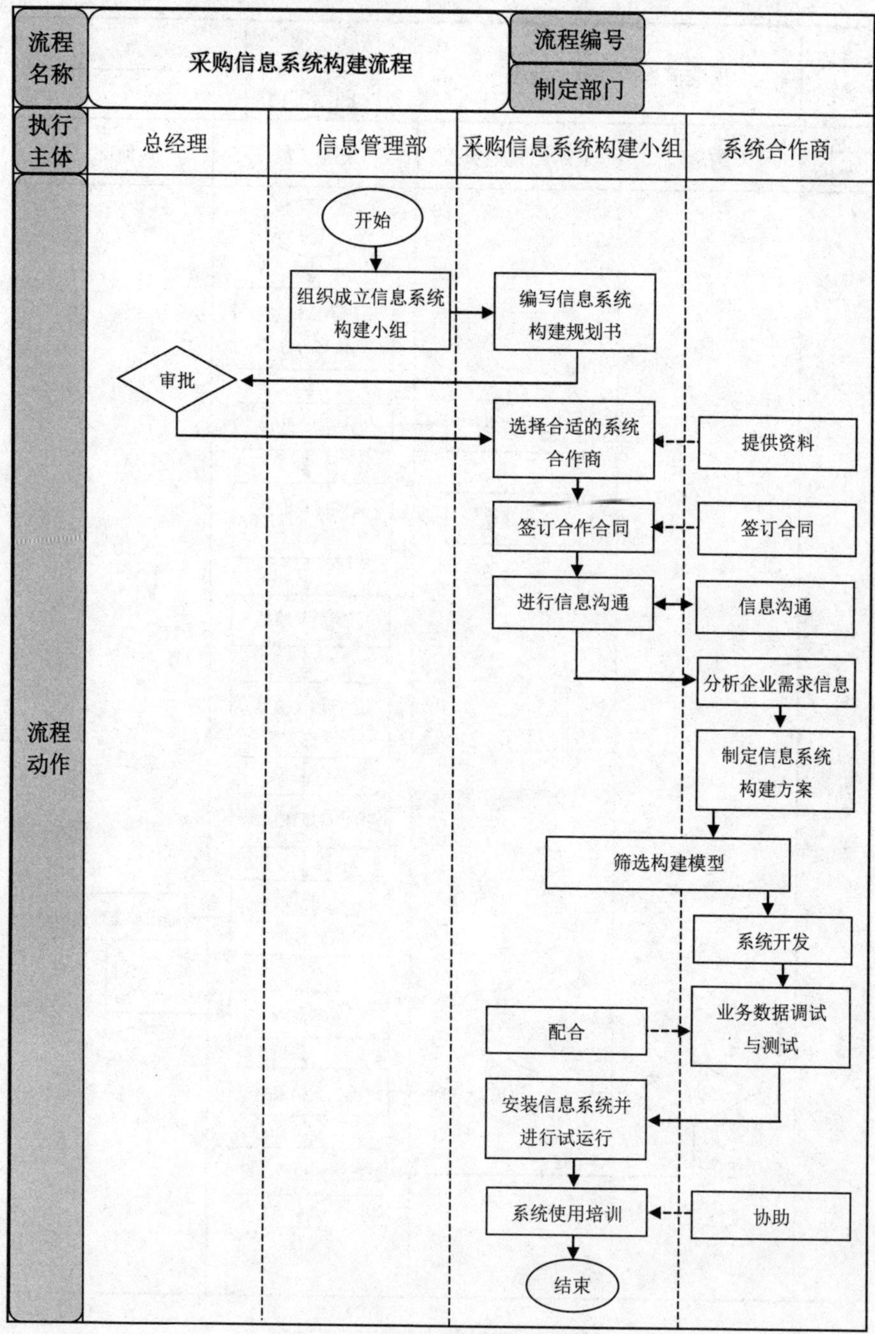

图9-6 采购信息系统构建流程

9.3 采购信息管理标准

9.3.1 采购信息管理业务工作标准

为提高采购信息管理的效率与规范性，企业应制定采购信息管理工作标准。表9-2为企业采购信息管理业务的具体工作标准，供读者参考。

表9-2　采购信息管理业务工作标准

工作事项	工作依据与规范	工作成果或目标
采购信息收集	◆ 采购信息收集管理制度、采购信息日常管理规定、采购信息收集流程、采购信息收集方案 ◆ 采购信息的内容、采购信息收集方法、采购信息收集渠道、采购信息的来源	(1) 采购信息收集及时率达100% (2) 采购信息内容完整
采购信息分析	◆ 采购信息分析方案、采购信息分析流程 ◆ 企业采购信息流向、采购信息分析报告编写要求、采购信息分析方法	采购信息分析准确率、采购信息分析报告编制及时率均达100%
采购信息归档	◆ 采购信息归档保管制度、采购信息档案管理流程 ◆ 采购信息分类、采购信息保存要求等	采购信息归档及时率、采购信息档案完好率均达100%
采购信息保密管理	◆ 采购信息保密管理规定、采购信息传递保密流程 ◆ 采购信息密级分类、采购信息保密管理措施	采购信息泄密事件发生次数为0次
采购信息系统管理	◆ 采购信息系统管理制度、采购信息系统操作方案、采购信息系统构建流程 ◆ 采购信息系统权限设定表	采购信息系统操作损失金额为0元

9.3.2 采购信息管理业务绩效标准

为保证采购信息管理工作质量，提高采购信息管理效率，保证采购文件及时收集、分析、归档、保存等，企业应制定采购信息管理业务绩效标准，使相关人员明确采购信息管理的考核标准与办法。采购信息管理业务绩效标准如表9–3所示。

表9–3 采购信息管理业务绩效标准

工作事项	评估指标	评估标准
采购信息日常管理	采购信息收集及时率	1. 采购信息收集及时率 = $\frac{\text{及时收集采购信息次数}}{\text{应收集采购信息次数}}\times 100\%$ 2. 采购信息收集及时率应达到____%，每降低____%，扣____分；低于____%，本项不得分
	采购信息分析准确率	1. 采购信息分析准确率 = $\frac{\text{采购信息分析准确次数}}{\text{采购信息分析总次数}}\times 100\%$ 2. 采购信息分析准确率应达到____%，每降低____%，扣____分；低于____%，本项不得分
	采购信息分析报告编制及时率	1. 分析报告编制及时率 = $\frac{\text{及时编制采购信息分析报告的次数}}{\text{应编制采购信息分析报告的次数}}\times 100\%$ 2. 采购信息报告编制及时率应达到____%，每降低____%，扣____分；低于____%，本项不得分
	采购信息记录完整性	1. 采购信息记录内容完整，包括所有必备事项，得满分 2. 采购信息记录内容部分完整，包括部分必备事项，得____～____分 3. 采购信息记录内容严重缺乏，得____～____分
采购信息归档管理	采购信息归档及时率	1. 采购信息归档及时率 = $\frac{\text{按时归档采购信息次数}}{\text{归档总次数}}\times 100\%$ 2. 采购信息归档及时率应达到____%，每降低____%，扣____分；低于____%，本项不得分

表 9-3（续）

	采购信息档案完好率	1．采购信息档案完好率 = $\frac{采购信息档案完好数}{归档采购档案的总数量}\times100\%$ 2．采购信息档案完好率应达到____%，每降低____%，扣____分；低于____%，本项不得分
采购信息保密管理	采购信息泄密次数	1．考核期内，在采购工作中，违反采购保密规定，泄露采购秘密的次数 2．泄露采购秘密次数为 0 次，得满分；每增加 1 次，扣____分；多于____次，本项不得分
采购信息系统管理	采购信息系统操作损失金额	1．考核期内，因采购信息系统操作错误并造成损失的 2．采购信息系统操作损失金额为 0，得满分；每增加____元，扣____分；多于____元，本项不得分

9.4 采购信息管理制度

9.4.1 制度解决问题导图

企业编制采购信息管理制度，可以在采购信息日常管理、采购信息归档保管、采购信息保密管理、采购信息系统管理四个方面解决采购信息缺失、失真、泄露等问题，具体解决问题导图如图9-7所示。

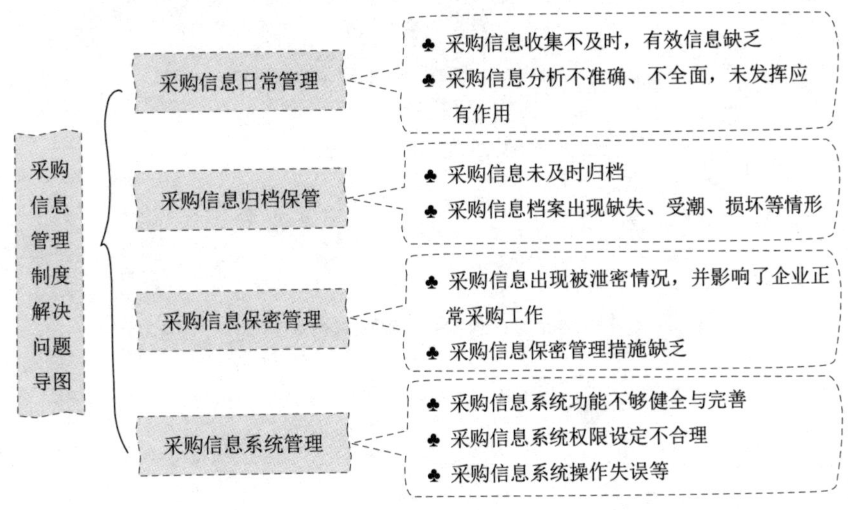

图9-7　采购信息管理制度解决问题导图

9.4.2 采购信息日常管理规定

采购信息日常管理规定如表9-4所示：

表9-4 采购信息日常管理规定

制度名称	采购信息日常管理规定			编　　号	
执行部门		监督部门		编修部门	

第一章　总则

第1条　目的。

为规范采购信息的日常管理，提高采购信息管理质量，提高信息收集工作效率，提高信息分析的准确性，节约成本，根据公司的实际情况，特制定本规定。

第2条　适用范围。

本规定适用于公司采购相关信息的收集、整理、分析、记录、保存管理。

第二章　采购信息的收集

第3条　采购信息的内容。

本公司需要收集的采购信息主要分为七类，具体如下图所示。

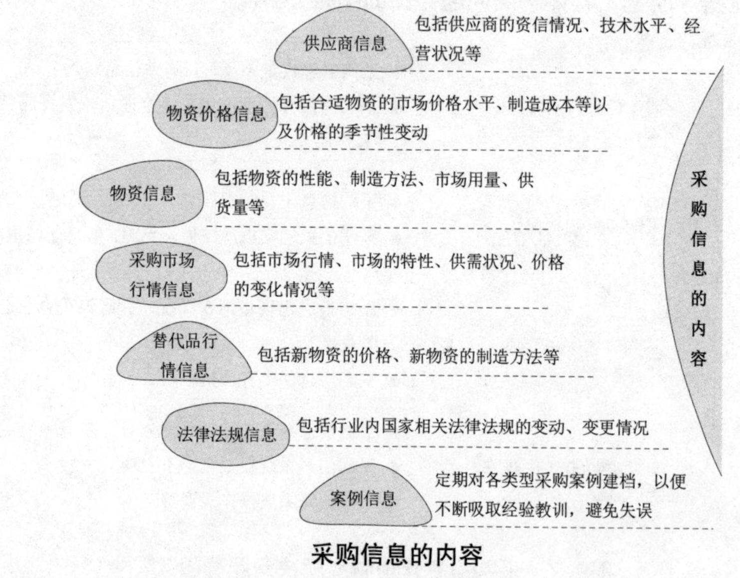

采购信息的内容

表 9-4（续）

第4条　采购信息收集渠道。

采购人员可以通过以下三种渠道开展采购信息收集工作，具体如下表所示：

采购信息收集渠道

收集渠道	具体说明
网络收集采购信息	◇ 通过直接访问与本公司采购有密切联系的供应商网站、竞争对手网站、采购专业网站和各类电子商务网站进行
媒体收集渠道	◇ 通过展销会、博览会、报刊、电视、广播等收集采购信息
通过调查收集信息	◇ 具体可以通过网络或纸质问卷、电子邮件、电话访问等商务调查的方法收集采购信息

第5条　采购信息收集准备。

1．采购部经理明确采购信息收集的目标、范围。

2．采购部经理明确采购信息收集人员的责任、任务。

3．采购专员制定采购信息收集方案，报采购部经理审批，根据审批意见修改并执行。

4．采购专员设计、编制符合信息收集目标和范围的调查问卷和表单。

第6条　实施信息收集。

1．采购专员按照分配的责任、任务进行信息收集。

2．采购部经理督导信息收集的过程，控制信息收集的进度和质量。

3．采购专员在收集信息的过程中，应注意对采购信息的保密。

4．采购专员应严格控制信息收集的实施过程，在收集过程中，如发现方案设计有问题，要及时修正，以免得出错误的结论。

第三章　采购信息的整理与分析

第7条　采购信息整理。

1．采购文员需对收集好的表单进行逐份检查，将合格表单统一编号，以便于数据的统计。

2．采购部经理对收集的表单进行抽样检查，核对收集信息的质量。

表9-4（续）

3．采购文员将所有收集来的资料加以编辑、汇总分类并录入相应的模板。

第8条　采购信息分类。

公司根据信息来源和流向，将采购信息分为三类，采购信息管理人员需按照下表所示对收集到的采购信息进行分类。

采购信息分类说明表

信息种类	信息细项	说明
公司内部流向采购部的信息	计划信息	计划可以让采购部了解公司未来对物资、设备等的长期需求
	销售预测信息	良好的销售预测有利于采购部在市场和公司之间找到最佳平衡点
	预算信息	预算可帮助采购人员注意控制采购系统运营费用
	会计信息	提供的有关供应商的财务信息，为采购部选择供应商提供帮助
	生产需求信息	了解生产物资在一定周期内的需求项目和数量，可以为采购部提供规划采购和供应计划的依据
	新产品信息	采购部应及时收集公司相关新产品的信息，为采购工作提供指引
公司外部流向采购部的信息	市场信息	与采购相关的出版物，供应商提供的有关价格、供求因素等信息
	供应源信息	包括从供应商、媒体广告等渠道获得的信息
	供应商能力信息	包括供应商的生产能力、生产率及业内的劳动力状况等
	产品税费信息	包括各类物资价格折扣、关税、增值税、销售税等各种税费信息
	运输相关信息	包括各类运输方式及其费用以及这类信息对采购价格的影响

表 9-4（续）

采购部流向其他部门的信息	流向高层的信息	与采购有关的市场和行业状况等信息
	流向生产部的信息	采购物资质量信息、发运提前期信息、替代品信息等
	流向市场部的信息	竞争对手的销售信息、竞争状况信息等
	流向仓储部的信息	采购物资到货信息、入库验收通知等
	流向财务部的信息	成本、价格调整、预算等信息

第9条　采购信息分析。

1．采购专员选择科学的统计方法，对收集的信息进行技术分析，审核数据的有效性，并剔除无效信息，通过综合分析、判断、归纳、推理，获取需要的信息，为采购决策提供重要依据。

2．采购专员根据分析得到的数据，用定性或定量的方法进行采购预测。

3．采购专员编制采购信息分析报告，并报采购部经理审批。

第四章　采购信息的记录与保存

第10条　采购信息记录。

采购部应对采购相关文件及采购过程进行记录，确保公司能对采购过程实行有效的监督管理，具体记录事项主要包括四项，如下所示：

1．采购文件记录包括采购计划、采购预算、招投标文件、评估报告、合同文本及验收证明等。

2．采购过程记录包括采购项目的类别、名称，采购的功能要求、规格和数量、预算、资金构成、合同价格、采购合同签订人等信息。

3．采购方式的选择依据及原因，邀请、审查和选择供应商的条件及原因，评标标准及其确定中标人的原因，如果有废标情况，记录废标的情况与原因，采用非招标采购应做专门记录。

4．需建立供应商信息库，信息库应包括供应商分类、供应商实力调查、供应商是否转产破产、供应商的资信记录等信息。

第11条　信息保存。

采购部应建立信息存储和查询系统，对信息记录进行有效的保存，并为公司查询有关信息提供条件。 **第五章　附则** 第12条　本制度由采购部负责制定、解释与修订，经总经理办公会审议通过后生效。 第13条　本制度自审核通过之日起执行。					
编制日期		审核日期		批准日期	
修改标记		修改处数		修改日期	

9.4.3 采购信息归档保管办法

采购信息归档保管办法如表9-5所示：

表9-5　采购信息归档保管办法

制度名称	采购信息归档保管办法			编　　号	
执行部门		监督部门		编修部门	
第1条　目的。 为规范采购信息归档管理，及时有效归档采购文件，确保采购信息档案完整、齐全，结合公司的实际情况，特制定本办法。 第2条　适用范围。 本办法适用于公司采购信息资料建档、归档及日常保管工作。 第3条　职责分工。 1．采购部经理负责采购信息有效性的判定。 2．采购文员负责采购信息的分类、整理、归档和日常保管。 第4条　采购信息分类。 采购文员应根据采购信息的内容构成，对采购信息进行分类。通常，采购信息可以分成七类，分别为供应商信息、物资价格信息、物资信息、采购					

市场行情信息、替代品行情信息、法律法规信息、案例信息。

第5条　采购信息整理。

1．公司采购专员收集到采购信息并对采购信息进行应用后，应及时将采购信息文件交采购文员。

2．采购文员需对采购专员交来的采购信息进行分类，并对其进行逐份检查，将有效信息进行编号，将认为无效的信息交采购部经理，由采购部经理对采购信息资料的有效性进行最终判定。

3．采购文员应将有效的全部采购资料分类编号后分列成册。

第6条　采购信息归档。

1．采购文员应将分列成册的采购资料录入公司采购信息管理系统，保存采购信息文件的电子稿。

2．采购文员应将分列成册的纸质采购文件装订，并将其存入档案盒，档案盒上应列明信息类别。

3．归档的文件材料应齐全完整，按照文件的自然形成规律保持文件之间的历史联系。

4．档案盒内文件要排列有序，依次编写页码，并编制卷内目录，逐项填写清楚，书写工整。

第7条　采购信息日常保管。

1．采购信息资料保存期限从归档之日起至少保存____年；未中标供应商的投标文件正本作为资料从采购归档之日起保存____年。

2．采购文员应定期对档案文件进行维护，做好档案文件及文件柜的防盗、防水渍、防潮、防虫蛀、防尘等工作，确保档案的完整与安全。

第8条　本办法由采购部负责制定、解释与修改。

第9条　本办法报总经理办公会审议通过后，自颁发之日起生效执行。

编制日期		审核日期		批准日期	
修改标记		修改处数		修改日期	

9.4.4 采购信息保密管理规定

采购信息保密管理规定如表9–6所示：

表9–6 采购信息保密管理规定

制度名称	采购信息保密管理规定			编　号	
执行部门		监督部门		编修部门	

第一章 总则

第1条 目的。

为规范采购信息保密管理，规范采购人员在采购活动中的行为，维护公司的商业利益，根据公司的实际情况，特制定本规定。

第2条 适用范围。

本规定适用于公司采购相关信息及采购人员的保密管理工作。

第二章 采购信息保密规定

第3条 信息密级保密规定。

公司的采购信息根据保密程度和重要程度的不同可以分为绝密信息、机密信息、秘密信息和内部公开信息四类，具体阅知范围如下表所示。

采购信息密级分级一览表

内容	定义	阅知范围
绝密信息	重要的公司核心商业秘密，如投标文件、评标文件、定标文件、合同协议信息、采购数据、公司技术标准等信息	◆ 只有涉密信息部门或有项目主管书面许可方可根据工作需要进行内部加密传递，且传递范围仅限于需求部门主管或项目负责人
机密信息	重要的公司秘密，如项目采购计划、采购专项业务会议纪要、采购工作计划与总结、公司采购月报、招标文件、采购合同台账、供应商信息	◆ 各个部门因工作关系，经部门经理审批后，可在具有相关业务联系的经理层传递，不得发布给与业务无关的经理和普通员工，严禁复制拷贝，需要复制拷贝的，需经总经理审批
秘密信息	公司一般商业秘密，如日常的部门内部讨论、争论结论、日常采购工作信息等	◆ 由部门经理决定发布范围，可以在具有相关业务联系的员工间传递

表 9-6（续）

内部公开信息	内部非保密信息，如以公司名义发出有关合约采购和制度要求、通知通报、人事任免、采购人员名录等信息	◆ 此级别信息可以在公司内部发布传递，但不得对外公布

第4条　信息分类保密规定。

采购信息保密主要包括招标信息保密、合同信息保密、供应商信息保密，其具体保密规定如下：

1．招标信息保密。

（1）在招标、评标、定标过程中，除招标采购相关人员外，其他人无权查看有关标书的任何信息，所有与招标采购相关的人员不得私自向非授权人员透漏投标信息。

（2）在招标采购过程中，所有与招标采购工作有关的人员不得私自向非授权人透漏有关招标采购的信息，更不得引导投标单位如何中标。

（3）定标过程中，所有与招标采购工作相关的人员不得向他人透漏定标供应商等任何定标信息。

2．合同信息保密。

（1）合同信息包括合同文本，特别是物资价格、运输价格、技术标准要求、物资型号、物资规格、物资数量等信息。

（2）合同价格信息除采购、成本人员及相关负责人外，其他人无权查看，如遇到特殊情况，需经总经理审批。

3．供应商信息保密。

（1）供应商信息包括供应商公司信息、供应产品或提供服务、联系方式、合作情况等信息。

（2）凡是有权查阅合格和试用供应商信息的人员，应严守信息，确保不向外传播；非授权人如需查阅合格或试用供应商信息，需报总经理审批。

第三章　采购信息保密措施

第5条　涉密员工管理措施。

表9-6（续）

1．采购人员在与公司建立劳动关系时，由公司人力资源部代表公司与其签订保密协议，保障公司商业秘密的安全和利益。

2．采购人员在日常工作中，除了认真履行岗位职责，服从本部门主管的领导外，要严格按相关保密要求做好公司秘密的保守和保护工作，并接受相关保密管理部门的工作指导和监督检查。

3．采购部应定期对与本部门管理职能相关的涉密人员的岗位工作进行保密检查，及时总结和推广涉密员工在保密管理中好的做法和经验。

第6条　来访接待管理措施。

1．对于公司供应商的来访接待，由采购部负责向总经理备案，并按统一的公司介绍资料和公司产品样本向来访者介绍。

2．公司介绍及用于接待的音响资料，应定期完善、修改，并报经公司保密管理部门审核批准后方可用于接待。未经许可，接待中不得有涉及公司秘密事项的内容。

3．采购部接受接待任务后，应事先制订接待计划、确定参观路线，报公司总经理或保密管理部门批准。未经总经理批准，不得擅自带领来访的供应商参观重要部门和重点部位。

第7条　违规责任追究措施。

1．对于重要采购资料没有备份、备份不全或备份错误的，根据给公司造成的损失追究相应的责任。

2．采购人员违反本制度规定的，对相关责任人员予以警告或罚款，行政记过、记大过，直至开除等处分，罚款金额依情节严重程度而定。

3．窃取公司商业秘密范围的数据信息或恶意伪造篡改数据的，一经发现立即予以辞退，取消其股权、期权、奖金、红利。

4．除了按劳动合同规定和敬业禁止约定处罚外，对于构成犯罪的，报司法机关追究责任。

第四章　附则

第8条　公司员工均应理解并遵守本制度的相关规定，主动避免获知非授权信息。

表 9-6（续）

第9条　本制度由采购部制定，报总经理审批后执行，自颁布之日起生效。					
编制日期		**审核日期**		**批准日期**	
修改标记		**修改处数**		**修改日期**	

9.4.5 采购信息系统管理制度

采购信息系统管理制度如表9-7所示：

表9-7　采购信息系统管理制度

制度名称	采购信息系统管理制度			**编　　号**	
执行部门		**监督部门**		**编修部门**	

第一章　总则

第1条　目的。

为有效规范采购信息管理，有效地组织、管理和控制采购信息的传输，确保公司采购活动实现信息化，特制定本制度。

第2条　适用范围。

本制度适用于公司采购信息系统的设计、构建、维护等相关管理工作。

第3条　职责分工。

1．总经理负责审核采购信息系统设计，监督采购信息系统构建和实施。

2．采购信息管理人员负责寻找信息系统服务提供商，与其沟通公司采购信息系统需求，并配合其做好信息系统的设计、安装、维护等各项工作。

第二章　采购信息系统可行性分析

第4条　经济可行性分析。

1．采购信息系统的总费用应低于____万元，没有超过公司的预算，经济上可行。具体收费项目如下表所示。

表 9-7（续）

经济可行性分析表		
费用名称	费用明细	金额（元）
软件开发成本	需求分析、总体设计、软件测试、调查费、耗材费、文档费等	
设备及其他改造费用	服务器____台、客机____台、打印机____台等	
项目实施费	管理费、签订费、运行费等	
合计		

2．采购信息系统采用网络方式，投入较多，但此系统建成后，可以实现资源共享，即相关信息均可以在网上进行交换，减少了许多相关人员的工资支出，从经济上来说是可行的。

第5条　技术可行性分析。

该系统以现有的常用技术实现，员工都要具有一定的计算机基础，会使用软件，熟悉IT产品，所以在系统投入使用时，需对员工进行少量培训，熟悉系统的功能和使用方法，保证系统能够顺利运行。

第6条　管理可行性分析。

采购信息系统具有极强的安全性和可靠性，相关部门管理人员可以通过相关密码设定对采购系统进行管理，在管理上是可行的。

第7条　编制可行性分析报告。

可行性分析后，采购信息系统管理人员应编制采购信息系统可行性分析报告，可行性分析报告应包括编写目的、项目背景、术语定义、参考资料、问题描述、开发的必要性和重要性分析、期望的收益、新系统的基本功能、系统开发方式的选择分析、其他可供选择的方案等内容。

第三章　采购管理信息系统的建设规划

第8条　确定采购信息系统的构成。

一般情况下，采购信息系统由以下三个部分构成：

表9-7（续）

1. 业务操作系统。日常采购计划、认证、订单环节的核心业务信息处理。

2. 业务管理系统。采购绩效统计处理、商业信息数据的收集及查询、历史经验数据存放与共享。

3. 电子商务系统。与供应商或社会供应群体的信息系统进行信息交换和传递。

第9条　建立电子采购系统架构。

采购人员应协助技术人员设计整个采购信息系统架构，采购作业系统一般应包括采购资料库、管理库、采购作业系统、决策支持系统及MRP（物料需求计划）系统等模块。

第四章　采购信息系统建立实施

第10条　确定系统基本技术。

1. 在建立采购信息管理系统之前，采购人员需和技术人员进行交涉，及时确定信息系统模块。

2. 一般情况下，电子化采购信息系统需应用条形码技术、电子文档交换技术（EDI）以及电子自动订货系统（EOS）等。

第11条　设计采购信息系统。

采购信息系统建设时，应遵循系统规划、主要功能模块设计、系统详细设计、硬件评估、软件评估的步骤。

第12条　建立系统具体操作平台。

一般情况下，应按照如下的架构设计信息系统操作平台，具体如下图所示。

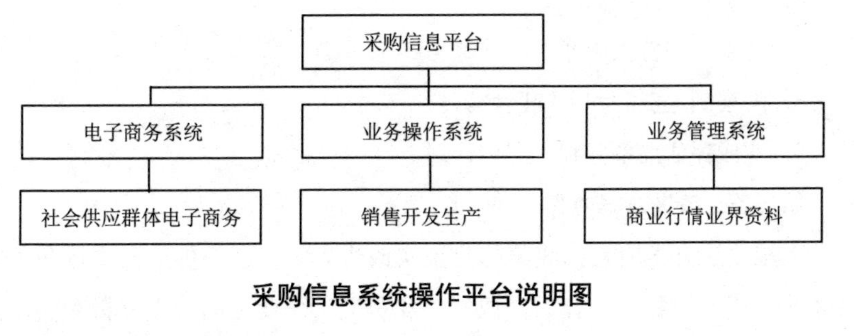

采购信息系统操作平台说明图

表 9-7（续）

第五章　采购信息系统改进

第13条　采购信息系统主要问题分析。

由于工具和标准的不可靠、市场变动太大而不可测等原因，在使用采购信息系统时要克服很多问题，具体问题如下表所示。

采购信息系统可能存在的问题列示表

问题类型	具体问题
系统本身问题	系统与系统的整合，包括公司防火墙内外的系统
	初始投资成本
	安全、信用和供应商的购买者关系
	采购商务过程和企业文化的根本性改变
公司未来面临的问题	未来几年的公司核心竞争力和热点
	在这一时期公司产品和服务将如何变化
	预测未来市场的可能增长、规模和地域
	在客户支持、标准或质量预期方面出现的决定性变化
	与直接商品采购相关的问题，包括低效率、缺乏经营杠杆、零散购买和缺乏协调性
	公司与供应商关系的变动以及对采购管理信息系统的影响
	工程计划的制订，包括时间、规模、资源和预算

第14条　改进采购信息系统。

制定采购信息系统改进方案的程序如下：

1. 回顾公司的战略导向、指导原则和目标。

2. 再次确认和开发行动方案。

3. 设定目标业绩测度。

4. 考查、评价供应商。

5. 考察制定资源和关键区域。

6. 完成评估准备并制订工作计划。

第15条　改进方案内容。

实施改进方案应包括收集信息证实改进方案、证明供应商支持和兼容性水平、商业过程再设计、完成行动和员工工作变更的含义分析和实施改

表 9-7（续）

<table>
<tr><td colspan="6">进方案。

第六章　附则
第16条　本制度由采购部负责制定与解释。
第17条　本制度经总经理审批后实施。</td></tr>
<tr><td>编制日期</td><td></td><td>审核日期</td><td></td><td>批准日期</td><td></td></tr>
<tr><td>修改标记</td><td></td><td>修改处数</td><td></td><td>修改日期</td><td></td></tr>
</table>

第10章　采购人员管理业务·流程·标准·制度

10.1 采购人员管理业务模型

10.1.1 采购人员管理业务工作导图

采购人员主要负责企业物资的采购事宜，因其工作性质与供应方的利益密切相关，容易滋生不合理的现象或违规行为。为加强控制，规范采购人员的行为，避免不合理现象、违规行为对企业利益造成损失，企业管理人员需要在开展日常人员管理工作的基础上，加强采购人员的选聘任命、道德行为规范、绩效考核、采购作业稽核等业务。具体说明如图10–1所示。

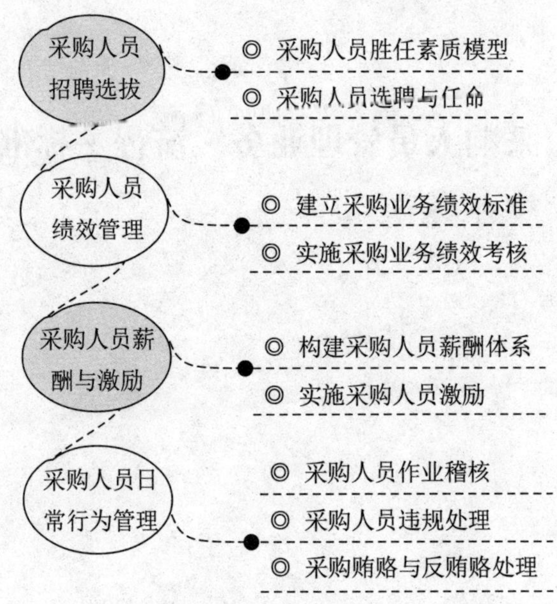

图10–1　采购人员管理业务工作导图

10.1.2 采购人员管理主要工作职责

除采购总监外，其他采购人员的管理工作主要由企业人力资源部负责，财务部、生产部、质量部负责人有责任配合人力资源部完成采购人员行为与采购作业规范的稽核。采购人员管理主要工作职责的说明如表10–1所示。

表10-1　采购人员管理主要工作职责说明表

工作职责	职责具体说明
采购人员招聘选拔	1. 人力资源部负责采购人员的招聘公告、面试通知、接待与安排，以及采购人员的初试筛选工作 2. 采购总监参与采购人员的复试筛选与采购人员综合素质评价工作 3. 人力资源部负责录用人员的入职安排、入职培训与指引工作 4. 采购部经理负责部门采购人员的选拔推荐、晋升测评等员工职业生涯管理工作
采购人员绩效管理	1. 在采购业务最高管理人员的协助与指导下，人力资源部负责采购人员绩效标准的设计与完善工作 2. 人力资源部组织开展采购部全体人员的绩效考核实施工作 3. 采购部经理、采购主管等负责对本部门其他员工的业务绩效、工作态度、能力、素养等进行评价，采购部被考核人员配合做好绩效考核工作 4. 采购总监负责对采购部经理、采购主管等的业务绩效、管理能力、工作态度等进行评价，被考核人员配合人力资源部完成相关的绩效考核工作 5. 人力资源部负责采购人员绩效考核结果的面试与申诉处理事宜
采购人员薪酬与激励	1. 人力资源部负责完成同行业采购人员薪酬水平调查工作，以便指导本企业采购人员薪酬体系设计工作 2. 人力资源部经理负责采购部所有人员的薪酬构成分析与薪酬体系设计工作 3. 人力资源部负责采购人员月度薪酬的核算等相关事宜 4. 人力资源部负责办理采购人员的薪酬调整与薪酬满意度调查等事宜 5. 人力资源部负责落实企业对采购人员的激励措施

表10-1（续）

采购人员日常行为管理	1. 人力资源部负责制定采购人员日常行为规范，并负责规范的执行监督与检查工作 2. 人力资源部联合财务部做好采购人员的日常稽查工作，确保采购作业行为透明、公正、规范、无违规 3. 对于已出现或被举报或可能存在的贿赂事件，人力资源部负责调查小组的组建工作，并协助调查小组的调查 4. 对于调查小组确认的违规违纪行为，人力资源部根据企业规章制度的相关规定，落实惩罚措施

10.2 采购人员管理流程

10.2.1 主要流程设计导图

采购人员管理流程的设计工作，主要围绕采购人员管理的关键事项进行设计。主要流程的导图如图10-2所示。

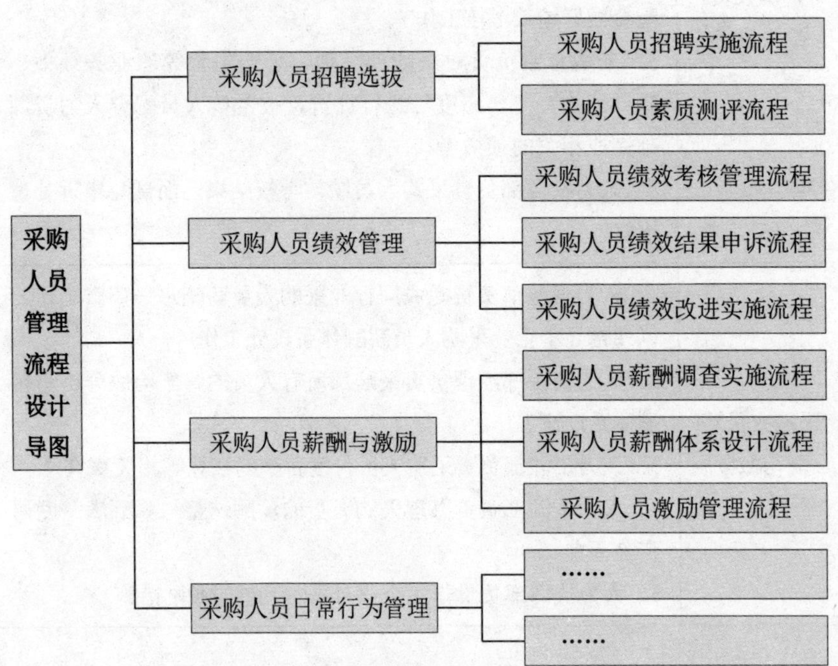

图10-2　采购人员管理主要流程设计导图

10.2.2 采购作业稽核实施流程

采购作业稽核实施流程如图10-3所示：

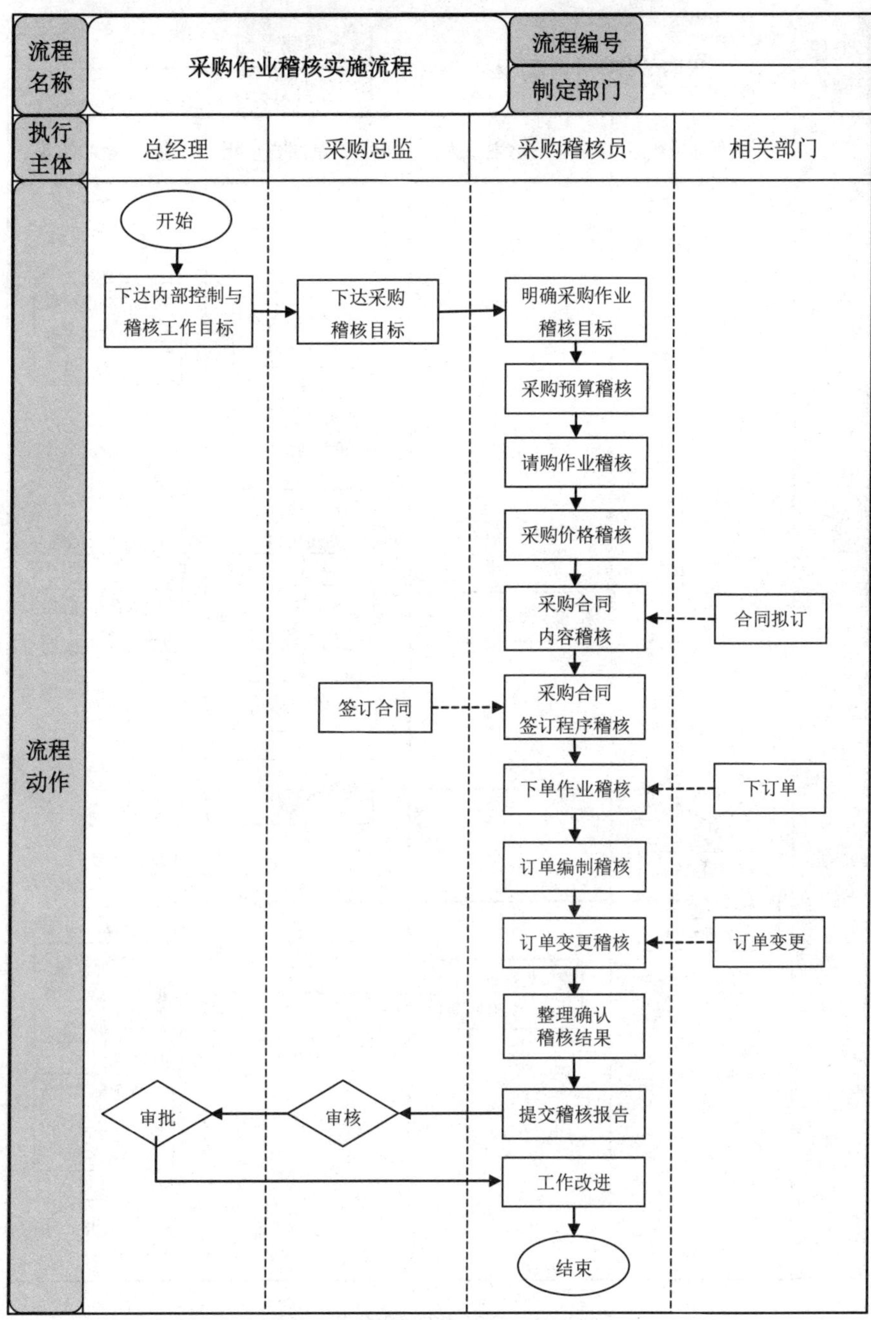

图10-3 采购作业稽核实施流程

10.2.3 采购贿赂事件调查流程

采购贿赂事件调查流程如图10-4所示：

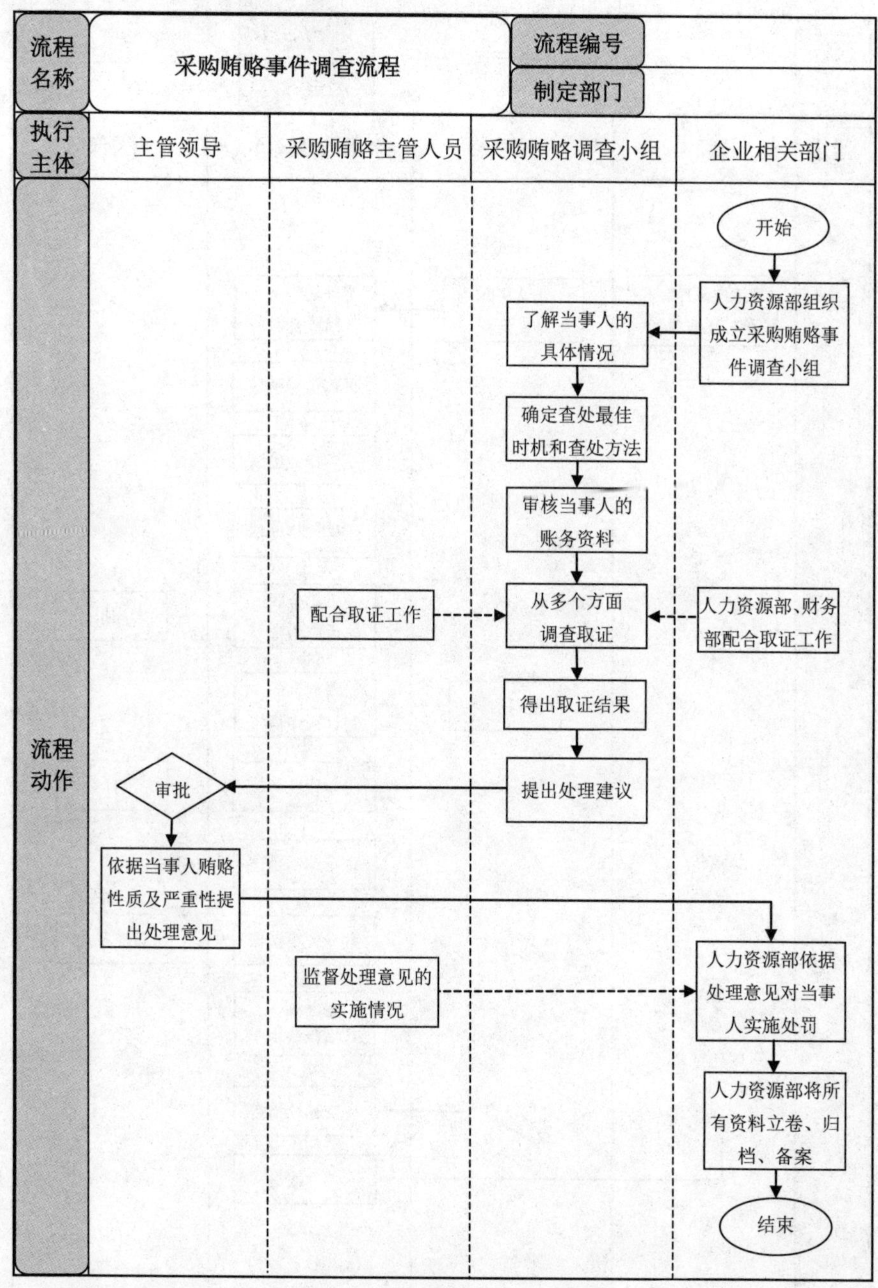

图10-4 采购贿赂事件调查流程

10.2.4 采购人员绩效考核管理流程

采购人员绩效考核管理流程如图10-5所示：

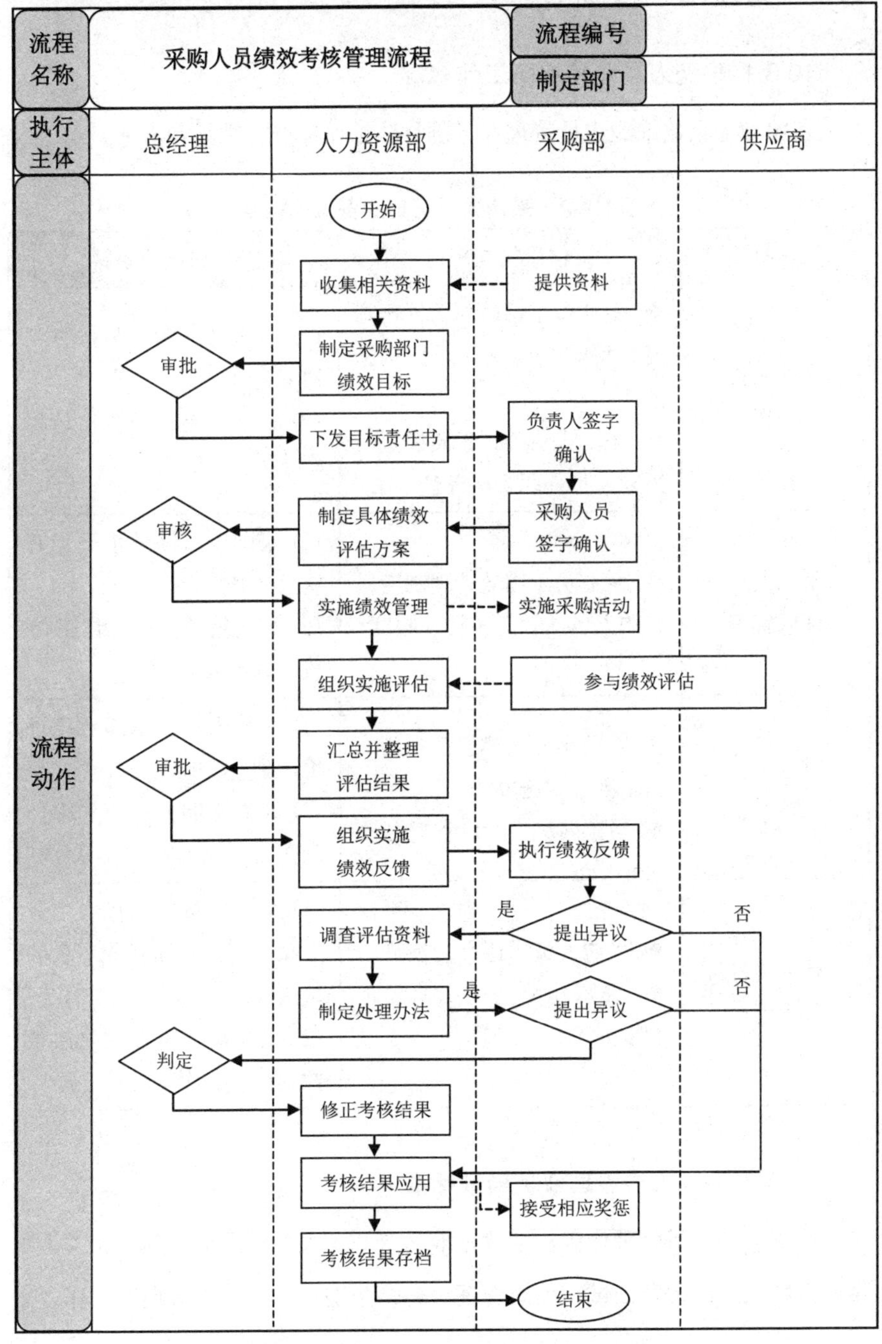

图10-5　采购人员绩效考核管理流程

10.3 采购人员管理标准

10.3.1 采购人员管理业务工作标准

表10-2为企业采购人员管理业务的具体工作标准，供读者参考。

表10-2 采购人员管理业务工作标准

工作事项	工作依据与规范	工作成果或目标
采购人员招聘选拔	◆ 企业员工招聘面试管理制度、采购人员招聘选拔实施办法 ◆ 采购人员胜任素质模型、采购人员任职资格评估办法	(1) 胜任的采购人员按时到岗率为____% (2) 采购人员任职资格达标率达到____%
采购人员绩效管理	◆ 企业员工绩效管理制度、采购人员绩效考核管理制度	(1) 采购人员绩效水平均有明显提升 (2) 采购绩效考核工作100%按计划完成
采购人员薪酬与激励管理	◆ 企业员工薪酬管理制度、员工激励实施办法 ◆ 员工薪酬满意度管理办法	(1) 采购人员薪酬满意度评价达到____分 (2) 核心采购人员流失率控制在____%以内
采购人员日常行为管理	◆ 采购人员道德行为规范 ◆ 采购贿赂与反贿赂管理制度	(1) 采购人员行为代表企业形象，不做有损企业形象的事或行为 (2) 采购贿赂事件发生次数控制在____次以内

10.3.2 采购人员管理业务绩效标准

明确采购人员管理业务的绩效标准，有利于人力资源部及其他相关人员做好采购人员的招聘面试、绩效管理、薪酬激励、日常行为管理等工作。采购人员管理业务绩效标准如表10-3所示。

表10-3　采购人员管理业务绩效标准

工作事项	评估指标	评估标准
采购人员招聘选拔	采购人员招聘计划完成率	1．采购人员招聘计划完成率 = $\frac{\text{实际到岗的采购人员人数}}{\text{采购人员需求人数}}\times 100\%$ 2．采购人员招聘计划完成率达到100%；实际达成值每降低____%，扣____分；低于____%，本项不得分
	采购人员任职资格达标率	1．采购人员任职资格达标率 = $\frac{\text{实际到岗的采购人员人数}}{\text{采购人员需求人数}}\times 100\%$ 2．采购人员任职资格达标率达到____%；实际达成值每降低____%，扣____分；低于____%，本项不得分
采购人员绩效管理	采购人员绩效考核工作按时完成率	1．采购人员绩效考核工作按时完成率 $=\frac{\text{按时完成的绩效考核工作量}}{\text{绩效考核计划列示的工作总量}}\times 100\%$ 2．采购人员绩效考核工作按时完成率在____%以上；实际达成值每降低____个百分点，扣____分；低于____%，本项不得分
	绩效考核申诉处理及时率	1．绩效考核申诉处理及时率 $=\frac{\text{及时处理的绩效考核申诉条数}}{\text{绩效考核申诉的总数量}}\times 100\%$ 2．绩效考核申诉处理及时率达到100%；实际达成值每降低____%，扣____分；低于____%，本项不得分

表10-3(续)

采购人员薪酬与激励管理	采购人员薪酬体系优化目标达成率	1. 采购人员薪酬体系优化目标达成率 $=\frac{\text{达成的薪酬体系优化的目标数量}}{\text{采购人员薪酬体系优化目标的数量}}\times 100\%$ 2. 采购人员薪酬体系优化目标达成率达到____%；实际达成值每降低____个百分点，扣____分；低于____%，本项不得分
	采购人员对薪酬的满意度	1. 采购人员对薪酬的满意度是指被调查的采购人员对自身薪酬水平的满意度评分的平均值 2. 采购人员对薪酬的满意度目标值为____分；实际满意度值每降低____分，扣____分；低于____分，本项不得分
采购人员日常行为管理	采购稽核工作按时完成率	1. 采购稽核工作按时完成率= $\frac{\text{按时完成的稽核工作量}}{\text{稽核计划列示的工作总量}}\times 100\%$ 2. 采购稽核工作按时完成率的目标值应达到100%；实际达成值每降低____%，扣____分；低于____%，本项不得分
	采购贿赂事件发生数量	1. 采购贿赂事件发生数量是指考核期内经调查属实的贿赂事件的数量；其数量的减少是企业加强采购稽查工作力度的显性成果之一 2. 该指标的目标值控制为0起，每发生一起采购贿赂事件，扣____分

10.4 采购人员管理制度

10.4.1 制度解决问题导图

招聘环节、绩效管理、薪酬与激励、日常行为管理等方面存在的问题。其中，着重点是解决或规避采购人员采购作业行为不符合道德规范、采购人员绩效考核没有成效、商业贿赂屡禁不止等典型问题。具体导图分析如图10-6所示。

问题类别	具体问题
采购人员招聘环节存在的问题	● 招聘、面试的监督力度不够，未建立有效的回避机制 ● 招聘环节素质测评不到位，导致将不合格的采购人员聘用进本企业 ● 企业领导将亲戚、亲信引荐（或安置）至采购岗位上，滋生腐败现象
采购绩效管理方面存在的问题	● 采购绩效目标设定不明确，容易使采购人员的实际绩效偏低 ● 采购人员的绩效考核形式化，从而使采购人员面对绩效考核时没有紧迫感 ● 采购绩效仅限于业务方面的考核，忽略采购人员道德素质、行为规范方面的考核，给商业贿赂现象的产生提供了机会
采购薪酬与激励方面的问题	● 对采购人员的薪酬制定不合理，容易使采购人员出现贪腐行为 ● 对采购人员的激励制度不合理，容易使采购人员在采购时过度追求自己的利益，出现或者过度关注采购产品的价格，或者过度关注采购产品的质量的现象，最终给公司带来有形或无形的损失
采购人员日常行为管理方面的问题	● 采购稽查力度不够，易使道德素质水平不够高的采购人员存侥幸心理 ● 没有专业的稽核队伍和系统的机制，商业贿赂行为得不到有效地预防和监控 ● 商业贿赂行为定义范围不明确，许多变相形式的回扣不被认为属于商业贿赂 ● 商业贿赂行为处罚不严厉，不能达到防范商业贿赂的目的

图10–6　采购人员管理制度解决问题导图

10.4.2 采购人员道德行为规范

采购人员道德行为规范如表10-4所示：

表10-4 采购人员道德行为规范

<table>
<tr><td>制度名称</td><td colspan="3">采购人员道德行为规范</td><td>编　号</td><td></td></tr>
<tr><td>执行部门</td><td></td><td>监督部门</td><td></td><td>编修部门</td><td></td></tr>
<tr><td colspan="6">

第一章　总则

第1条　目的。

为加强采购人员的思想道德规范建设，建立采购人员的行为规范，确保采购活动严格遵循本公司采购流程与制度规范，体现公平、公正、公开的原则，特制定本规范。

第2条　采购人员定义。

本规范所涉及的采购人员不仅指采购部门的专职采购人员，还包括参与采购项目相关的其他部门员工（如参与现场评审的研发人员、生产人员等）。

第3条　各级主管人员的职责。

1．根据工作需要，制定相应的行为细则，并通过沟通、培训、监督和检查，确保下属对行为准则的理解和遵守。

2．营造诚信、正向、富有正能量的组织氛围，不利用自身的职权和关系影响或诱导员工违反行为准则。

3．采购岗位属于关键和敏感性岗位，应特别注意选拔、任用恰当的员工，并通过岗位轮换等措施保护公司利益。

4．对于发现的违纪行为，各级主管人员应及时报告，并采取补救行动，将违纪行为的损失降至最低，严禁瞒骗、姑息和纵容违纪的行为。

第4条　采购人员的职责。

采购人员应当详细了解和认真理解行为准则内容，并承担下列职责：

1．对于自己或他人违反行为准则的事件或疑虑，有责任及时反馈。

2．反馈问题应实事求是，以实名方式提出，不应匿名或联名，不得诽谤和诋毁他人。

</td></tr>
</table>

3. 有义务配合有关人员对违反行为准则事件的调查工作。

第二章　采购人员道德操守

第5条　采购人员职业道德教育。

企业必须加强采购人员的思想道德规范建设，建立采购人员的行为规范，具体的措施和要求如下：

1. 注重提高采购人员的个人品格和职业道德，尽可能挑选没有操守缺失的人担任采购人员，加强企业员工的归属感，把工作真正当作自己的事而不是企业的事。

2. 教育采购人员应清正廉洁，自觉构筑思想防线，遏制和抵制各种违纪行为。

第6条　采购人员的职业道德。

采购人员的职业道德是采购人员对公司及公司所有客户所负的道德责任与义务。从事采购工作的人员需具备对公司忠诚、对供应商公正、对人真诚等职业道德规范。具体职业道德如下图所示：

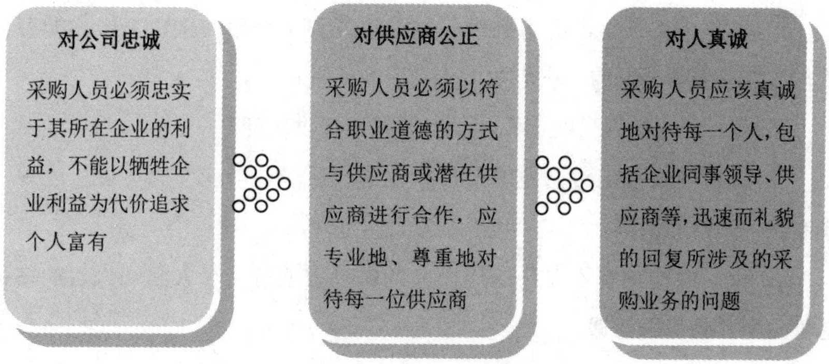

采购人员的职业道德规范

第7条　个人品德操守。

员工个人品德操守直接影响公司的形象与信誉，采购人员应注重个人品德修养，严格遵守本公司关于员工的品行操守要求，包括但不限于：严禁出入不健康的场所、不参与赌博、遵守法律和基本的社会公德、不应诽谤、诋毁他人、不应有违反国家法律禁止的其他行为。

表10-4（续）

第三章　采购人员行为规范
第8条　采购执行过程作业规范。 采购人员在执行采购作业的过程中，需遵循以下具体采购作业规范： 1．采购人员应合法发展与所有供应商的关系，在执行业务过程中，要遵守所有适用于业务的法律、法规。 2．在选择供应商时，应不带偏见地考虑所有影响因素，即使是签订一份数额极小的合同或订单，采购人员都要秉持公正的原则。 3．采购人员对供应商的承诺必须提前得到公司合法授权，不得以个人名义对外承诺。 4．严禁互惠交易行为，确保选择供应商过程的公正性。 5．采购人员应致力于使企业在任何一次采购项目中获得最大优惠的商务条件和服务。 6．采购人员在可以控制的范围内，应获得最好的产品质量价格和服务，不得以已存在的供应渠道、采购价格和服务标准为理由而降低工作的质量。 7．不论是接待供应商或参加谈判，我方参与人员不能少于两人，禁止与供应商单独接触；接触场地应在公司内进行，不得在其他场所。 8．离职员工三年内不得到供应商处担任与本公司的接口工作。如有上述人员参与采购工作的，应告知供应商更换其接口人。 第9条　严格按照采购流程和制度规范选择供应商。 1．供应商选择应遵循技术及技术服务、质量、响应能力、供货表现、成本综合最佳的原则。 2．供应商的选择不允许运用个人的影响力或者以个人私利为目的使待选供应商得到特殊待遇。 第10条　关联供应商的回避。 在采购执行过程中，如涉及供应商与员工或其主要亲属有私人利益关系（简称关联供应商），采购业务人员应主动申报，并遵循回避原则。 1．不得以任何方式牺牲本公司利益，而为关联供应商牟取不当利益。 2．不得主动向公司介绍、推荐关联供应商及其产品，或以任何方式充当关联供应商与本公司的中介。

表10-4（续）

3．不得参与关联供应商的选择、考察、谈判、评估以及与该供应商交易有关的其他活动。 4．不得接受关联供应商的委托，代表该关联供应商与本公司进行任何接洽、会谈。 5．对于声称与部门或公司领导有私人关系的供应商，采购人员应主动申报，并严格按照采购流程和制度规范处理与该供应商的业务关系。 第11条　商业款待。 经常性地接受供应商的款待会影响员工代表公司的客观判断力，采购人员须谨慎处理外部的各种宴请和交际应酬活动。 1．当供应商提出符合商业惯例的会议、参观或考察邀请时，采购业务人员应主动向上级主管申报；获得批准后，按照出差相关规定处理。 2．采购人员可以接受或给予他人符合商业惯例的款待，例如工作餐，但费用必须合理，且不为法律或已知的商业惯例所禁止。如果觉得某一邀请不合适，应予以拒绝或由本公司采购人员付费。 3．接受供应商的款待以餐饮为主，并应以工作时间的延续为原则。 第12条　接受馈赠。 原则上，采购人员不应该接受供应商的馈赠，但在具体操作时，要根据具体情况区别对待。 1．员工如接受供应商馈赠宣传品、文化礼品、纪念品等情况下，可以以公司的名义接受，但不论金额大小、物品价值，均应及时上交公司。 2．员工及亲属不能接受可能影响或是令人怀疑将影响供应商与公司之间的业务关系的任何赠礼。 3．采购人员不得以任何借口直接或间接向供应商索贿，索贿行为包括但不限于以下行为： （1）索要回扣、佣金。 （2）索要各种礼券、礼金礼品。 （3）参加供应商不合理宴请以及受邀参加各种娱乐活动。 （4）受邀参加供应商企业涉及业务合作项目的活动。 （5）采取其他不正当手段牟取非法利益。 4．禁止采购人员与供应商有任何私下的金钱往来。

表10-4(续)

第13条　采购信息的保密和使用。

采购人员在使用本公司或供应商的信息过程中，需遵循保密的原则，不得泄露公司及供应商的商业与技术秘密。

1．采购信息是公司信息资产的重要组成部分，属于公司的经营秘密，包括但不限于采购价格、采购比例分配、采购策略、供应商选择评估方案等。采购人员对采购信息有义不容辞的保密责任和义务。

2．对采购信息的访问和授权应遵循工作相关性、最小授权和审批受控的原则。采购人员原则上只应获得被授权范围内的采购信息，并承担保密责任。

3．对供应商及其他业务伙伴的商业信息应保守秘密。供应商的产品状况、报价等相关资料，以及公司对供应商的评估资料，均为商业秘密。无本公司领导的书面批准，不得向其他供应商透露这些商业秘密，不得在工作以外运用这些资料。

4．禁止采购人员向任何供应商做错误或不实的说明，禁止与供应商谈论与工作无关的事宜，更不能有意或无意地泄露公司的商业和技术机密。

第四章　附则

第14条　违纪处理。

采购人员在采购过程中必须严格执行采购人员行为准则，对违反行为准则的事件或问题，将根据本公司有关“公司员工违纪惩处制度”的文件给予处罚。如公司员工违纪惩处制度无明确说明的，公司视情节严重程度给予口头警告、书面警告、记过、经济处罚、解除劳动合同等处理。如给公司造成直接经济损失的，须负赔偿责任。

第15条　本规范的制定与生效。

本规范由公司采购部负责制定，报总经办审核通过后，自签发之日起生效，采购人员应严格遵循本规范的要求。

编制日期		审核日期		批准日期	
修改标记		修改处数		修改日期	

10.4.3 采购人员稽核管理办法

采购人员稽核管理办法如表10-5所示：

表10-5　采购人员稽核管理办法

制度名称	采购人员稽核管理办法			编　　号	
执行部门		监督部门		编修部门	

第一章　总则

第1条　目的。为了规范采购部的管理，确保采购人员的行为符合公司的各项规章制度，树立和维护公司良好的形象，特制定本办法。

第2条　适用范围。本办法应用于对采购业务过程的稽查。

第3条　稽核人员的组成。稽核小组人员由总经理和财务部、人力资源部等相关部门的负责人构成。

第4条　稽核方式主要有下列两种方式：

1. 对采购部整体的稽核主要是定期稽核，定期为每季度一次，具体工作由总经理负责组织实施。

2. 对采购部人员的稽核主要采取机密方式进行，因为事关个人品德问题。

第二章　采购人员行为规范

第5条　遵守国家相关法律法规和公司规章制度及办事程序。

第6条　对公司忠诚，恪尽职守，积极主动钻研业务，提高工作技能，高质量地完成工作任务。

第7条　上班时保持良好的精神状态，认真接受领导指示和命令，同事间相互理解、包容、团结。

第8条　严格执行保密制度，对公司的经营信息、机密文件及资料不得擅自复印或带出。

第9条　采购人员凭相关部门的采购订单，按公司规定的权限和相关程序实施采购，紧急采购经总经理批准，可先采购，后补办相关手续。

第10条　每批采购金额在____元以上的，采购员人至少应向三家及以上的

表10-5（续）

供应商询价，争取最低的采购价格，并将相关信息和资料报采购主管审核，若采购主管发现自己的询价比采购员低时，应开展调查并将结果报领导处理。

第11条　采购人员应按采购单保质保量地进行采购，收货时按照公司有关规定进行验收。

第12条　不准弄虚作假，伪填或涂改发票，不准向供应商所取或接受其回扣、佣金等。

第三章　采购稽核实施

第13条　根据公司请购单、销售计划书、各类生产计划等，对采购预算管理的稽核要点包括但不限于以下三个方面：

1．采购预算的编制是否考虑存货定量及定价管制，以及是否制定了ABC分类标准。

2．采购预算是否与销售计划、生产计划、库存状况等相互配合。

3．采购预算是否得到全面执行，若与实际采购费用存在差异，是否对采购预算进行修正。

第14条　根据公司请购单、安全存量控制表等，对请购作业过程的稽核要点包括但不限于以下三个方面：

1．请购是否与预算相符，并按照核准权限核准。

2．请购单（数量、规格等）变更是否按照相关程序进行。

3．是否进行紧急采购原因分析。

第15条　根据询价单、采购合同等，对比价作业的稽核要点包括但不限于：询价过程、招标作业、采购合同管理。

第16条　根据请购单、采购合同等，对下单订购作业的稽核要点包括但不限于下列四个方面：

1．采购合同的规范性、合法性。

2．采购合同的执行情况。

3．订单发出后有无跟踪控制。

4．因某种原因当供应商没有按约定的日期将采购物资送达时，采购部是否采取了相应的措施以保证公司正常生产。

第17条　根据入库验收单、送货发票等，对验收作业的稽核要点包括但不限于以下四个方面： 1．采购物资到达时，采购部是否会同（采购物资）使用部门、质量管理部及其他相关部门共同对采购物资进行验收。 2．相关技术部门是否派专业技术人员对采购物资进行验收。 3．采购物资不符合标准时，是否采取了相应的有效措施。 4．检验人员是否依据相关单据，对采购物资的品名、数量、单价等逐一点检，并做好相应的记录。 第18条　采购人员稽核内容。 对采购人员的稽核内容主要基于采购人员行为规范的相关规定进行，把有效防范和严格稽查有机结合。 **第四章　附则** 第19条　本办法由人力资源部拟定，经总经理审批后执行。 第20条　本办法自颁布之日起施行，最终解释权归人力资源部。

编制日期		审核日期		批准日期	
修改标记		修改处数		修改日期	

10.4.4 采购贿赂与反贿赂管理制度

采购贿赂与反贿赂管理制度如表10-6所示：

表10-6　采购贿赂与反贿赂管理制度

制度名称	采购贿赂与反贿赂管理制度			编　　号	
执行部门		监督部门		编修部门	

第一章　总则 第1条　目的。 为加强公司廉政建设，保证采购工作的公平、公正、公开，严厉打击和

表10-6（续）

制止收受贿赂、拿回扣、行贿等行为，维护本公司和供应商的权益，避免公司遭受经济损失，特制定本制度。

第2条　适用范围。

凡本公司采购过程中出现的采购贿赂行为，均依照本制度进行处理。

第3条　名词解释。

1. 本办法中所指的采购贿赂，是指供应商为销售物资而采用财物或其他手段贿赂本公司采购人员，以及本公司工作人员为了收受或者索取贿赂而购买供应商物资的行为。

2. 本办法所称折扣，即商品购销中的让利，是指供应商在销售物资时，以明示并如实入账的方式给予我公司的价格优惠，包括支付价款时对价款总额按一定比例即时予以扣除和支付价款总额后再按一定比例予以退还两种形式。

第二章　采购贿赂界定标准

第4条　财物贿赂。

1. 供应商为销售物资，假借促销费、宣传、赞助费、科研费、劳务费、咨询费、佣金等名义，或者以报销各种费用等方式，给付本公司单位或者个人现金和实物的行为，属于财物贿赂。

2. 按照商业礼仪赠送小额广告礼品的行为不属于采购贿赂。

第5条　其他手段贿赂。

供应商对本公司采购人员提供国内外各种名义的旅游、考察等给付财物以外的其他利益的行为，属于其他手段贿赂。

第6条　行贿行为的界定。

供应商不得采用财物或者其他手段进行贿赂以销售物资。在账外暗中给予本公司采购部门或者个人回扣的，以行贿论处。

第7条　受贿行为的界定。

本公司采购部门或者个人在账外暗中收受回扣的，以受贿论处。

第8条　折扣入账。

供应商销售物资，可以以明示方式给本公司折扣，折扣必须如实入账。

表10-6（续）

本公司接受折扣必须由财务部如实入账。若折扣未进行实时入账，该行为构成采购贿赂。

第9条　串通投标。

本公司采购人员为了收受回扣与投标单位串通投标、抬高标价或者压低标价，相互勾结，以排挤竞争对手的行为构成采购贿赂。

第三章　采购作业环节的腐败控制

第10条　采购计划制订阶段防腐败措施。

采购部根据往年采购预算、年度经营目标审批采购预算，经企业领导同意签署意见后，方可执行，否则退回计划员重新编制。

第11条　采购预算编制阶段防腐败措施。

1. 采购预算要根据生产部门需求计划和财务部门总体预算要求，由采购预算专员完成，预算要经采购部经理、财务部经理和总经理审批。

2. 财务部汇总采购预算，并进行审核，通过后报总经理审批。

3. 总经理结合年度经营目标审批财务部审批后的年度采购预算，同意即签署意见；不同意则与相关部门协调，重新调整采购物资种类及数量，编制采购预算。

4. 采购物资超出核定预算时，应由采购部提出书面理由，送上一级主管核定后办理。

第12条　供应商选择阶段防腐败措施。

1. 供应商评价小组由采购部、生产部、质量部和财务部相关人员共同组成，避免采购人员单独确定供应商。

2. 收集供应商信息时，要做好记录，必要时可以让两个以上的采购专员在不同时间去收集资料，以及接触同一个重要的供应商。

3. 收集到的供应商信息应及时存档，档案由采购部信息管理员负责管理，未经采购部经理允许，不得随便查阅。

第13条　询价阶段防腐败措施。

1. 所购物资需要寻求三家或以上的供应商，并对其进行询价、比价工作。

2. 每项采购物资在进行完询价、比价工作后填写报批单交由主管审批。

表10-6（续）

3．必要时可以让两个以上的采购专员在不同时间去接触同一个重要的供应商。

4．采购价值在____元及以上的应报采购经理及公司领导审批。

5．采购物资在报批手续完善后，采购人员才能下单采购。

6．严禁先下单后报批，否则造成公司的损失和其他相关责任由采购人员自行承担。

第14条　议价阶段防腐败措施。

1．议价时可采用集中议价的方法，采购主管、采购专员、合同专员、生产技术人员和财务人员参加议价，由采购专员将相关信息报告给参加审议的人员，生产人员或质检人员判断供应商产品性质，最后决定备选供应商，杜绝采购专员独自接触供应商后决定价格。

2．议价结束后将审议结果报采购经理审批，重要采购或者数额超过审批权限数值的采购需采购总监及总经理审批。

第15条　评估阶段防腐败措施。

在确定最终供应商时，要根据供应商的产品质量、价格、服务、信誉和技术力量等进行评估，此时直接接触供应商的采购专员有建议权但无投票权，评估采用群体决策投票的方法，结果产生后报采购经理审批，重要采购或数额超过审批权限数值的采购需由采购总监及总经理审批。

第16条　订购及进货阶段防腐败措施。

1．签订购货合同时，合同条款必须明确，物资名称、规格、单价、总价及交货地点、时间等均需要在合同上写明，防止合同条款不明确，致使供应商与采购专员利用漏洞做文章。

2．签订合同时由采购部、品管部、财务部、法务部等相关人员共同参与，不能由采购专员单独与供应商签订，并应由采购主管、采购经理签字后方可生效。

3．由两人或两人以上相关人员同时验收货物。

第17条　结算阶段防腐败措施。

1．货款支取必须由采购部经理签字和财务部经理签字方能生效。

2．财务人员必须仔细核对购货凭证的真伪，出现污损或涂改的票据一

表10-6（续）

律不得报销。

3．货款数额必须与合同数额一致，若出现货款变更，必须由相关领导签字后方能生效。

4．财务人员必须尽职尽责，做好采购结算的工作，发现问题应立即上报，不得自行处理解决。

第18条　采购报销环节的防腐败措施。

采购业务涉及的差旅交通、汽车修理、餐饮招待等费用，当事人、经办人必须如实办理报销手续，提供正规发票，有弄虚作假者，一律按公司相关规定处理。

第四章　对受贿违规行为的惩处

第19条　受贿贪污的惩罚措施。

对于受贿贪污的惩罚措施，具体说明如下：

1．贪污受贿的金额达____元给予____元（____倍）罚款，并作降级处理。

2．贪污受贿的金额达____元以上者除了给予____倍罚款外，一律开除。

3．贪污受贿的金额达____元者，除给予____倍罚款外，还须移送司法机关追究法律责任。

4．若受贿的是实物，按市场价格折算金额。

5．凡因吃拿回扣，受到处理的都将在公司内部予以通报处理。

第20条　恶意行为的严惩措施。

发生下列恶意情况之一的，需按照实际情况予以严惩：

1．在采购中故意选择质次价高的产品和劣质的服务。

2．故意以长期合作为由，索要回扣。

3．与供应商串通欺骗公司。

4．在业务中故意隐瞒信誉良好的供应商。

5．拖延时间，打时间差欺骗公司。

6．在业务工作中不积极寻找好的合作伙伴，未能认真向对方提出合理的要求，忽视公司利益，不认真对待业务谈判，致使公司蒙受损失。

表10-6（续）

第五章　附则					
第21条　本制度由人力资源部负责制定，每年度修订一次，其解释权归本公司所有。 第22条　本制度经总经理审批通过后，自颁发之日起生效，修改时亦同。					
编制日期		审核日期		批准日期	
修改标记		修改处数		修改日期	

10.4.5 采购人员绩效考核管理制度

采购人员绩效考核管理制度如表10-7所示：

表10-7　采购人员绩效考核管理制度

制度名称	采购人员绩效考核管理制度			编　　号	
执行部门		监督部门		编修部门	
第一章　总则 第1条　目的。 为了保证公司所需物资的供应及时，确保采购质量，提高采购人员的工作绩效和工作积极性，特制定本制度。 第2条　适用范围。 本制度适用于采购部所有正式员工，下列人员不列入年度绩效考核范围： 1．试用期人员。 2．停薪留职及复职未达半年者。 3．连续缺岗天数达30天以上者。 第3条　考核纪律。 1．考核须遵循公正、公平的原则，相关领导必须认真、负责，否则将给予降职、扣除当月绩效奖或扣分处理。 2．各部门负责人要认真对待考核工作，慎重打分，凡在考核工作中消极应对者，公司将扣分甚至扣除其全月绩效和岗位津贴等处分。 3．凡在考核工作中弄虚作假者，一律按照公司相关规定给予相应的					

表 10-7（续）

处理。

第二章　绩效考核实施规划

第4条　考核实施时间。

采购部的评估分为月度考核、季度考核和年度考核三种，具体实施时间如下表所示。

考核实施时间表

考核频率	考核实施时间	考核结果应用
月度考核	次月____日前	与每月绩效工资挂钩
季度考核	下季度第一个月的____日前	薪资调整、职位调整、培训、季度奖金
年度考核	次年 1 月____日前	薪资调整、职位调整、培训、年度奖金

第5条　职责分工。

采购人员绩效考核事项涉及采购部、人力资源部等内部部门及人员，也涉及供应商等外部人员。相关人员的职责分工如下表所示。

职责划分表

人员	职责
采购部经理	◆ 组织、实施本部门员工的绩效考核工作，客观公正地对下属进行评估 ◆ 与下属进行沟通，帮助下属认识到工作中存在的问题，并与下属共同制订绩效改进计划和培训发展计划 ◆ 考核结果的审核
被考核者	◆ 学习和了解公司的绩效考核制度 ◆ 针对绩效考核中出现的问题，积极主动地与直接上级进行沟通 ◆ 积极配合部门主管讨论并制订本人的绩效改进计划和标准
被考核者直接上级	◆ 公正、客观地对下属的工作表现、工作态度、工作能力等进行考核 ◆ 与下属进行绩效考核面谈，与下属共同确定绩效改进计划和标准

表10-7(续)

人力资源部工作人员	◆ 绩效考核前期的宣传、培训和组织 ◆ 考核过程中的监督、指导 ◆ 考核结果的汇总、整理 ◆ 运用考核结果进行相关的人事决策
供应商	◆ 提出客观公正的意见作为采购人员绩效考核的参考依据

第三章　绩效考核实施

第6条　考核内容。

1．采购工作业绩考核指标。对采购工作业绩的考核主要从成本控制、业务运作和日常管理三个方面进行，具体考核指标如下表所示。

采购工作业绩考核表

绩效指标内容	绩效目标	
成本控制类指标	采购成本目标达成率	平均达到____%
	应付账款及时准确率	平均达到____%
业务运作类指标	采购计划完成率	平均达到____%
	大宗采购任务的完成率	平均达到____%
	采购不合格及退货次数	控制在____次以内
	采购交期延误次数	控制在____次以内
	供应商的开发数量	平均达到____个
	相关部门投诉次数	控制在____次以内
	出现商业贿赂的次数	控制在____次以内
	上级领导满意度	平均达到____%
日常管理类指标	采购资料建档、保管完整性	达到100%
	部门人员流动率	控制在____%以内

2．人事考核。人事考核主要包括以下两方面的内容：

（1）考勤。

（2）个人行为表现，主要指被考核者在日常工作中因违反公司相关制度而被惩罚，或因突出性的工作表现而被肯定，并以此作为绩效考核的一个指标。

第7条　考核程序。

1．人力资源部组织采购部在采购人员的实际工作表现及工作成果的基础上，对照各部门、各岗位的绩效考核的指标进行评估，并汇总考核结果。

2．人力资源部于考核结束后____日内将考核结果交采购部经理审核后报总经理审批。

第四章　绩效面谈与申诉

第8条　绩效面谈事前准备。

1．绩效面谈人员应事先了解采购人员的个性特点以及自己管理或沟通方面的能力限制。

2．采购人员直接上级应详细阅读采购人员的绩效自评表，了解采购人员需要被讨论指导的行为事宜。

第9条　绩效面谈实施。

1．在面谈前和面谈的时候，均应营造一种和谐的气氛。

2．说明讨论的目的、步骤和时间。

3．根据预先设定的绩效指标讨论采购人员的工作完成情况，并分析其成功与失败的原因。

4．讨论采购人员行为表现与组织价值观相符合的情况，以及采购人员在工作能力上的强项和有待改进的方面。

5．为采购人员下一阶段的工作设定目标和绩效指标并讨论采购人员需要的资源与帮助。

6．双方就面谈的结果，签字确认。

第10条　绩效面谈的内容。

1．工作业绩。工作业绩是进行采购人员绩效考核时最为重要的内容，因此也是其直接上级与采购人员进行面谈时的重要内容。

2．行为表现。除了工作业绩以外，采购人员直接上级还应关注采购人

表10-7(续)

员的行为表现，如工作态度、工作能力等外在的行为表现。

3．改进措施。针对采购人员未能有效完成的绩效计划，其直接主管应该和员工一起分析绩效不佳的原因，并设法帮助采购人员提出具体的绩效改进措施。

4．新的目标。针对采购人员上期绩效计划的完成情况，采购人员直接上级和采购人员一起提出下一绩效周期中的新的工作目标，帮助采购人员制订新的绩效计划。

第11条　绩效面谈应注意的问题。

1．双向沟通。

2．问题诊断与辅导并重。

3．以积极的方式结束面谈。

第12条　绩效面谈结果的应用。

1．采购人员直接上级设定采购人员工作改进计划及时间表。

2．依公司管理制度，采购人员直接上级对采购人员晋升、调薪或调职提出合理建议。

第13条　考核申诉。

1．被考核者对考核过程或者考核结果有异议且与考核者沟通无效，并确有证据证明的情况下，可以启动考核申诉程序。

2．被考核者应以书面形式向人力资源部申诉，人力资源部在接到采购人员申诉后的××个工作日内给予解决。

第五章　附则

第14条　本制度由公司人力资源部负责制定、修改、废除。

第15条　本制度报人力资源总监审核通过后，自颁布之日起实施。

编制日期		审核日期		批准日期	
修改标记		修改处数		修改日期	